編集・執筆者一覧

（　）内は執筆担当章節

監修・執筆	小林　　誠	株式会社インターリスク総研	（第1章，2.1，5.1，5.2）
執　筆	渡辺　研司	長岡技術科学大学	（第6章，第7章）
	眞崎達二朗	眞崎リスクマネジメント研究所	（2.3，3.2，4.2，5.4）
	木根原良樹	株式会社三菱総合研究所	（2.2，3.1，4.1，5.3）

（所属は発刊当時のものです．著者略歴は，巻末の"著者紹介"をご覧ください．）

発刊に寄せて

　我が国では毎年，地震，台風等の自然災害が数多く発生し，全国の企業の皆様が直接・間接の被害を被っております．そうした中で，我が国の中小企業は，国内企業数の99％超を占め，我が国の経済基盤を支える大変重要な存在ですが，災害等の緊急事態への対応力は極めて弱いのが実情です．このような状況で，緊急事態による中小企業の被害が広範かつ長期に及べば，その影響は企業の存続にとっても，また地域経済にとっても，深刻なものになりかねません．

　このため，経済産業省では，災害等の緊急事態により被害を受けた中小企業の皆様に対し，特別相談窓口の設置，災害復旧貸付の適用等さまざまな支援対策を迅速に講じており，これらの対策は被害を被った中小企業の事業の復旧に大きな役割を果たしております．しかしながら，最も効果的な災害対策とは，中小企業の皆様方がしっかりとした事前の備えを講じ，万一災害に遭っても被害がない，あるいはより小さくすることです．

　そこで，経済産業省では，緊急事態に対する中小企業の皆様の事前の備えを支援するため，企業の危機管理のノウハウを調査研究し，中小企業の皆様が自ら容易に策定・運用できるよう分かりやすく解説した「中小企業BCP策定運用指針」を作成し，公開しました．多くの中小企業の皆様が本指針を活用され，緊急事態に遭遇してもより円滑に事業の継続あるいは早期復旧できることを願っております．

　本書は，「指針」の作成にご尽力いただいたメンバー有志によって，当該指針の詳細な説明はもちろん，企業の危機管理対策に関する総合的な理解が得られるようにすることを目的として書き上げられたものであり，BCPを策定・運用される中小企業の皆様方に必ずやお役に立つものと考えます．

　本書が（財）日本規格協会から刊行されることで，BCPに対する理解が一層

促進され，緊急事態遭遇時の企業の被害がより一層小さくなることを期待してやみません．

2006年11月

経済産業省 中小企業庁 事業環境部長　近藤　賢二

目　次

はじめに〜事後対策重視から総合対策への転換〜　13

第1章　BCMの基礎知識

1.1　BCMとは ……………………………………………………………… 15
1.1.1　定義 …………………………………………………………… 15
1.1.2　重要な考え方 ………………………………………………… 15
(1)　原因管理から結果管理へ ……………………………… 16
(2)　エスカレーション ……………………………………… 17
(3)　BCM文化の醸成 ……………………………………… 17

1.2　歴史・背景 …………………………………………………………… 18
1.2.1　DRからBCへ ………………………………………………… 18
1.2.2　米国での法規制の後押し …………………………………… 20
1.2.3　我が国におけるDR …………………………………………… 23

1.3　国内外の実施状況 …………………………………………………… 25
1.3.1　各国の概況 …………………………………………………… 25
1.3.2　日本の概況 …………………………………………………… 26
1.3.3　日本企業のBCM導入状況 …………………………………… 27
(1)　企業が関心のある事象 ………………………………… 27
(2)　BCMの策定状況 ……………………………………… 27
(3)　策定単位：部門か，企業全体か ……………………… 27
(4)　対象としているBCPのフェーズ ……………………… 28
(5)　取組み理由 ……………………………………………… 28
(6)　取引先へのBCP策定要請 ……………………………… 28

1.4　主要な用語解説 ……………………………………………………… 28

第2章　中小企業庁「中小企業BCP策定運用指針」の概要

- 2.1 概　要 ………………………………………………………………… 33
  - 2.1.1 制定経緯 …………………………………………………… 33
  - 2.1.2 指針の考え方 ……………………………………………… 34
  - 2.1.3 指針の特徴 ………………………………………………… 36
    - (1) 中小企業においても実行可能なBCPを目指したこと ……… 36
    - (2) 日本特有の事情（災害事情，取引形態，経営手法等）を考慮したこと ……………………………………………… 36
    - (3) BCP作成の重要性を説明していること ……………… 36
    - (4) ホームページ上で使用できるようにしたこと ……… 37
    - (5) コース別策定運用指針としたこと ……………………… 37
- 2.2 BCM構築のためのステップ ……………………………………… 37
  - 2.2.1 基本方針と運用体制 ……………………………………… 38
    - (1) BCP基本方針の立案 ……………………………………… 38
    - (2) 運用体制の確立 …………………………………………… 40
  - 2.2.2 BCPの策定・運用の自己診断 …………………………… 41
  - 2.2.3 中小企業庁ホームページの使い方 ……………………… 42
    - (1) ホームページの構成とポイント ………………………… 42
    - (2) 「中小企業BCP策定運用指針」の利用フロー ………… 46
- 2.3 財務診断モデルの考え方 ………………………………………… 48
  - 2.3.1 財務診断の必要性 ………………………………………… 48
  - 2.3.2 事故・災害とキャッシュフローの悪化 ………………… 48
    - (1) 事故・災害の種類と発生防止の可能性 ………………… 48
    - (2) 事故・災害時のキャッシュフロー悪化の事例 ………… 52
  - 2.3.3 中小企業のBCPにおけるキャッシュフロー対策 ……… 53
  - 2.3.4 事故・災害の発生と金融機関の役割 …………………… 55
  - 2.3.5 中小企業BCPにおける財務診断モデルの位置付け …… 58

第3章　BCP策定のための基本コース

- 3.1　簡単なBCPの作り方 ······· 61
  - 3.1.1　基本方針の立案 ······· 61
  - 3.1.2　中核事業と目標復旧時間の設定 ······· 61
  - 3.1.3　緊急時体制の確立 ······· 62
  - 3.1.4　事前対策整備計画の立案 ······· 63
  - 3.1.5　教育・訓練と点検計画の立案 ······· 64
  - 3.1.6　緊急時の基本的な対応行動の立案 ······· 65
  - 3.1.7　通常取引先と代替策の連絡先の整理 ······· 65
  - 3.1.8　BCPの掲示と見直し ······· 66
  - 3.1.9　緊急時のBCP発動 ······· 66
- 3.2　財務診断モデル（基本コース）······· 68
  - 3.2.1　基本コースの位置付け ······· 68
  - 3.2.2　復旧費用の算定 ······· 68
    - (1) 復旧費用の算定 ······· 68
    - (2) 損害保険の整理 ······· 71
  - 3.2.3　復旧費用の調達 ······· 78
    - (1) 手元資金の状況 ······· 78
    - (2) 手元資金と復旧費用との比較 ······· 80
    - (3) 災害時の融資制度と借入対策 ······· 80
    - (4) 中級コースへの移行 ······· 81

第4章　BCP策定のための中級コース

- 4.1　BCPサイクル ······· 83
  - 4.1.1　事業を理解する ······· 83
    - (1) 中核事業の特定と目標復旧時間の設定 ······· 84
    - (2) 中核事業が受ける被害を想定する ······· 88
    - (3) 財務状況を診断する ······· 91

         4.1.2 BCPの準備，事前対策を検討する ………………………………… 93
            (1) 事業継続のための代替策を確保する ……………………………… 93
            (2) BCPの準備，事前対策を検討する ………………………………… 96
         4.1.3 BCPを策定する …………………………………………………………… 98
            (1) BCP発動基準を明確にする ………………………………………… 98
            (2) BCP発動時の緊急時体制を定める ………………………………… 98
            (3) BCPに関連する情報を整理し文書化を行う …………………… 100
         4.1.4 BCP文化を定着させる ……………………………………………… 100
            (1) 従業員へのBCP教育を実施する ………………………………… 102
            (2) BCP訓練・点検を実施する ……………………………………… 103
            (3) BCP文化を醸成する ……………………………………………… 104
         4.1.5 BCPの診断，維持・更新を行う …………………………………… 106
            (1) BCPの診断・チェックを行う …………………………………… 106
            (2) BCPの維持・更新を行う ………………………………………… 107
            (3) BCP策定・運用状況の自己診断 ………………………………… 107
   4.2 財務診断モデル（中級コース）………………………………………………… 112
      4.2.1 復旧費用の算定 ……………………………………………………………… 113
         (1) 復旧費用の算定 ………………………………………………………… 113
         (2) 事業中断の損失と事業中断によるキャッシュフロー悪化
             額の算定 ………………………………………………………………… 115
         (3) 損害保険の整理 ………………………………………………………… 117
      4.2.2 復旧費用の調達 ……………………………………………………………… 117
         (1) 復旧費用の調達状況 …………………………………………………… 117
         (2) 借入返済原資の検討（借入は可能か）……………………………… 118
         (3) 担保の検討 ……………………………………………………………… 119
      4.2.3 事故・災害発生後のキャッシュフローの算定 …………………………… 120
         (1) 事故・災害発生直後のキャッシュフローの算定 …………………… 120
         (2) 緊急事態発生後1～2年間のキャッシュフロー …………………… 122
         (3) 目標復旧時間との関係 ………………………………………………… 122
      4.2.4 事前防災対策の考え方 …………………………………………………… 122
      4.2.5 キャッシュフロー対策をどう考えるか ………………………………… 123

4.2.6　政府の災害時中小企業支援策の概要 ……………………… 124

第5章　BCP策定のための上級コース

　5.1　BCPの対象拡大 ……………………………………………………… 127
　　　5.1.1　なぜサプライチェーンが大事か？ ………………………… 127
　　　5.1.2　サプライチェーンを中断させないための企業の対策 …… 128
　　　5.1.3　企業連携での対応のポイント ……………………………… 129
　5.2　BCPの分析深化 ……………………………………………………… 130
　　　5.2.1　リスク分析・ビジネスインパクト分析の考え方 ………… 130
　　　5.2.2　経済産業省のガイドラインにおける分析手法 …………… 132
　　　　　（1）ビジネスインパクト分析 ………………………………… 132
　　　　　（2）リスク分析 ………………………………………………… 134
　　　5.2.3　オーストラリア／ニュージーランドのBCMガイド
　　　　　　ブック ………………………………………………………… 135
　　　　　（1）リスク及びぜい弱性分析 ………………………………… 135
　　　　　（2）ビジネスインパクト分析 ………………………………… 138
　5.3　緊急時におけるBCPの発動 ………………………………………… 143
　　　5.3.1　緊急時におけるBCP発動フロー …………………………… 143
　　　5.3.2　フローに沿った実施項目 …………………………………… 145
　　　　　（1）初動対応 …………………………………………………… 145
　　　　　（2）事業継続のための緊急対策 ……………………………… 147
　　　　　（3）事業継続のための応急・復旧対策 ……………………… 148
　　　　　（4）地域貢献活動 ……………………………………………… 150
　　　　　（5）災害復興対策 ……………………………………………… 151
　　　5.3.3　緊急事態ごとの初動対応 …………………………………… 151
　　　　　（1）地震災害 …………………………………………………… 153
　　　　　（2）風水害 ……………………………………………………… 155
　　　　　（3）火　災 ……………………………………………………… 157
　　　　　（4）従業員の集団感染 ………………………………………… 159
　5.4　財務診断モデル（上級コース） …………………………………… 161

  5.4.1　資産の損壊と貸借対照表・キャッシュフローへの影響 …… 161
  5.4.2　資産の損壊と損益計算書・キャッシュフローへの影響 …… 162
  5.4.3　事故・災害の種類ごとの検討 ………………………………… 162
  5.4.4　中核事業・非中核事業，事業所が複数の場合の復旧費用
    の算定 ……………………………………………………………… 162
    (1)　中核事業及びその他部門の総復旧費用の算定 ………… 162
    (2)　部門別の事業中断によるキャッシュフロー悪化額の算定 … 164
    (3)　事業所が複数の場合の復旧費用の算定 ………………… 164
  5.4.5　中核事業・非中核事業，事業所が複数の場合の復旧費用
    の調達 ……………………………………………………………… 165

第6章　事例に見るBCM構築の実際

 6.1　BCMが機能した事例とポイント ……………………………………… 167
  6.1.1　2001年米国同時多発テロ ……………………………………… 167
    (1)　米国系証券投資会社 ……………………………………… 168
    (2)　欧州系グローバル銀行 …………………………………… 170
    (3)　日系中小企業（高級海苔・乾物卸業）………………… 170
    (4)　その後の動向 ……………………………………………… 171
  6.1.2　2004年新潟県中越地震 ………………………………………… 173
    (1)　電機メーカーの拠点間相互バックアップ体制 ………… 174
    (2)　地域金融機関支店の自家発電装置配備 ………………… 174
    (3)　米菓メーカーの事前対策と事後対応 …………………… 175
    (4)　その後の動向 ……………………………………………… 176
 6.2　BCMの取組み事例の紹介 ……………………………………………… 176
  6.2.1　米　国 …………………………………………………………… 176
    (1)　米国の概況 ………………………………………………… 176
    (2)　BCPの導入状況 …………………………………………… 176
    (3)　BCMを支える仕組み①（BC/DRサービス）………… 177
    (4)　BCMを支える仕組み②（規格・ツール・教育）……… 178
  6.2.2　欧州の状況 ……………………………………………………… 180
  6.2.3　金融業界の取組み ……………………………………………… 181

		(1) 個別金融機関の動向 ………………………………………… 182
		(2) 金融業界の動向 ………………………………………………… 183
		(3) 金融監督当局の動向 …………………………………………… 185

6.3 人材育成の重要性 …………………………………………………………… 187
    6.3.1 人材・プロフェッショナル育成の重要性 ………………………… 187
    6.3.2 英国 BCI の資格概要 ………………………………………………… 188
    6.3.3 米国 DRII の資格概要 ……………………………………………… 189
    6.3.4 BCM に必要なスキル・セット分野 ……………………………… 190
    6.3.5 事業継続に係る職種 ………………………………………………… 192
    6.3.6 BCM 体制構築におけるプロフェッショナル人材育成 ………… 193
        (1) 啓発ステージ …………………………………………………… 193
        (2) 訓練ステージ …………………………………………………… 194
        (3) 拡充ステージ …………………………………………………… 194
    6.3.7 今後の事業継続分野における人材育成のあり方 ……………… 195

第 7 章　国内外の標準化動向

7.1 概　要 ……………………………………………………………………… 197
7.2 各国の標準化の動向 ……………………………………………………… 198
    7.2.1 日本国内の標準化動向 ……………………………………………… 198
        (1) 経済産業省情報セキュリティ政策室 ………………………… 200
        (2) 中小企業庁経営安定対策室 …………………………………… 200
        (3) 内閣官房情報セキュリティセンター ………………………… 200
    7.2.2 海外の標準化動向―米国 …………………………………………… 200
    7.2.3 海外の標準化動向―英国 …………………………………………… 202
    7.2.4 海外の標準化動向―オーストラリア ……………………………… 205
    7.2.5 海外の標準化動向―シンガポール ………………………………… 206
7.3 国際標準化の動向 ………………………………………………………… 208
    7.3.1 ISO 化の概要とスケジュール ……………………………………… 208
    7.3.2 日本の対応 …………………………………………………………… 208

7.3.3　今後の進み方 ……………………………………………… 209
　7.4　指針・規格類の活用方法 ………………………………………… 210
　　　7.4.1　BCM体制導入初期 ………………………………………… 210
　　　7.4.2　BCM体制内部定着期 ……………………………………… 211
　　　7.4.3　BCM体制安定運用・外部共有期 ………………………… 212
　　　7.4.4　BCM体制積極開示期 ……………………………………… 212

資料編

資料1　事前対策メニュー一覧 ……………………………………………… 216
資料2　BCP様式類（記入シート）………………………………………… 223
資料3　BCP関連資料 ………………………………………………………… 260
　　3.1　BCPの有無による緊急時対応シナリオ例 ………………………… 260
　　3.2　目標復旧時間に関する参考事例 …………………………………… 267
　　3.3　復旧時間の制約要因 ………………………………………………… 268
資料4　中小企業向け施策の概要 …………………………………………… 269
資料5　財務診断モデルに関する資料 ……………………………………… 270

参考文献　　278
索　　引　　279

はじめに
〜事後対策重視から総合対策への転換〜

　米国では，国土安全保障省（DHS）が中小企業向けのBCP策定ガイドラインをインターネット上に公開し，テロを含む広義の災害の事前対策として中小企業へのBCP（緊急時企業存続計画）普及に取り組んでいる．特に2001年の9.11テロ事件以降その取組みは一層加速したという．

　国の内外を問わず，中小企業が自然災害やテロ等の不測の事態に遭遇した場合に，事業の中断を最小限にとどめ，早期に通常の状態に復旧するためには，平時においてBCPを策定しておくことが当該企業の存続にとって極めて重要である．

　我が国においては，中小企業に対する政府の災害支援事業は，災害発生後については既に相当充実していたが，発生前の対策についてはこれまで手つかずの状態であったといってもよい．

　2006年2月に中小企業庁が「中小企業BCP策定運用指針　第一版」を公表した背景には，政府の中小企業の災害対策支援を事前対策の充実という新たな枠組みで見直そう，見直したいという強い意欲があった．大きな事業中断に見舞われればその存続が危うくなる中小企業では，BCPは「事業継続計画」ではなく，企業を存続させるための対策であるとして，「緊急時企業存続計画」と呼んでいる．

　また，同庁では，大企業のサプライチェーンに属する中小部品製造業者の事業中断が全体の工程を中断させるように，中小企業の被害が当該企業だけにとどまらない大きな問題となる場合も少なくなく，また，事業中断が長期に及べば，地域雇用の減少による社会不安や治安悪化をも招きかねないという認識ももっており，復旧資金の即時払い等の初動対策等についても充実を図っている．BCPの普及策により，中小企業災害対策は，表に示すように事前対策，初動対策，追加対策の全般にわたって充実した対策メニューを持ち，総合対策とし

	1. 事前対策	2. 初動対策		3. 追加対策
		発生直後	1か月以内	
非資金支援	BCPの普及	―特別相談窓口設置	―代替機械の優先融通 ―下請取引問題の解決斡旋	―アドバイザー派遣
資金支援	BCP関連支援・優遇措置	―既往債務の返済条件緩和 ―小規模共済災害時貸付	―災害復旧貸付	―セーフティネット保証（4号） ―激甚災害指定措置（災害復旧貸付の金利引下げ等） ―災害復旧高度化融資

て「完成」されると評価できよう．

　本書は，中小企業庁で中小企業BCP策定運用指針を検討したBCP有識者会議のメンバーが共同執筆したものである．「身の丈に合ったBCP」，「誰にでもできる易しいBCP」，「一人でも作れるBCP」など，初心者向けの解説書を作ろうという熱意を持って執筆した．また，指針に盛り込めなかった"思い"などもまとめたつもりである．本書が我が国の中小企業のみならず，これからBCPを作ろうとお考えの皆様のお役に立つことを念願してやまない．

　なお，執筆に当たって貴重な助言をいただいた，児嶋秀平氏（中小企業庁前経営安定対策室長）及び森田哲至氏（三井住友海上火災保険）に感謝の意を表したい．

2006年11月

中小企業庁BCP有識者会議有志一同

第1章　BCM の基礎知識

1.1　BCM とは

1.1.1　定　義

BCM（事業継続管理：Business Continuity Management）とは，「組織が存続し続けるために中核事業の特定と事業継続に関する障害を認識し，災害時等において当該事業を継続するための手順（BCP）の確立，及び，その手順を有効に機能させるための教育や訓練，更新，災害に対する事前対策までを含めた管理プロセス」のことをいう．

BCM には，次の活動が含まれる．
① 事業の理解
② BCP サイクル運用方針の作成
③ BCP の構築
④ BCP 文化の定着
⑤ BCP の訓練，BCP サイクルの維持・更新，監査

中小企業庁の指針では，この五つの活動を「BCP サイクル」と呼んでいる（図 1.1 参照）．BCP を作成し，それを適切な状態に維持するための様々な活動を「継続的に」実施するという意味である．

1.1.2　重要な考え方

BCM を実行に移そうというときに知っておくべき基本的な考え方が幾つかある．

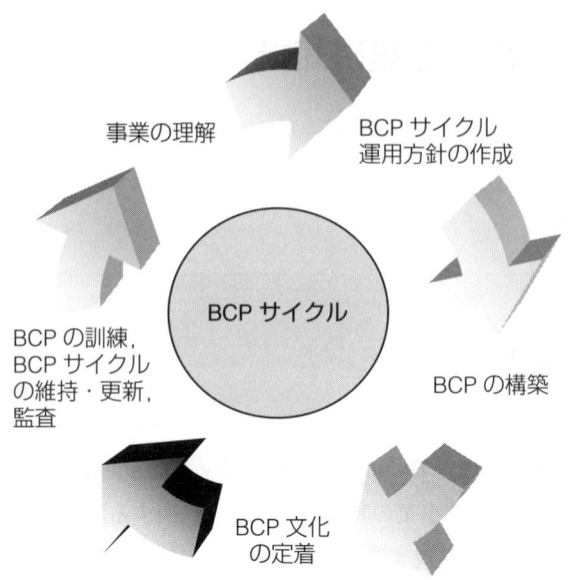

図1.1 中小企業庁のBCPサイクル

(1) 原因管理から結果管理へ

　我が国の「防災」は，地震，台風，洪水など発生事象別に対応策を管理するものである．これに対して，欧米の緊急事態管理（Emergency Management）やBCMは，災害等による被害という結果の抑制を重視して対応策を管理する手法である．例えば，米国では「避けきれずに発生してしまった好ましくない結果の低減を目的とする活動」を結果管理（又は被害管理：Consequence Management）と呼び，発生した緊急事態の原因のいかんを問わず，被害を最小化することに重点を置いて事態に迅速に対処をする．緊急事態管理やBCMの根底には，この考え方が流れている．米国の連邦レベルにおけるテロ対策の結果管理の主務官庁が連邦緊急事態管理庁（FEMA）であることを見ても，それが分かる．

　もちろんBCMも，伝統的には，重要なシステム，スタッフ，施設の喪失などの事象を念頭に置いたものであったが，2001年の米国同時多発テロ事件を

経験して，全体的に結果管理に大きく重心が移った．同時多発テロで問われたことは「想定外の事態を想定する（Expecting the Unexpected）」ことである．BCMでも，企業は予期しない業務の急激かつ膨大な増大に迅速に対応するシナリオを想定する必要が出てきたのである．この場合，事態の原因を把握してそれから対応を行う原因管理では迅速な対応ができない．もちろん緊急事態の発生前には「原因管理」を中心とし，事態の発生後に「結果管理」を重視するという考え方には矛盾はない．

BCMでは，発生事象の種類ごとに管理する方法を中心とするのではなく，結果管理に重点を置いて検討することが必要である．BCMは，防災と同義ではない．

(2) エスカレーション

どのような緊急事態も，小規模の事態から発展して大規模になり，収束していく．そうした緊急事態の進展に合わせて，対応体制を拡大したり，判断者をより上位者に移行したり，対策内容を高めていったりすることを，エスカレーション（段階的拡大）という．これはもともと「小規模・中規模・大規模な戦争体制を整え，戦域の規模に応じて柔軟に対応させる」エスカレーション・コントロールという軍事用語から出た言葉である．緊急事態においても，予想される被害規模を数レベル（段階）に分け，できるだけ低いレベル（段階）で対応・抑制（コントロール）できるように，あらかじめ検討しておくが，BCM，とりわけBCP策定に際しては，万一，事態が拡大した場合を想定し，エスカレーション・コントロールをどのように実施するのかを決めておくことが極めて重要である．

(3) BCM文化の醸成

英国を中心とするBCMガイドラインは，どれも"BCM Culture"の重要性を謳っている．一方，米国のBCMに関するガイドラインは，方法論が中心であり，こうした思想的なものはあまり強調されていない．我が国のBCM指

針の多くも米国型に近い．

　cultureを我が国では「文化」と訳しているが，cultureの語源は「耕す」である．「耕す土地は環境や場所により様々，また，農作物も違えば，それに伴い風俗習慣も違ってくる」，これが"culture"である．"BCM Culture"も同様で，企業によりBCMのやり方や考え方が異なって当然であるが，その組織の中では「風俗習慣」のように誰もがそれを承知して実行できているべきである．これがBCM文化である．人の自主性の尊重や人の心を大切にしたBCPを作り上げるためには，このBCM文化の醸成は不可欠である．このBCM文化を醸成できてはじめて，BCMが組織に定着するといっても過言ではない．

　BCM文化については，我が国では中小企業庁のBCP策定運用指針だけが「BCP文化」として詳細に規定している．教育や訓練等とどこが違うのかという疑問があろうが，教育や訓練などはBCM文化を醸成するための方法論の一つでしかない．

1.2　歴史・背景

1.2.1　DRからBCへ

　事業継続（Business Continuity）のルーツはDR（Disaster Recovery，災害復旧）である．DRは1950年代から1960年代にかけて主に米国で現れた概念で，多くの企業が書類や電子データ等のバックアップを代替サイトに保管したのが始まりである．Disaster（災害）という言葉は，我が国でいう自然災害にとどまらず，コンピュータの故障や不調の類までを含む概念である．

　以下に，米国におけるDRからBCへの変遷をまとめてみた．

　DRといっても，初期の時代には，データのバックアップを自社で定期的に行っていただけであったが，1970年代なると，データ等の保管サービスの提供を行う業者が現れ，その後，代替サイトを提供する市場が確立するようになった．代替サイトは，ホットサイト，ウォームサイト，コールドサイトの三つに分けられる．ホットサイトとは，遠隔地に通常サイト（データセンターなど）

と同じシステムを導入した施設を準備し，通常サイトのトラブルを検知すると自動で切り替えられ，直ちに処理が続行できる予備施設のことで，災害発生後の復旧を最も迅速に行える．データも完全に同期している．ウォームサイトは，ホットサイトに似ているが，通常サイトのデータと同期をとらずに，業務の再開を容易にするシステムだけをすべて用意しておくものである．コールドサイトとは，遠隔地にバックアップ用機器の設置場所だけを確保しておき，被災時に必要な機器を搬入し代替させるものである．

1980年代には，代替サイト市場に米国全体で数百の事業者が参入したといわれている．また，ホットサイトも大規模な金融機関のデータ処理センターのためのDR対策として人気を集めた．1983年に連邦通貨監査官事務所（OCC）が金融機関にDRP（Disaster Recovery Plan，災害復旧計画）の策定を求めたのが体系的なDRの始まりである．それまで特に決まった指針もなかったので，DRPの多くは，構外の保管施設へのテープ輸送に関する事項であったという．また，1989年になって，連邦金融機関検査委員会（FFIEC）がDRPの文書化，維持，テストを金融機関に求めるようになり，DRにもPDCAが導入されるようになった．

その他にも多くの規則類が制定されたが，このFFIECの規制が最も包括的なものであったといわれている．

1990年代に入ると，DR産業に影響を与えるコンピュータ革命が起こり，ほとんどの企業がメインフレームを中心とした環境から分散コンピュータ環境に移行していった．

このコンピュータ革命によってDRは，膨大なハードウェアとソフトウェアを対象とすることとなり，その概念が大きく変わっていった．

こうした環境変化の中，1990年代の後期までに，DRは"Business Continuity（事業継続）"という言葉に取って代わられたといってもよいだろう．その後，2000年前後のコンピュータ西暦2000年問題や2001年の米国同時多発テロ事件がDRからBC（事業継続）への流れを決定付けたとともに，BCがコンピュータ部門の施策ではなく，企業全体の重要課題であることを明確にし

たといえよう．

今日，米国ではBCについて全米防火協会（NFPA）によってNFPA 1600という規格が制定され，国土安全保障省（DHS）がそれを支持している．このNFPA 1600は「災害／緊急事態管理及び事業継続プログラムに関する規格（Standard on Disaster/Emergency Management and Business Continuity Programs）」として米国では広く知られている．この流れは，緊急事態管理を基として，BCがその延長線上にあることを物語っている（「1.1.2 重要な考え方」参照）．

1.2.2 米国での法規制の後押し

我が国でも，中央官庁がBCPに関するガイドラインを公表してから加速的に事業継続が産業界の話題になったが，こうした傾向は米国でも同様であった．

以下に，1990年以降に米国の事業継続を後押しすることになった主な法規制や標準等についてまとめて，DR/BCの社会的な流れを見てみたい．また，表1.1にそれを年表にした．

（1）医療分野

1996年に連邦保険社会福祉省（DHHD）が「医療保険の携行性と責任に関する法律」（HIPAA）の検討を始めた．この法律によって，医療機関は，患者の個人情報を保護する方策を策定することが必要となった．その方策には，患者データのアクセス，追跡，バックアップ，補完，廃棄，復旧などに関する対策策定及びその実行と並んで，緊急時計画，BCP，施設セキュリティ計画が含まれる．HIPPAは，2001年に制定され，2003年に施行された．

また，1997年には，米国医療機関評価認定機構（JCAHO）が医療分野における情報セキュリティ，緊急事態への準備，復旧計画策定についてまとめたマニュアルを公表した．JCAHOの認証を受けたい医療機関は，このマニュアルに適合していなければならない．

表 1.1　米国における DR/BC 法規制年表

年　代	DR/BC の動向
1950 年代	企業が重要な記録類のバックアップを取る対策を強力に推進し始める.
1960 年代	データへの依存が増大し, バックアップの頻度が数週間に一度から数日に一度に増加
1970 年代	企業が代替サイトのベンダーと契約し始め, ホットサイト市場が出現
1983 年	通貨監督庁（U.S. OCC）が金融機関に復旧計画書（Recovery Plan）の策定を要求
1989 年	連邦金融機関検査委員会（FFIEC）が復旧計画の文書化, 更新, テストを要求
1990 年代	分散コンピュータ革命のために, 組織はデータの復旧だけでなく事業復旧の必要性を認識するようになる. **事業継続（Business Continuity）という用語はこれ以降広く使用されるようになる.**
1996 年	連邦保険社会福祉省が HIPAA を検討
1997 年	JCAHO が医療分野における情報セキュリティ, 緊急事態への準備, 復旧計画策定に関するマニュアルを公表
	FFIEC が分散コンピューティング環境に関する復旧計画を整備しない場合には取締役会に責任があると言明
2000 年	NFPA 1600 公表（2004 年改定）
2001 年	グラム・リーチ・ブライリー法施行
2002 年	サーベンス・オクスリー法施行
2004 年	証券取引委員会が NASD 規則 3510 及びニューヨーク証券取引所規則 446 を承認

(2)　金融分野

1989 年に初めて体系的な DRP を要求した FFIEC は, 分散コンピュータ環境に関する復旧計画が整備されていない場合には, 企業の役員会は責任を負うべきであると明言し, 1997 年に DRP が, 部門の施策ではなく企業経営の課題であることを明確に宣言した. また, 2001 年 9 月 11 日の同時多発テロ事件の後に FFIEC は「BCP ハンドブック（BCP Handbook）」を公表した（図 1.2 参照）.

図 1.2　FFIEC の BCP Handbook

　一方，2001 年には，グラム・リーチ・ブライリー法（GLBA）が施行され，金融機関等に対して顧客情報の機密性を保障及び維持するための手順を確立することが求められた．この法律で規制される機関は，取引業者が顧客情報を保護する対策を整備していることを確認しなければならない．

　また，2004 年には，証券取引委員会（SEC）が全米証券業協会（NASD）規則 3510 及びニューヨーク証券取引所規則 446 を承認した．両規則は，会員機関に BCP の策定を求めている．会員機関は毎年 BCP を見直し，継続的に更新を行い，事業中断に対応する能力を持っていることを顧客に示さなければならない．

　以上のほか，全産業に対して，2002 年にサーベンス・オクスリー法（Sarbanes-Oxley act, SOX 法）が施行され，企業には，投資家に対する財務報告に関するより良いコーポレートガバナンスが求められた．SOX 法は，企業のトップに財務報告が正確であることを証明し，また，企業の財政状態の変化を開示することを求めている．この法律をきっかけとして，企業の内部統制の観点から BCP が見直されたといわれている．

1.2.3 我が国における DR

「これまで，我が国においては，企業・個人の個別対策においても，また政府の施策遂行においても，個々の主体がそれぞれの視点から行う対症療法的な情報セキュリティ対策に終始」してきたが，「事前に事故を予防することや，起きた事故に対症療法的に対応」することばかりでなく，「情報セキュリティに絶対はなく，事故は起こり得るもの」との前提で，被害を最小化，局限化し，回復力の高い仕組み，すなわち，「しなやかな"事故前提社会システム"」を構築」することが必要である．また，「こうした観点を踏まえ，事前予防策及び事故対応策の両面にわたる施策を確立・強化」しなければならない．

これは，2003 年に公表された情報セキュリティ総合戦略の一部である．我が国では，それまでも情報システムの安全性や信頼性について表 1.2 のように数多くの基準や指針が公表され，産業界等に適用されてきたが，2000 年より前に「復旧」が規定されているのは，1996 年のシステム監査基準以外には見あたらない．

1990 年代に入ると，ネットワーク，オープンシステム，ダウンサイジング，マルチメディアがキーワードになり，インターネットの商用化も始まり，また，パソコンの普及により一人 1 台の環境に近づき，コンピュータシステムの利用環境が大きく変化したのは，米国と同様である．

こうした中で 1995 年に阪神・淡路大震災が発生した．この大震災によって，災害などにも耐え得るネットワークインフラの構築と災害発生後の迅速な対応と早期復旧が重要な課題であることが認識されたといってもよいだろう．

また，この震災を契機に，情報セキュリティに関する各種ガイドラインが次々に改定され，復旧計画やコンティンジェンシープランなど地域や産業の復興に直結する事項が定められていった．

1990 年代の後半になると，ネットワーク化の進展，特にインターネットの商用化が一層進み，国という概念を超えたグローバルなネットワークが形成され，新しい技術の導入はともかく，セキュリティ上の問題についてのタイムラグはほとんどなくなってしまった．こうした中で起きたのがコンピュータ西暦

表1.2 我が国の情報セキュリティの諸基準

公表年	基 準 等 名	主務官庁等（旧称）
1977年	電子計算機システム安全対策基準	通商産業省
1985年	システム監査基準	通商産業省
1986年	コンピュータシステム・通信システムを設置する建築物に係る安全対策基準	建設省
1987年	地方自治体コンピュータセキュリティ基準	自治省
1989年	情報システム安全対策ガイドライン	総務庁
	コンピュータウイルス等不正プログラム対策指針	警察庁
1995年 阪神・淡路大震災		
1995年	情報システム安全対策基準 コンピュータウイルス対策基準	通商産業省
1996年	コンピュータ不正アクセス対策基準 システム監査基準改訂 　→代替処理・復旧が初めて規定された基準	通商産業省
	金融機関等におけるコンティンジェンシープラン要綱	FISC
	情報通信ネットワーク安全・信頼性基準	郵政省
1997年	情報処理サービス業情報システム安全対策実施事業所認定制度における認定基準	通商産業省
	情報システム安全対策指針	警察庁
2000年 コンピュータ西暦2000年問題		
2001年	情報通信ネットワーク安全・信頼性基準改正 　→危機管理計画整備追加	郵政省
	金融機関等におけるコンティンジェンシープラン策定のための手引書	FISC
2002年	情報セキュリティマネジメントシステム（ISMS）適合性評価制度→BCMが初めて規定された	JIPDEC
2003年	情報セキュリティ総合戦略 　→「事故前提社会の到来」がコンセプト	経済産業省
2004年	システム監査基準改定	経済産業省
2005年	事業継続ガイドライン	経済産業省
	事業継続ガイドライン第1版	内閣府
2006年	中小企業BCP策定運用指針	中小企業庁

2000年問題である.

　我が国では,政府の高度情報通信社会推進本部が公表した「コンピュータ西暦2000年問題対応指針」に基づき各官庁が対応に当たった.この対応指針では,実施すべき項目として,対応計画の策定,点検項目等の一覧化,未対応システムへの措置,模擬テストによる確認が挙げられている.また危機管理計画の策定が推奨され,計画項目としては,トラブル発生時の影響及び範囲,影響を考慮した復旧の優先順位付け,手順,代替措置,関係機関を含む復旧体制,連絡網,連絡手順,指揮命令系統,現場の権限,トラブル発生から復旧までの予行演習,データ保全等が盛り込まれた.

　我が国ではこれを「西暦2000年問題危機管理計画」と呼んだが,DRPやBCPそのものであった.民間企業の危機管理計画でも,同様に危機管理体制を構築するための組織の整備及び基本方針,中核となる事業プロセスの選定及び優先システムの確認,危機管理計画の策定及び危機対応に当たる責任の所在の明確化,危機管理体制の整備スケジュールの策定が計画項目として挙げられた.

　我が国では,このコンピュータ西暦2000年問題において初めて,DRやBCが体系化され実行に移されたが,この問題の収束とともに忘れられ,再びDR/BCが浮上したのが,先に述べた2003年の情報セキュリティ総合戦略であった.

　その後の経緯については,第7章で詳しく述べる.

1.3　国内外の実施状況

1.3.1　各国の概況

　欧米では既に多くの企業がBCPの重要性を認識して取組みを行っている.英国ではBCI(事業継続協会)が2002年に「BCIの事業継続管理実践指針(BCI Business Continuity Management Good Practice Guidelines)」を公表し,それを基に英国規格協会(BSI)が2003年にPAS 56(事業継続のための指針)を発行し,2006年にはPAS 56をベースとしたBS 25999-1「事業継続マネ

ジメント―第1部：実践規範（Business continuity management ― Part 1: Code of practice）」を発行した．

米国でも DRII（Disaster Recovery Institute International）が BCM の普及啓発活動を行い，全米防火協会（National Fire Protection Association, NFPA）が 2004 年に NFPA 1600「Standard on Disaster/Emergency Management and Business Continuity Programs」を改定し，BCM の普及を促進している．

一方，アジアでも，BCM の規格化・規制化の動きが出始めている．例えば，シンガポールでは，金融当局が金融機関に BCM の実施を要求しており，これを全産業にまで広げる動きが見られる．

こうした各国の動きから，近い将来，国際規格として制定される見込みである．各指針や規格等の詳細については，第 7 章に記載した．

1.3.2 日本の概況

我が国では，経済産業省が 2005 年 3 月に初めて事業継続ガイドラインを公表した．これは，2003 年の情報セキュリティ総合戦略の理念である「事故前提社会の到来」に対応するための一つの方策であり，結果管理を重視した優れたガイドラインである．

また，(財)金融情報システムセンター（FISC）が 2001 年に「金融機関等におけるコンティンジェンシープラン策定のための手引書」を改定，発行している（2006 年に改定）ほか，日本銀行が 2003 年 7 月に民間金融機関を対象にした報告書「金融機関における業務継続体制の整備について」を取りまとめている．これは民間金融機関にも業務継続体制を整えるよう求める内容となっている．金融庁では，各金融機関向けの「総合的な監督指針」の中で危機管理体制の整備に加え，BCP やコンティンジェンシープランに関する対応を要求している．

このほか，防災の分野では，内閣府中央防災会議が BCP のガイドラインを公表している．

1.3.3 日本企業のBCM導入状況

2005年にインターリスク総研が英国BCI（事業継続協会）のBCM調査に呼応して，ほぼ同じ内容で東証一部上場企業を対象にBCMの導入状況等について独自に調査を実施した．以下はその概要である．

(1) 企業が関心のある事象

事業継続上関心がある事象は「IT」，「自然災害」，「企業ブランドのダメージ」の順である．日本企業では，「コンピュータなどIT関連のトラブル」59.5％，「インターネットなどの通信トラブル」45.0％，「地震・台風などの自然災害」51.6％，「企業イメージ・ブランドへのダメージ」49.9％が高く，欧米企業と比べると自然災害に関する関心が異常に高いことが分かった．

実際に，BCPを策定している企業では，コンピュータなどIT関連のトラブル（78.1％），地震・台風などの自然災害（77.5％）が主たるBCPの対象事象である．

(2) BCMの策定状況

日本企業の7割近くはBCPを策定していない．全社ベースでBCPを策定している企業は約1割しかなく，売上高に関係ない．海外企業では全体で47％，売上高20億円以上で69％が策定していることに比べると，日本企業のBCP策定状況は低いといえよう．一方，業種ごとの特性では，銀行80％，証券40％など金融業がトップを占めており，鉄鋼・非鉄33.3％，倉庫・運輸業25％が続いている．業種による偏りも見られる．

(3) 策定単位：部門か，企業全体か

「基幹事業など特定部門で策定」している企業が8.6％，「情報システム部門で策定」している企業が4.3％である．製造業では「基幹事業など特定部門で策定」が11.5％であるが，非製造業では「全社ベース」11.4％，「情報システム部門で策定」6.1％がやや多いのが特徴である．策定の単位について業種の

特性が見られる．

（4） 対象としている BCP のフェーズ

BCP を策定していると回答した企業のうち，緊急時対応フェーズを対象としている企業は 86.9% もあるが，本来 BCP の中核を占めるべき「事業回復・再開・全面復旧」フェーズを含めている企業は 50.6% と半分程度であった．

（5） 取組み理由

BCP を策定している日本企業の 70% が BCM の取組み理由として，「コーポレートガバナンス・CSR の一環」と回答し，BCM を内部統制の一環と考えていることが分かった．一方，海外企業では既存顧客からの要請がトップを占めており，外部要因によって策定していることに顕著な違いが見られる．

（6） 取引先への BCP 策定要請

新潟県中越地震以降，自動車産業をはじめとして取引先に BCP の策定を要請する企業が増えつつあるが，実際に要請している企業は 10% であり，BCP の実効性まで確認している企業は 10.6% であった．今後，こうした要請は増えそうであるが，そうなると前記 (5) に示したように欧米型の取組み理由が増加すると推測される．

1.4 主要な用語解説

国の中には，DR（災害復旧）と BC（事業継続）という用語をほとんど同じ意味で使用しているところがある．また，米国で現在 DR と考えられているものは「IT・通信に関する DR」だというように限定的に理解している国も見られる．このように，DR や BC について，国際的にもまだ用語が統一されていないので，本書で使用する用語についてここにまとめて解説しておきたい．これは中小企業庁の中小企業 BCP 策定運用指針によるものである．

1.4 主要な用語解説

BCM（事業継続管理）

Business Continuity Management (BCM). BCP を策定（構築）し継続的に運用していく活動や管理の仕組みのこと．①事業の理解，②BCP サイクル運用方針の作成，③BCP の構築，④BCP 文化の定着，⑤BCP の訓練，BCP サイクルの維持・更新，監査といった活動が含まれる．

> （注）中小企業庁の中小企業 BCP 策定運用指針では，通常は BCM サイクルと呼ばれるサイクルを「緊急時企業存続計画 (BCP) を策定し，それを適切な状態に維持するための様々な活動を継続的に実施する」という意味で，「BCP サイクル」と表現している．

BCP（緊急時企業存続計画）

Business Continuity Plan (BCP). 企業が自然災害，大火災，テロ攻撃などの緊急事態に遭遇した場合において，事業資産の損害を最小限にとどめつつ，中核となる事業の継続あるいは早期復旧を可能とするために，平常時に行うべき活動や緊急時における事業継続のための方法，手段などを取り決めておく計画のこと．

> （注）BCP は通常，「事業継続計画」や「業務継続計画」と訳されるが，中小企業庁では中小企業の事業中断は企業の存続にかかわる事態であるとの認識から，あえて「緊急時企業存続計画」としている．

BCP の発動

緊急事態が発生した場合に，BCP（緊急時企業存続計画）を基に事業継続及び事業への影響を最小化するための対策を始めること．

エスカレーション（escalation）

緊急事態の進展に合わせて，対応体制を拡大したり，判断者をより上位者に移行したり，対策内容を高めていったりすること．

> （注）1.1.2 重要な考え方「エスカレーション」参照．

キャッシュフロー

会社が得たお金から会社が活動するのに支払うお金を差し引いた余剰資金をフリーキャッシュフローという．商品受渡しと金銭の授受がずれる商慣行により，損益計算書で示される利益金額と現金として手元にある金額がずれること

がある．BCP では，手元にある金額・キャッシュフローが重要である．

サプライチェーン
原材料の確保から最終消費者に至るまでの財と情報の流れにかかわる全活動（開発，調達，製造，配送，販売等）を意味する．また，サプライチェーンを統合的に管理するための経営手法をサプライチェーンマネジメントという．

バックアップ
代替資源とほぼ同じ意味であるが，中小企業庁の中小企業 BCP 策定運用指針では情報に関する代替をバックアップと呼んでいる．例えば，中核事業の継続に必要な情報を電子データ，紙データにかかわらず複製を作成し，同じ災害で被災しない場所に保存しておくことが挙げられる．

ビジネスインパクト分析（BIA）
Business Impact Analysis (BIA)．中核事業の特定とそれに係るボトルネックを把握するプロセスのこと．

ボトルネック
本来は，びん（ボトル）のくびれ（ネック）の意味．事業の継続や業務復旧の際に，その部分に問題が発生すると全体の円滑な進行の妨げとなるような要素．

リスク
共通の性質として次の二つの性質を含むため，影響度と発生頻度の観点から測定される事象のこと．
① その事象が顕在化すると，好ましくない影響が発生する．
② その事象がいつ顕在化するかが明らかでないという，発生の不確実性がある．

リスクマネジメント
企業を取り巻くリスクは大小様々であり，それらのリスクに優先順位を付けて未然防止活動等により全体としてリスクを最小化する活動のこと．また，そのための計画策定や見直し等を含めて継続的に運用していく仕組みのこと．

1.4 主要な用語解説

緊急事態
地震や風水害等の自然災害やテロや火災，事故等の人為的災害といった従業員や中核事業等に対して重大な被害や影響を及ぼす可能性のある事態のこと．

災害復旧貸付
罹(り)災した中小企業者向けに設備資金・運転資金を貸し付ける国民生活金融公庫や中小企業金融公庫，商工組合中央金庫の支援制度のこと．被災中小企業に対する公的支援制度の一覧は，中小企業庁の中小企業 BCP 策定運用指針を参照．

財務診断モデル
復旧費用や今後のキャッシュフロー，不足資金を予測するための診断モデルのこと．本書 2.3 節を参照．

事業影響度評価
緊急事態が発生した場合の事業への影響について，従業員や施設・店舗，設備，情報，ライフライン，財務等の幅広い視点から評価すること．事業に対する小さい影響よりも重大な影響を把握することが重要である．

重要業務
中核事業を実施するために必要となる業務のこと．

(注) 欧米の主な標準では，「Business Process」と「Business Function」の二つに分けられているが，それを「業務」という言葉でひとくくりにして定義したもの．BCPを検討する実務ではプロセスと機能は分けた方がよい．

代替資源
事業を継続するにあたり必要となるモノや人，情報等に関する資源が被害を受けて利用できない場合には，代わりとなる資源のこと．事業継続に係る各種資源の代替の情報については，中小企業庁の中小企業 BCP 策定運用指針を参照．

中核事業
会社の存続にかかわる最も重要性（又は緊急性）の高い事業のこと．

(注) 欧米の主な標準では「Mission Critical Activity」と呼ばれているもので，企業のミ

ッション（使命）を果たす上で極めて重要・重大な企業活動のことをいう．「基幹事業」などともいう．

取引調整
被災後に被災前と同様の取引を行うことが困難な場合に，取引先とその後の取引について調整すること．他社での一時的な代替生産等の対応が含まれる．

取引復元
事業資源が復旧した時点で，代替生産等を引き上げ，被災前の取引に復元すること．

目標復旧時間（RTO）
Recovery Time Objective (RTO)．中核事業や重要業務を復旧させなければならない目標時間のこと．

第2章　中小企業庁「中小企業BCP策定運用指針」の概要

2.1　概　要

2.1.1　制定経緯

「2004年，大規模な自然災害が立て続けに発生し，多数の死傷者を出しただけでなく，全国の多くの中小企業が被災し深刻な経営危機に陥った．被災地の中小企業の廃業，倒産又は事業中断が広範かつ長期に及べば，地域経済にとって大きな打撃となるのはもちろん，地域雇用の減少による社会不安や治安悪化をも招きかねない．また，中小サプライチェーン，例えば大企業のサプライチェーンに属する中小部品メーカーの事業中断が全体の組立工程を中断させ得るように，その被害が当該中小企業だけにとどまらない大きな問題となる場合も少なくない．」

中小企業庁は，このような認識を持ち，大規模災害が発生するたびに各種対策（特別相談窓口，災害復旧貸付，小規模企業共済災害時貸付，セーフティネット保証，激甚災害指定措置，災害復旧高度化融資等）を講じて，被災地の中小企業の早期復旧復興を支援し，これらは大きな実績を上げてきた．

ただ，これまでの中小企業災害対策は，災害発生後の対策については相当メニューが充実しているが，事前対策については手つかずの状態にあるという認識も持っていた．

中小企業庁は，2004年3月に被災中小企業等を対象にアンケート調査を行った．その結果，事前の防災対策をする必要は感じているが，何をすればいいのか分からない，又はそれにかける時間と金の余裕がないので，結局，事前対

策は講じていない，との回答が多く見られたという．そこで，同庁は，未着手の事前対策を整備するため，欧米企業においてそのノウハウが発達し普及が進んでいるBCPの国内中小企業への普及を推進することにした．

BCPは，自然災害やテロ等に遭遇した企業の事業中断を最小限にとどめるための経営計画であり，復旧優先順位や目標復旧時間等をあらかじめ定めておく点が，従来の防災とは大きく異なる．

BCPは，9.11テロや多くの自然災害によってその有効性が実証されたことから，BCPを普及させることにより，中小企業災害対策は，事前対策，初動対策，追加対策の全般にわたって充実した対策メニューを持ち，「完成」されることになると中小企業庁は判断した．このため，中小企業向けBCP策定ガイドラインを作成し，同庁及び関係機関のホームページに公開し，説明会等を通じて中小企業への普及を図ることになったのである．

これが中小企業BCP策定運用指針の制定経緯である．

こうした取組みを通じて，国内企業数の99％超を占める中小企業の事業継続能力を高めることによって，自然災害やテロ等の不測の有事に対する耐性の強い経済社会基盤の構築を図ることができると中小企業庁は認識している．

2.1.2 指針の考え方

2005年6月，中小企業庁においてBCPの普及策を検討する「BCP有識者会議」がスタートした．同有識者会議では，中小企業の災害対策への取組みの特徴等を勘案して，次のような基本的な方針が確認された．

① 中小企業向けBCP策定ガイドラインを作成し，中小企業庁及び関係機関のホームページに公開し，説明会等を通じて中小企業への普及を図る．

② ガイドラインは次のようなコンセプトを備える．

―それを見れば，日々の仕事に追われる多忙な中小企業経営者でも，身の丈にあった自社BCPを自力で策定できるような，また，策定してみようと思えるような，実践的かつ分かりやすいものでなければならない．

―BCPの理念及び方法論は確実に維持されなければならない．

2.1 概要

―これまでの災害で被災し事業再開に苦労した中小企業の実体験を聴取し，それらを反映させたものでなければならない．
―米国の国土安全保障省(DHS)が中小企業向けに公開している「READY.GOV」等を基にする（図2.1参照）が，十分に日本の災害事情，中小企業の特性及び中小企業災害対策の利用法等を盛り込んでアレンジしなければならない．
―基本，中級，上級コースの三つのコース構成とし，基本コースはできるところから着手しやすい仕組みとしなければならない．
―災害時にどれだけお金が借りられるか，準備ができているかを診断できる仕組みを持っていなければならない（財務診断ができる）．
③ 自然災害だけでなくテロ等あらゆる緊急事態を対象としたBCPを作り上げる．

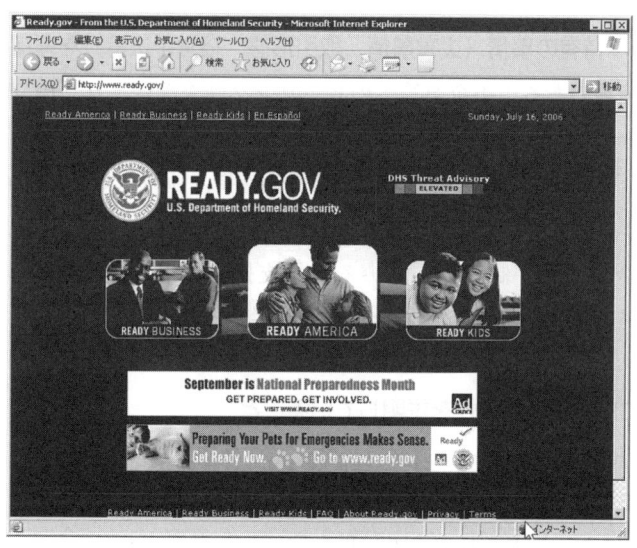

図2.1 米国DHSのREADY.GOV

2.1.3 指針の特徴

中小企業BCP策定運用指針の特徴は，基本的方針に基づき，次のようにまとめることができる．

(1) 中小企業においても実行可能なBCPを目指したこと

―まずは中小企業におけるBCPの普及を優先し，基本コース，中級コース，上級コースの3コースを設け，各企業の経営資源の事情に応じて策定，その後のステップアップを可能なものとした［下記(5)参照］．
―この指針一つでBCP策定作業が完結できるよう，必要情報はなるべく具体的に掲載・紹介した（例：想定される緊急事態の内容，対策項目ごとの概略費用）．
―ホームページ掲載も考慮し，図表等を多用し的確かつ簡潔な内容となるよう努めた．

(2) 日本特有の事情（災害事情，取引形態，経営手法等）を考慮したこと

―被災経験のある中小企業等へのヒアリング調査等により，BCPにおける課題を明らかにし，指針に反映させた．
―中小企業の経営基盤である取引企業や商店街，地域コミュニティ等とともにBCを確保する考え方を取り入れた指針とした．
―中小企業庁等が制度化している各種支援策を十分に活用できるようなBCPを策定できるようにした．

(3) BCP作成の重要性を説明していること

―BCPは経営者にとって最重要経営課題であり，BCP策定が経営上プラスであることを指針の中で説明した．
―BCPにより救済され市場の信用を伸ばした事例，一方で災害により倒産等に至った事例を紹介するほか，大手企業では，地球環境問題と同様，BCP策定が取引企業選定の条件になる動きがあることを指針の中で示し

た．

(4) ホームページ上で使用できるようにしたこと
―米国国土安全保障省（DHS）のホームページ等を参考に，Webの特性を活かし使いやすいコンテンツを作成した．
―アクセスした経営者がBCP整備の現状について自己診断ができ，統計処理された累積の診断結果とともに表示され，自社のポジションが認識できるような機能も付加した．
―中小企業の経営にかかわる各機関の協力を得て，各機関のホームページからリンクを張ってもらいホームページの存在周知を図った．

2005年度の事業としてすべてが達成されたわけではないが，2006年度以降も継続的に普及策が展開されている．

(5) コース別策定運用指針としたこと
　この指針は基本コース，中級コース，上級コースの三つに分けられている．これは，中小企業が投入できる時間と労力に応じたもので，企業自らが選択することができる．

　基本コース及び中級コースでは，フロー図の各項目を順番に読んで帳票等を入力し取りまとめることにより，BCPを完成させる簡易版である．

　また，上級コースは，中級コースを検討した上でBCPの内容を更に充実させるためのコースで，BCPの対象を協同組合全体等で取り組むなどに拡張する際に適している．

2.2　BCM構築のためのステップ

　企業がBCMの構築に取り組む際には，まずBCPの基本方針を立案するとともに，BCPを策定・運用する社内体制を決める．同時に，チェックリストを用いて，現在の事業継続能力について自己診断を行い，弱点分野を把握する

とよい．

なお，本書は，中小企業庁のホームページで公開されている「中小企業 BCP 策定運用指針」に沿ったものであり，このホームページの使い方も紹介する．

2.2.1 基本方針と運用体制

BCM の構築にあたり，企業の基本方針を立案するとともに，BCP を策定・運用する社内体制を決める．

(1) BCP 基本方針の立案

何のために BCP を策定し，日常的に運用するのか？ 中小企業が BCP を策定・運用することにどんな意味合いがあるのか？ 経営者自身が考え，自らの言葉に直して，企業の BCP 基本方針とする．この基本方針は，社内の掲示板に張り出したり，携行カードに記載したりし，従業員に広く周知する．

(a) BCP 策定・運用の目的

企業が緊急時を生き抜くためには，従業員とその家族の生命や健康，企業の事業資源（建物，設備など）を守った上で，事業を継続して顧客の信用を守り，売上げを維持する必要がある．事業と売上げを確保することで，従業員の雇用も守ることができ，同時に地域経済の活力の維持にもつながる（図 2.2 参照）．

BCP を策定・運用する目的は，緊急時においても事業を継続できるように準備しておくことで，実際の緊急時において顧客からの信用，従業員の雇用，地域経済の活力の三つを守ることで，緊急時を生き抜き企業の価値を維持・向上させることである．

(b) 中小企業 BCP の要点

企業が緊急時を生き抜くことは，大企業から中規模，家族経営に至るまで共通して目指すべきことである．したがって，BCP は，企業規模に関係なく策定・運用する必要がある．特に中小企業の事業環境を考慮すると，中小企業のBCP において重視すべき点として次が挙げられる（図 2.3 参照）．

2.2 BCM 構築のためのステップ

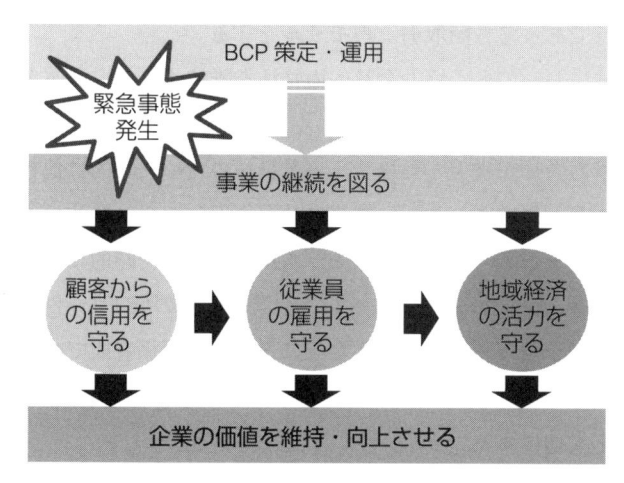

図 2.2　BCP 策定・運用の目的

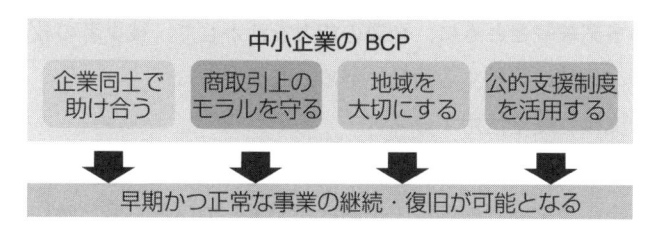

図 2.3　中小企業が策定する BCP の要点

① 企業同士で助け合う

　中小企業は，日常的に，業務を分担したり，情報交換したり，地元や同業の他の企業との助け合いの中で事業を行っている．地場産業やサプライチェーンにおいては，一つの企業が欠けることで，地場産業やサプライチェーン全体が機能しなくなることもある．緊急時において，企業同士が連絡を取り合い助け合うことが大切であり，関係するすべての企業の事業継続・復旧を早めることができる．また，企業単独でなく，同業者組合の加盟企業等が連携して，BCP を策定・運用することも極めて有効である．

② 緊急時であっても商取引上のモラルを守る

　緊急時においても，協力会社への発注を維持する，取引業者へきちんと支払いをする，便乗値上げはしない，こうしたモラルを守ることが大切である．協力会社が被災した場合，事業継続のため一時的に他社に代替取引を頼むことが想定されるが，被災会社が復旧したら，発注は元どおりに戻すことが望まれる．商取引上のモラルを破ると，一時的に事業が復旧しても，その後，企業の信用が失墜し，企業の価値の低下を招くことになる．特に取引先が限られている中小企業にとって，関係者間での信用失墜は大きな痛手となる．

③ 地域を大切にする

　中小企業では，顧客が地域住民であったり，経営者や従業員も地域住民の一人であったりする．地域が復興しないと，企業の事業復旧も望めない．企業の事業継続とともに，企業の能力を活かして，被災者の救出や商品の提供等，地域に貢献する活動に努める必要がある．

④ 公的支援制度を活用する

　我が国では，公的金融機関による緊急時融資制度や特別相談窓口の開設など，中小企業向けの各種支援制度が充実している．緊急時には，これら制度を活用し，事業の早期復旧を目指すべきである．

(2) 運用体制の確立

　企業においてBCPを策定し，日常的な運用を推進する社内の体制を決める．経営者自身の関与を明確にするとともに，取引企業や協力企業と連携すること，従業員に周知することが大切である（図2.4参照）．

(a) 経営者自らが率先して策定・運用推進に当たる

　BCPは緊急時に企業が生き抜くためのものである．したがって，BCPの策定・運用は最重要の経営課題であり，経営者のリーダーシップが不可欠である．

(b) 企業の規模や業務の役割分担に応じて人選する

　家族経営のような企業では経営者一人でも構わないが，中規模の企業で，総

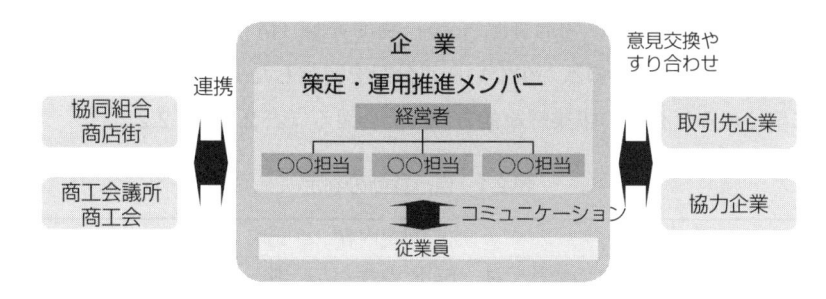

2.2 BCM 構築のためのステップ　　　　41

図 2.4　BCP の策定・運用体制

務，財務，労務，技術，営業など役割分担が決まっている場合は，各部署からサブリーダーを参画させる．

(c)　取引先企業や協力企業との意見交換やすり合わせを行う

緊急時の事業継続には，取引先企業や協力企業との連携が重要になる．取引先企業や協力企業と，BCP に関する意見交換やすり合わせをしばしば行うことが望まれる．また，協同組合や商店街の加盟企業が連携して BCP 策定・運用に取り組んだり，商工会や商工会議所で BCP に関する勉強会を開いたりすることも有効である．

(d)　BCP の策定・運用推進に取り組んでいることをすべての従業員に周知する

BCP の運用は，すべての従業員が対象であり，実際の緊急時には，従業員の行動が計画の成否を左右する．BCP の運用に対して，従業員の参加意識を高める必要がある．BCP 基本方針を社内掲示板や携行カードに掲載したり，BCP に関する訓練をしたりすることが挙げられる．

2.2.2　BCP の策定・運用の自己診断

BCP の策定・運用に先立ち，企業の事業継続能力の現状について自己診断を行う．次のチェックリストの設問ごとに「はい」/「いいえ」で答え，「はい」の数ごとの判定内容（目安）から，現在の企業の事業継続に対する準備状況を把握する．この自己診断チェックリストは，企業の事業資源，すなわち人的資

源，物的資源（モノ），物的資源（金），物的資源（情報），事業継続ごとに設問している．「はい」の数が少ない弱点分野を認識した上で，BCP の策定・運用に取り組み，企業の事業継続能力の向上を図る（表 2.1，表 2.2）．

表 2.1 自己診断の判定

「はい」の数	判定内容（目安）
16〜20 個	あなたの会社では，BCP の考え方に則った取組みが進んでいるようです．本指針に沿って，会社の BCP をチェックし，より強力なものとすることが望まれます．
6〜15 個	緊急時に備える意識は高いようですが，まだまだ改善すべき点が多いといえます．本指針に沿って，実践的な BCP を策定し，平常時から運用を進めることが必要です．
0〜5 個	今，緊急事態に遭遇したら，あなたの会社の事業は長期間停止し，廃業に追い込まれるおそれが大です．本指針に沿って，一から BCP の策定・運用に取り組んでください．早急にできることから始めてください．

2.2.3 中小企業庁ホームページの使い方

中小企業庁のホームページには，2006 年 2 月 20 日から「中小企業 BCP 策定運用指針」が公開されている（http://www.chusho.meti.go.jp/bcp/）．本書を読み BCM 構築の実際を理解した上で，中小企業庁ホームページの「中小企業 BCP 策定運用指針」を利用すると，より効果的な BCM を実践することができる．

(1) ホームページの構成とポイント

ホームページは，中小企業の経営者が，従業員と一緒に，自社の BCP を策定し，日常的に，運用するとともに，緊急時に備えて BCP の発動の予習を行うことができるよう次のように構成されている．

(a) 中小企業の経営者が投入できる時間と労力に合わせて選択できるよう，基本コース，中級コース，上級コースの 3 通りのコースを用意している

2.2 BCM構築のためのステップ

表2.2 自己診断チェックリスト

区分	設問	はい	いいえ	不明
人的資源	緊急事態発生時に，支援が到着するまでの従業員の安全や健康を確保するための適切な災害対応計画を作成していますか？			
人的資源	災害が勤務時間中に起こった場合，勤務時間外に起こった場合，あなたは従業員と連絡を取り合うことができますか？			
人的資源	定期的に避難訓練を実施していますか？			
人的資源	初期救急や心肺蘇生法の訓練を受けた従業員がいますか？			
物的資源（モノ）	あなたのビルは自然災害の衝撃に耐えることができますか？　そして，ビル内にある機器類はその衝撃から保護されますか？			
物的資源（モノ）	あなたのビルへの部外者の侵入を阻止するために，外部塀やフェンス及び入口ドアや窓の保全を定期的にチェックしていますか？			
物的資源（モノ）	あなたの会社周辺の地震や洪水の被害に関する危険性を把握していますか？			
物的資源（モノ）	あなたの会社の設備の流動を管理し，目録を更新していますか？			
物的資源（金）	1週間又は1か月間程度，事業を中断した際の損失を把握していますか？			
物的資源（金）	あなたは，災害後に事業を再開させる上で現在の保険の損害補償範囲が適切であるかどうかを決定するために保険専門家と相談しましたか？			
物的資源（金）	事前の災害対策や被災時復旧を目的とした融資制度を把握していますか？			
物的資源（金）	1か月分程度の事業運転資金に相当する額のキャッシュフローを確保していますか？			
物的資源（情報）	情報のコピー又はバックアップをとっていますか？			
物的資源（情報）	自社オフィス以外の場所に情報のコピー又はバックアップを保管していますか？			
物的資源（情報）	操業に不可欠なIT機器システムが故障等で使用できない場合の代替方法がありますか？			
物的資源（情報）	主要顧客や各種公共機関への連絡先リストを作成していますか？			
事業継続	あなたの会社が自然災害や人的災害に遭遇した場合，会社の事業活動がどうなりそうかを考えたことがありますか？			
事業継続	こうした緊急事態に遭遇した場合，どの事業を優先的に継続・復旧すべきであり，そのためには何をすべきか考え，実際に何らかの対策を打っていますか？			
事業継続	長期間の停電や電話が輻輳（ふくそう）する，コンピュータシステムがダウンする，取引業者からの原材料の納品がストップするなどのケースについて，代替手段を用意できていますか？			
事業継続	社長であるあなたが出張中だったり，負傷したりした場合，代わりの者が指揮をとる体制が整っていますか？			

（図 2.5，表 2.3 参照）．
(b) BCP の策定・運用にかかわる検討内容について，ていねいな解説がついている（図 2.6 参照）．
(c) 中小企業にとっては緊急時の資金繰りは最重要課題の一つであることから，緊急時に備えて企業の財務状況を自己診断できるモデルを作成・掲載している（英米の BCP 要領類にも見られない，本指針の大きな特徴である）．
(d) BCP を策定・運用する際に参考にできる各種資料が充実している．各種資料には，詳細な事前対策メニュー表や中小企業に対する公的支援制度の整理表なども加えてある．
(e) 中小企業の経営者が必要事項を記入して束ねれば BCP になるような様式類がついている．また，記入例のサンプル（見本）も掲載されている（図 2.7 参照）．
(f) 中小企業の経営者自らが，自社の BCP の取組み状況を自己診断できる

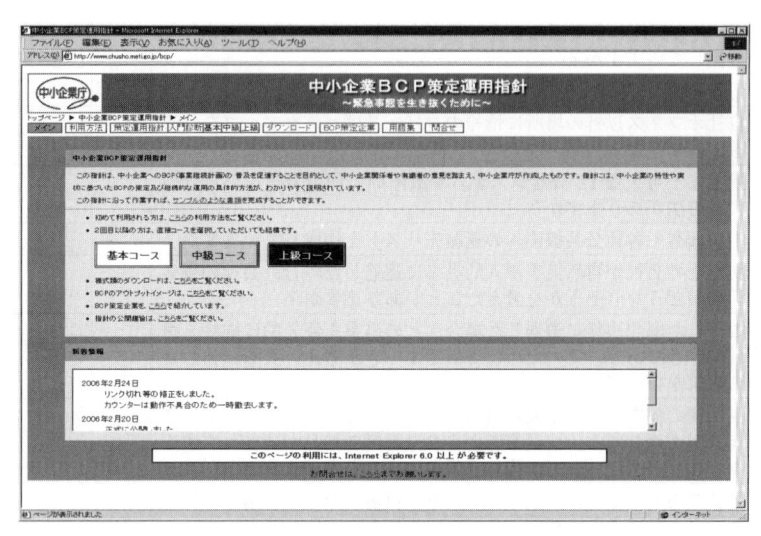

図 2.5 「中小企業 BCP 策定運用指針」のトップページ
(http://www.chusho.meti.go.jp/bcp/)

2.2 BCM構築のためのステップ

表2.3 「中小企業BCP策定運用指針」で用意されている3通りのコース

コース	説明	BCP策定に要する日数の目安
基本コース	BCPの策定・運用を始めようとする多くの経営者向けのコースである．経営者の頭の中にある考えをBCPサイクルに沿って整理し，BCP様式類を記入する．	経営者1人で延べ1～2日程度
中級コース	BCPの策定・運用について，理論を学びつつ確立したい経営者に勧める．本コースでは，BCPサイクルに沿って，体系的にBCPの策定・運用，予習を行う．	経営者1人で延べ3～5日，経営者とサブリーダー含め数人で2～3日
上級コース	中級コースでBCPを策定・運用済みの経営者が，複数の企業と連携して取り組んだり，より深い分析を行ってBCPを策定・運用したりするためのコースである．本指針で紹介する各種資料を参考にしつつ，独自のBCP構築を目指す．	経営者とサブリーダー含め数人で延べ1週間程度

注：BCPの策定に限った日数の目安であるが，会社の規模や事業内容，事前対策の選定内容等によって変動する．また，別途，BCPの運用（教育訓練や計画見直し）にも取り組むための時間が必要となる．

図2.6 「中小企業BCP策定運用指針」の解説ページ
(http://www.chusho.meti.go.jp/bcp/)

図 2.7 「中小企業 BCP 策定運用指針」の様式類のダウンロードページ
(http://www.chusho.meti.go.jp/bcp/)

チェックリストが設けられている．

(2) 「中小企業 BCP 策定運用指針」の利用フロー

「中小企業 BCP 策定運用指針」は，中小企業庁のホームページに掲載されており，画面の案内に沿って解説を読んだり，様式類に記入したりすることで，自社の BCP を策定・運用することができる．

基本コース，中級コースごとに入門診断，基本方針と運用体制の検討，平常時における BCP の策定・運用（財務診断モデルを含む），緊急時における BCP の発動と進み，定期的に改善を図っていく．なお，上級コースは，中級コースを終えた企業が，BCP に協同組合全体で取り組んだり，複数の事業を持つ企業が BCP に取り組んだりするために用意されている（図 2.8 参照）．

「中小企業 BCP 策定運用指針」には，本指針に沿って BCP を策定・運用した中小企業名を掲載するページがある．本書を読んで BCP の策定・運用に取

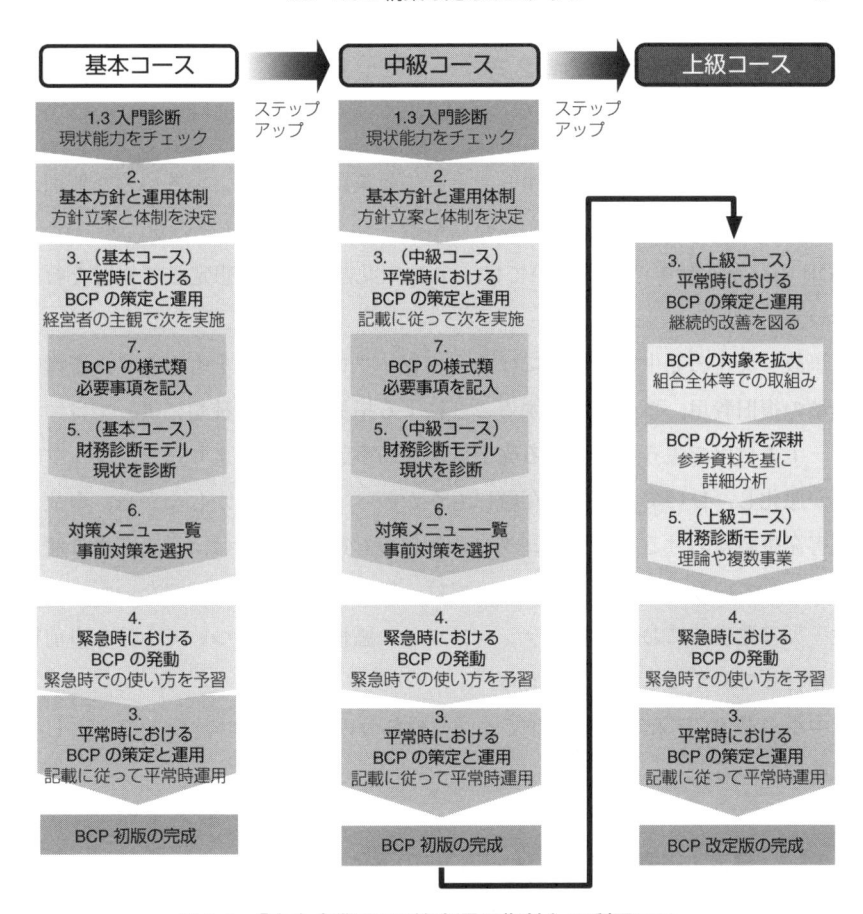

図2.8 「中小企業BCP策定運用指針」の利用フロー

り組んだ企業は，企業のPRにも役立つことから，同ページにアクセスして企業名を掲載するとよい．

2.3 財務診断モデルの考え方

2.3.1 財務診断の必要性

　企業において緊急事態が発生したときの対策については，いろいろな側面から検討が行われている．緊急事態は事故・災害に限られないが，中小企業BCPの財務診断モデルにおいては，事故・災害発生時を想定して検討を行っている．

　事故・災害の発生は最終的にはキャッシュフローの悪化をもたらす．資産の損壊の復旧費用，事業が中断することによる損失，事故の種類によってはマーケットの信用を失うことによる売上低下等の事態の発生によりキャッシュフローが悪化し，ひいては企業の存続にもかかわってくる．しかしながら，事故・災害発生時におけるキャッシュフロー悪化の対策については，従来あまり注意が払われていない．中小企業においては一般に財務基盤は強固でないため，事故・災害発生時におけるキャッシュフローの悪化の対策について十分な事前検討を行っておくことが必要である．

　中小企業BCP策定運用指針では，この部分の検討を財務診断モデルとして記述している．

2.3.2 事故・災害とキャッシュフローの悪化

　事故・災害発生時における企業のキャッシュフローの悪化は，どのような経過をたどって起こるのか，また，どのような対策を講じればよいのかについて，解説する．

(1) 事故・災害の種類と発生防止の可能性

(a) 事故・災害の分類

製造業を例に取ると，事故・災害は，次の三つに分類することができる．

① 製品の事故

　製品の事故は，企業の外で起こった事故である．例えば，販売した食品

の中毒事故，欠陥車の販売に起因する事故などがこれに当たる．この種の事故は，企業の自主的な努力によって事故の発生をある程度防止することが可能である．
② 設備の事故

設備の事故は，企業の内部で起こった事故である．例えば，工場の火災がこれに当たる．この種の事故も，企業の自主的な努力によって事故の発生をある程度防止することが可能である．
③ 自然災害

自然災害，例えば地震，風水害，火山の噴火などの発生は，防ぐことができない．企業ができることは，自然災害による自社の被害を極小化する対策を講じることである．

(b) 事故・災害の企業への影響・損害保険の対応

事故・災害の分類ごとに，資産にどう影響し，どのように売上げに影響するか，キャッシュフローへの影響，そして損害保険の対応について，次のようにまとめることができる．
① 製品の事故

製品の事故は企業の外・工場の外で起こった事故であり，工場の設備には何の影響・損害もなく，工場の稼働が止まる（事業の中断）こともない．（ただし，食中毒などの中毒事故では行政機関による工場の稼働停止処置がなされる可能性はある．）この場合は，事故処理の費用が発生しキャッシュフローを悪化させる．

なお，損害保険の対応について，事故処理費用は保険対応が可能であるが，世間の反応による売上げの低下による損害については保険の対応は困難である．
② 設備の事故

工場の火災を例に取れば，工場の設備は火災で損壊し損害が発生する．損害の金額は，損益計算書上では帳簿上の価格（簿価）である．しかし実際の損害額は，当該設備を今作ったら幾らかかるかという金額（再調達価

格）である．キャッシュフローの見地から見れば，復旧費用が幾らかかるかが問題となる．再調達価格と復旧費用とは必ずしも一致しない．例えば，建物を木造から鉄骨スレートぶきにする，あるいはこの際工場を縮小するなどのケースが考えられる．

火災で工場が損壊したら，工場の生産がストップし（事業中断という）売上げは減少する．

損害保険については，火災保険と事業中断の損失をてん補する利益保険を付保すれば損害は保険でカバーできる．しかし，保険は損害をてん補するものだから，従来の工場の設備を改善するような復旧費用までを全額カバーできるわけではない．

③ 自然災害

地震を例に取ると，地震が発生したら工場が損壊し，復旧費用が必要となる．工場が損壊すれば生産がストップし売上げが減少する．この際注意すべきことは，自社の工場が復旧しても電気・ガス・上下水道等インフラの復旧ができていなければ，工場は稼働しないという点である．工場の生産がストップする期間は，工場の復旧期間とインフラの復旧期間の長い方に影響される．

地震の場合，中小企業が新たに地震保険を付けることは難しい．また地震による事業中断の損失をてん補する保険を付保することは極めて困難である．地震による損害は，自社で負担しなければならない場合がほとんどである．

事故・災害が発生した場合，企業の存続のためにいろいろな対策を講じるについて，キャッシュフロー対策の見地からは，復旧費用全額を自社で負担せざるを得ない地震発生時の対策が最も問題となるゆえんである．

以上をまとめると表2.4のようになる．

(c) 何がキャッシュフローを悪化させるのか

前記(b)で事故・災害発生時に，資産の被害の有無・事業中断の有無・売上減少の有無・キャッシュフローへの影響を見たが，これをキャッシュフローの

2.3 財務診断モデルの考え方　51

表2.4　各種事故・災害の企業への影響・保険の対応（製造業の場合）

事故・災害の分類	資産への影響	事業の中断	売上げの減少	損害保険の対応
①製品の事故 （例：中毒事故）	資産の被害なしただし，事故処理費用が発生しキャッシュフローを悪化させる	なし 食中毒は行政機関による稼働停止処置の可能性あり	あり 世間の反応（風評）により売上減少→業績悪化	事故処理費用は保険対応可能 売上減少は極めて保険対応困難
②設備の事故 （例：工場の火災）	生産設備の被害発生 生産設備の復旧費用が発生しキャッシュフローを悪化させる	あり	あり 生産ストップ（事業中断）により売上減少→業績悪化	設備被害，売上減少とも保険対応可能
③自然災害 （例：地震）	生産設備の被害発生 生産設備の復旧費用が発生しキャッシュフローを悪化させる	あり	あり 生産ストップ（事業中断）により売上減少→業績悪化	地震の場合設備被害は不十分ながら対応可能 売上減少は極めて対応困難

見地から再度整理すると，次のようになる．

①　資産の損壊自体はキャッシュフローを悪化させない．

既に支払済みの資産が損壊してもキャッシュフローには影響しない．被害を受けた資産を復旧する費用（例えば，工場の建物・機械設備を再建する費用）がキャッシュフローに影響する．保険でてん補できない場合は復旧費用全額がキャッシュフローを悪化させる．

②　製品の事故の場合は事故処理費用がキャッシュフローを悪化させる．

製品の事故の場合，被害者に対する補償など事故処理費用の支出が生じ，保険でカバーできない場合は，事故処理費用がキャッシュフローを悪化させる．

③　世間の評判（風評）が悪化し，消費者が製品の購入を手控えれば売上げが低下し，業績が悪化し，キャッシュフローも悪化する．これには保険で

は対応困難である．

④ 事故・災害による事業中断の結果売上げが低下し業績が悪化すればキャッシュフローも悪化する．保険の対応は区々である．

(2) 事故・災害時のキャッシュフロー悪化の事例

事故・災害時のキャッシュフロー悪化の状況を公表の資料から拾って見た．いずれも大企業での例であるが，数字のけたを変えれば中小企業についても当てはまると考えられる．

(a) 大手食品メーカーの中毒事故（製品の事故の例）

2000年6月，食品の中毒事故が発生し，事故対応の不手際もあって，その後の売上げが激減した．6月末に中毒事故が発生したが，9か月後の決算では，通期売上高は前年度売上高5,440億円の2/3の3,616億円に激減し，キャッシュフローの悪化額は955億円の巨額に達した．

中毒事故の事故処理費用302億円に対し，売上げの減少による業績の悪化を原因とするキャッシュフローの悪化額は643億円で，事故処理費用の2倍以上に達した．この会社は，不足資金を，現・預金減127億円，有価証券売却106億円のほかはほとんどを金融機関からの借入671億円で賄った．

なお，この事故の翌年5月に，北陸地方の中堅食品会社で同様の中毒事故が発生した．この会社は翌月に廃業してしまった．従業員が「会社が廃業したのは社長の職務怠慢の結果である」として，社長に将来受け取るはずであった賃金や慰謝料を請求した結果，名古屋高裁金沢支部は2年間の賃金逸失分を含めて5,220万円（一人460万円）の支払いを命じた．したがって，キャッシュフローに窮して，会社を閉鎖又は倒産しても，ケースによっては経営者の責任は免れない．

(b) 大手タイヤメーカーの工場火災（設備の事故の例）

2003年9月栃木工場から出火．工場建屋 41,000 m^2 をほぼ全焼した．

会社の発表によれば，被害額は次のとおりとなっている．

2.3 財務診断モデルの考え方

```
資産被害（建屋・設備・製品）         30 億円

復旧対策費用                         50 億円
復旧のための新たな設備投資          100 億円
生産能力低下に伴う逸失利益          220 億円
                             計   370 億円
```

有価証券報告書を見る限りでは，事業中断による損失 220 億円は保険ではてん補されていない．

(c) 大手自動車メーカーの工場火災（設備の事故の例）

2004 年 12 月中旬，主力工場の第 1 工場から出火し，塗装工程など 8,000 m^2 が焼失し，約 4 か月間第 1 工場の生産がストップした．

会社が公表した 2005 年 3 月期の損益見通しによると，火災による設備の被害と 3 万台の自動車の生産取りやめによる損害は，合計 100 億円超になるという．ただし「生産台数減により売上高に影響があるが，火災保険のてん補もあり業績予想に変更はない」と説明している．

火災事故については，事業中断の損害を含めて損害保険でカバーされていて，損害保険の効用が証明された事例である．

(d) 大手電機メーカーの地震被害（自然災害の例）

地震による資産の被害 230 億円に対し資産の復旧費用は 273 億円，地震に起因した販売の機会損失は 370 億円と発表された．なお，地震保険には入っていなかったので，全額会社の負担となった．

2.3.3 中小企業の BCP におけるキャッシュフロー対策

事故・災害発生時における中小企業の企業存続にあたっては，経営基盤・財務基盤が大企業に比べてぜい弱である中小企業において，キャッシュフロー対策は特に重要な事項である．

自然災害の発生は防ぐことができない．さらに，地震については中小企業の地震保険・地震利益保険の新規加入は大変困難である．大地震が発生したら，中小企業は企業存続のために，復旧資金の借入が必要となる場合が多いと考え

られる．自然災害発生時，特に地震発生時にスムーズな借入が可能な環境の整備が必要である．自然災害発生時，民間金融機関による中小企業向け復旧資金の貸付は望ましいが，経営基盤のぜい弱性から限界があると見られる．

中小企業庁がまとめた「平成15年度調査・中小企業の経営指標」によれば，調査対象企業6,686社のうち，黒字企業は3,823社（57%），赤字企業は2,863社（43%）である．したがって，新規に借入をしようにも返済ができない場合が多いと考えられる．また，借入可能金額が不足資金を下回ることもあり得る．その場合，中小企業の経営者がそこで再建をあきらめるケースが起こってくる．

災害時に運転資金・復旧資金が不足する場合は，災害時に設置される「特別相談窓口」に相談に行くことを勧める．政府の中小企業対策として，小規模企業共済制度の災害時貸付制度，政府系中小企業金融機関（国民生活金融公庫，中小企業金融公庫，商工組合中央金庫）の災害復旧貸付制度，信用保証協会のセーフティネット保証制度があり，「特別相談窓口」では被災した中小企業に対して弾力的に相談を受け付けてくれる．

自然災害発生時において，政府のキャッシュフロー支援対策の占める役割は極めて大きい．例えば，阪神・淡路大震災においては資産の被害総額は約10兆円と試算されている．この中には公共施設・大企業・中小企業・個人の被害を含んでいる．阪神・淡路大震災における中小企業向け災害復旧貸付（保証協会保証を含む）は1兆2000億円で，大きな役割を果たしている．中小企業は，自然災害時におけるこれらの制度を有効に活用できるように，平素から準備をしておくことが望ましい．

自然災害の被害を極小化するためには，事前の対策（例えば，耐震工事を行っておくなど）が有効である．地震以外の自然災害（例えば，洪水など），火災などの事故に対しては，適切な損害保険の加入は不可欠である．特に我が国では，事故後の事業中断に対する保険（利益保険）の加入率が低く（火災保険加入企業の10～20%程度しか加入していないものと推定されている），また水災に対する保険の加入も十分ではない．事故・災害発生時のキャッシュフロー

対策における損害保険の再検討が大切である．

　事前に策定した緊急時に使える資金と復旧費用とを比較した結果，復旧資金の借入が必要であるが財務体質から困難な場合には，事前の被害防止対策が不可欠となる．事前の対策は自己資金で毎期着実に実行していくことが望ましいが，緊急に対策を講じる必要がある場合には，災害防止対策資金の借入を検討することが必要となる．

　また，難しいことであるが，BCPの策定を機に自社の収益体質の改善（返済原資の増加）を図ることも大事である．

　いずれにしても，緊急時に使える資金と復旧費用とを比較して金額で検討することにより，経営者にとってBCPがより具体的な身近なものとなる．

　中小企業では，多くの場合，財務対策を検討するについて，人も時間も不足している．したがって，経営者は，鉛筆をなめながら考えることも必要である．中小企業経営者の勘を重視することも大切だと考える．

　政府の中小企業に対する災害時の復旧対策を十二分に活用することが，中小企業のBCPにおけるキャッシュフロー対策の基本である．

2.3.4　事故・災害の発生と金融機関の役割

　事故災害の発生時における金融機関の役割は，中小企業に限らず，BCPにおける重要な問題である．

　2006年3月に作成された経済産業省の「リスクファイナンス研究会報告書」によれば，リスクファイナンスとは，「企業が行う事業活動に必然的に付随するリスクについて，これらが顕在化した際の企業経営へのネガティブインパクトを緩和・抑止する財務的手法である」と定義されている．

　従来，我が国では，リスクファイナンスにおいて金融機関の占める役割が大きかった．同報告書には，「メインバンクは，最大の貸出シェアを占める債権者として，また長期安定的な大口株主として，企業が災害や事故により一時的に業績が悪化しても，長期的視野に立ち，事業活動の継続性や相応の収益が見込まれる場合には，（中略）メインバンクは，融資先企業のリスクファイナン

スをサポートする機能を提供してきたといえる．しかし，企業の財務状況，金融環境の変化により，メインバンク制は次第に弱まってきており，企業がデフォルト（倒産）した際にメインバンクが被る損失も相対的に小さくなってきている．このため，メインバンクによる企業救済のインセンティブは低下し，メインバンクにより提供されていたリスクファイナンス機能も弱くなっている可能性がある．"いざという時は，メインバンクに資金手当てしてもらえる．"と考えている企業も数多く見られるが，これまで提供されてきたメインバンクによるリスクファイナンス機能は，その提供される度合いや実現性が低下してきている点に留意を要する．」と記述されている．

　企業は，事故・災害発生時のキャッシュフロー対策について，従来のようにメインバンクの機能に頼ることなく，自己の責任で対策を講じることが必要となってきた．

　金融機関としては，融資先企業にリスクが顕在化した場合の与信リスク管理の視点から，企業のBCPの現況を把握し，事故・災害発生時に企業が倒産に至らないよう，特に地震災害時のキャッシュフロー対策を融資先と協議しておかなければならない．現状この点についての金融機関の認識は不十分であると思われる．

　財務基盤の弱い中小企業は，幸い政府の手厚い災害復旧融資制度があるから，災害発生時にはこの制度を有効に活用して融資を受け，キャッシュフロー面からは事業継続がうまくいくよう，検討しておく必要がある．

　大企業については，日本政策投資銀行の活用もあるが，基本的には災害発生時のキャッシュフロー対策は，自助又は民間金融機関に頼るしかない．

　損害保険会社は，企業にリスクマネジメントのサポートと損害保険の提供を行い，企業が事故・災害発生時に融資に依存せざるを得ない部分を明らかにしておく必要がある．

　大企業・中小企業を問わず，企業と取引金融機関と損害保険会社の三位一体となったBCPにおけるキャッシュフロー対策が望まれる．

　我が国の企業においては，BCPにおけるキャッシュフロー対策では融資に

2.3 財務診断モデルの考え方

依存する場合が多いと考えられる．しかし，事故・災害発生時の新規融資はリスクが大きい．例えば，地震の場合など民間金融機関では新規融資の与信リスクを負担できない場合が起こり得る．こういう場合こそ，政府系金融機関の出番であり，政府系金融機関の中小企業向け災害復旧貸付制度の意義はここにある．この中小企業向け災害復旧融資制度は，我が国では災害時に大きな役割を果たしている．米国のハリケーン・カトリーナの例に比較すれば，我が国の中小企業向け災害復旧融資制度は米国よりも完備しているといえる．

日本政策投資銀行の調査によれば事故・災害時の物的損害に加え事業中断時の操業・復旧資金の手当てまで行っている企業（大企業）は，全国平均で4%にすぎない．

問題は大・中堅企業にある．超優良大企業は，事故・災害発生時のキャッシュフロー対策は十分対応可能である．大・中堅企業は政府系金融機関である日本政策投資銀行の支援をどこまで活用できるのか．また民間金融機関は，散発的に災害支援融資を発表しているが，組織的・継続的に災害時の支援をしているとは思えない．自行の与信先の与信リスク管理の観点から与信先のBCPの状況を評価して融資するといった思想もあまりうかがえない．

こうした状況下，かつてのメインバンク制度も崩壊しつつある現在，大・中堅企業の事故・災害発生時のキャッシュフロー対策については，企業・取引金融機関ともに検討が十分でないだろう．その結果，これら大・中堅企業のサプライチェーンにつながる中小企業がBCPを策定する場合にも，このことが大きな影響を与えてしまう．

民間金融機関は，自行の融資先企業が事故・災害発生時にどうなるかをよく把握し，融資先中小企業については，災害発生時に政府の中小企業支援対策を有効に活用するようにアドバイスすべきである．融資先大・中堅企業については，事故・災害発生時のキャッシュフロー対策の検討，自行で融資可能かを検討しておくべきである．これは災害発生時における自行の与信リスクの軽減でもある．

2.3.5　中小企業BCPにおける財務診断モデルの位置付け

　事業活動において必然的に付随するリスク発生時（本書でいう事故・災害発生時もこれに含まれる）のキャッシュフローに与えるネガティブインパクトを緩和・抑止する財務的手法である「リスクファイナンス」についての議論は，我が国では従来からあまり行われてこなかった．

　経済産業省・リスクファイナンス研究会報告書の「はじめに」の中に，「企業においてリスクマネジメントといった場合"如何にしてリスクの顕在化を未然に防ぐか"をテーマとした事前防止策に重点が置かれており，事故や災害等が発生した後への備えは必ずしも十分に手当てをされていないのが実情である．企業のBCPについては，漸くその重要性が認識されつつあるものの，リスクが顕在化し経済的損失が発生した場合に備えて，企業が運転資金，事故対策資金，復旧資金等を事前に手当てしておくこと，すなわちリスクファイナンスの重要性については，いまだに十分認識されていないとの声が多く聞かれる．（中略）企業の適切なリスクファイナンスへの取り組みは，予期しない，あるいは突発的なリスク事象が顕在化した場合でも，企業の財務の健全性を維持し，企業の効率的，積極的な事業活動を行うことを可能とする．また，当該企業のみならず，同企業のサプライチェーンや，コミュニティへの動揺の伝播も抑えることが可能であり，ステークホルダーへの負のインパクトも最小限に食い止めることができる．すなわち，多くの企業が，個社単位で，リスクファイナンスに適切に取り組むことは，企業のより積極的な事業活動の促進を可能とし，企業の持続・成長・発展に資するのみならず，社会・経済全体で考えれば，個社の取り組みの積み重ねにより，わが国の社会基盤そのもののリスク耐性の強化につながる．そうして生まれる強固な社会基盤こそが，安心・安全な社会・経済を実現する礎となるといえる」と述べられている．

　中小企業BCP策定運用指針における財務診断モデルは，事故・災害発生時における「リスクファイナンス」対策を記述しているものである．

　中小企業は，国内全企業数の99.7%を占め全雇用の70.2%を賄う，国家経済の根幹をなす存在である．我が国の社会基盤の基礎をなしている中小企業が

2.3 財務診断モデルの考え方

BCP を策定することにより,緊急事態発生時において自社の事業継続と安定を図れれば,前述のように我が国の社会基盤のリスク耐性を強化することとなる.中小企業 BCP の中でリスクファイナンスを担う財務診断モデルの重要性は大きい.中小企業 BCP 策定運用指針作成の責任者であった児嶋秀平氏(中小企業庁前経営安定対策室長)が「"中小企業 BCP 策定運用指針"は欧米の指針に倣って作ったが,"財務診断"の部分は日本が誇るオリジナルコンテンツである」と述べている(2006 年 7 月 12 日付,日刊工業新聞).

中小企業 BCP 策定運用指針の活用を通して,中小企業が自社の企業体質・収益体質の改善を図るべく BCP を前向きに活用することは,大変重要なことである.

第3章　BCP策定のための基本コース

3.1　簡単なBCPの作り方

　災害はいつ起こるか分からないため，早急にBCPを策定・運用する必要があるが，中小企業経営者が十分な時間を割けない場合に，簡略にBCPを策定する方法を解説する．ここでは，静岡県「事業継続計画（簡略編）作成手引き」（2006年3月，http://www.pref.shizuoka.jp/syoukou/syo-150/bcpindex.html）を参照し，中小企業庁「中小企業BCP策定運用指針」の基本コースよりも，より簡略な方法を記す．なお，簡単なBCPを策定した後,「第4章　BCP策定のための中級コース」に従って本格的なBCPに改善することが望ましい．

3.1.1　基本方針の立案

　企業が地震災害や風水害，火災，従業員の集団感染などの緊急事態に遭遇したら，①従業員・家族の安全と安心，②顧客の信用，③従業員の雇用をどうしたいか，経営者自身が考えて文章にし，経営者の姿勢を従業員に分かりやすく示す．書き方の例を表3.1に示す．

3.1.2　中核事業と目標復旧時間の設定

　企業の事業のうち，経営上最も重要であり，緊急時に最優先で復旧すべき事業を特定する（「中核事業」と呼ぶ）．この中核事業は，通常の3割程度の従業員や設備で回せる規模に絞り込む．
　次に地震災害や風水害，火災，従業員の集団感染などの緊急時に，どの程度

表 3.1　BCP 基本方針の記入例《掲示》

区　分	記　入　欄
従業員・家族の安全と安心を守る	・大規模地震や風水害時，事業所内で死傷者を出さない． ・従業員が被災したら，会社としてもできる限り支援する．
顧客の信用を守る	・中核事業の目標復旧時間について，あらかじめ顧客と共通目標を持っておく． ・緊急時は，顧客と迅速・緊密に連絡を取り，目標復旧時間達成に努める．
従業員の雇用を守る	・大規模地震や風水害発生後も，従業員全員の雇用を守る．

出典：静岡県「事業継続計画（簡略編）作成手引き」（2006 年 3 月）

の期日で中核事業の復旧を目指すか目標を定める（「目標復旧時間」と呼ぶ）．目標復旧時間は，顧客からの要求と自社の対策状況の両面から判断して決める．この目標復旧時間は，顧客や協力会社，仕入業者等の取引先とあらかじめ協議しておくことが望ましい（表 3.2 参照）．

表 3.2　中核事業と目標復旧時間の記入例

	中核事業①	中核事業②
中核事業	・○○自動車向け○○部品の製造	・○○電機向け○○部品の製造
目標復旧時間	・大規模地震，1 か月後に完全復旧 ・小規模地震，3 日後に完全復旧 ・大規模水害，2 週間後に完全復旧	・大規模地震，1 か月後に完全復旧 ・小規模地震，5 日後に完全復旧 ・大規模水害，3 週間後に完全復旧

出典：静岡県「事業継続計画（簡略編）作成手引き」（2006 年 3 月）

3.1.3　緊急時体制の確立

　緊急事態が発生した際に対応する総責任者（一般には経営者）と必要に応じてサブリーダーを，あらかじめ指名しておく．緊急時に総責任者（サブリーダー）が出張だったり，被災したりすることもあるので，必ず代行者も決めておく（表 3.3 参照）．

　同時に，企業内の緊急連絡網を定める．緊急連絡網を記載した携行カードを全従業員に持たせるとよい．

3.1.4 事前対策整備計画の立案

事業所の耐震補強や機械類のアンカー固定など，実質的な効果が期待できる対策を選定し，その整備計画を立案する（表3.4参照）．ある程度まとまった

表3.3 緊急時における体制の記入例《掲示》

	主担当者	代行者
総責任者（経営者）	○○社長	○○総務部長
サブリーダー（顧客・協力会社担当）	○○営業部長	○○営業一課長
サブリーダー（事業資源担当）	○○生産部長	○○工場長
サブリーダー（財務担当）	○○総務部長	○○財務課長
サブリーダー（後方支援担当）	○○総務部長	○○庶務課長
サブリーダー（○○担当）		

注：○○担当は，サブリーダーであり，必要に応じて指名．
出典：静岡県「事業継続計画（簡略編）作成手引き」（2006年3月）

表3.4 事前対策の整備計画の記入例

該当	対策不要	対策済み	対策項目	対策が必要な場合		
				必要資金（百万円）	資金調達法	実施年（予定）
■	□	■	事業所建屋の耐震診断	済み	←	←
■	□	□	事業所建屋の耐震強化	30	県融資制度	2006年
■	□	■	事業所の防火対策	済み	←	←
■	□	□	津波避難場所の確保	済み	←	←
■	□	□	機械設備等の転倒防止	5	県融資制度	2007年
■	□	■	原材料・器具等の落下防止	済み	←	←
■	□	□	コンピュータシステムのバックアップ	1	自己資金	2006年
■	□	■	自家用発電機の導入	済み	←	←
■	□	□	応急給水設備の整備	0.5	自己資金	2007年
■	■	□	緊急時通信施設の整備	現時点不要	←	←
■	■	□	防災倉庫の整備	現時点不要	←	←
■	■	□	地震保険の加入	現時点不要	←	←
□	□	□	……			

出典：静岡県「事業継続計画（簡略編）作成手引き」（2006年3月）

資金が必要な場合は，3〜5年の中期的計画とするとよい．

また，後掲の「3.2 財務診断モデル（基本コース）」に従って，緊急時の復旧費用及びキャッシュフローを予測し，財務上の観点から事前対策を検討する．

3.1.5 教育・訓練と点検計画の立案

従業員向けの教育・訓練の内容，対象者，実施時期，頻度等を明示した年間計画を立案する（表3.5参照）．

また，企業内の自家用発電機などの防災器具や備蓄品等を実際の緊急時に使用できるよう，日常の点検計画を立案する．

表3.5 教育・訓練計画の記入例

区分	項目	目標	対象者 (本年度)	時期・頻度 (本年度)
教育	BCPの社内勉強会	見直し箇所の確認を含め，毎年開催	従業員全員 (新人含む)	4月第2週の月曜日
	普通救命講習	2008年までに従業員全員が資格取得	○○課及び○○課の社員	11月
訓練	緊急連絡訓練 (電話)	1時間以内に完了（社長に戻り連絡）	従業員全員	6月○日就業時間外
	津波避難訓練	全員が10分以内に避難場所へ	従業員全員	9月1日就業中
点検	自家用発電機の試運転	保管燃料の劣化もチェック	サブリーダー (事業資源担当)	毎月第1週の月曜日
	備蓄品の有効性チェック	飲料水の期限切れがないか等	サブリーダー (後方支援担当)	9月1日（津波避難訓練前)

出典：静岡県「事業継続計画（簡略編）作成手引き」(2006年3月)

3.1.6　緊急時の基本的な対応行動の立案

緊急時，企業にとって事業の継続は重要だが，従業員及びその家族に対するケアが最優先されるべきであり，特に中小企業にとっては緊急時の地域貢献も大切である．緊急時に従業員にどう行動してほしいかを，従業員の意見も聞きつつ決めておく（表 3.6 参照）．

また，どのような地域貢献活動ができそうか，小さなことでもよいので挙げておく（表 3.7 参照）．

3.1.7　通常取引先と代替策の連絡先の整理

緊急時，顧客をはじめ取引先と迅速・的確に連絡を取ることが極めて重要である．顧客や事業資源ごとに，地震発生後速やかに連絡が取れるよう，通常の取引先等の連絡先を整理しておく（表 3.8 参照）．

表 3.6　緊急時対応行動の記入例（大規模地震のケース）《掲示》

時　期	従業員（就業中）	従業員（夜間・休日）
地震発生当日	・機械類を安全な状態で停止 ・津波来襲に備え避難場所に全員避難 ・火災が発生したら，初期消火 ・負傷者が発生したら，救出・応急救護 ・全従業員が帰宅，家族の安否を全責任者に報告 ・全責任者とサブリーダーは一時帰宅後，自宅被災がなければ出社，顧客連絡等を開始	・従業員と家族の安否を伝言ダイヤル 171 で報告（171 が通じない場合，できる限り，事業所又は社長宅に出向いて口頭報告） ・全責任者とサブリーダーは自宅被災がなければ出社，顧客連絡等を開始
数日間	・被災していない従業員に限り出社，復旧活動に従事 ・被災した従業員も適宜出社し状況報告	
1 週間後以降	・被災が軽微な従業員について，出社と在宅の交代制をとる（在宅時は地域活動を行う）．	
1 月後以降	・ほぼ全従業員が通常勤務	

出典：静岡県「事業継続計画（簡略編）作成手引き」（2006 年 3 月）

表 3.7 地域貢献活動案の記入例（大規模地震のケース）《掲示》

実施	活 動 例
■	地元の自主防災組織と連携し，近所の独居高齢者世帯等に対して声掛けを行う（避難勧告発令時，避難生活時等）．
■	地元の自主防災組織と連携し，周辺住家が被災した場合，救出・応急救護・初期消火等に協力する．
■	地元の自主防災組織と連携し，周辺住家が被災した場合，後片付け等を手伝う．
□	在庫商品を提供する．
□	貯水タンクの水や備蓄用品を供出する．
■	車両等を供出する．
□	……

出典：静岡県「事業継続計画（簡略編）作成手引き」(2006年3月)

また，緊急時に事業所や通常の取引先等が被災した場合を想定し，その代替策を可能な範囲で確保しておく．例えば，仮に事業所が使えなくなった場合の「連絡拠点」（経営者の居場所，経営者と連絡がつくところ）を経営者の自宅でも構わないので決めておく．さらに，機械設備を移送して生産再開できる施設，あるいは代替生産を委託できる協力会社があれば，関係者とあらかじめ取り決めておく．

3.1.8 BCPの掲示と見直し

以上，記入した表類をまとめて企業のBCP（簡略版）とする．表類のうち《掲示》の付記があるものは，拡大して従業員の目に触れる場所に張り出すとよい．その他の表類は，企業秘密にかかわる内容も含まれるので社内限りの取扱いとする．

連絡先をはじめとして少なくとも毎年更新するとともに，「第4章　BCP策定のための中級コース」に従って本格的なBCPに改善することが望ましい．

3.1.9 緊急時のBCP発動

企業が緊急事態に遭遇した場合，後掲の「5.3 緊急時におけるBCPの発動」

3.1 簡単なBCPの作り方

表 3.8　通常取引先と代替策の連絡先の記入例

区分	項目	通常取引先（連絡先）	代替策（種類と連絡先）	
顧客	納品先①	○○自動車 000-00-0000 xxx@xxx.co.jp	—	—
	納品先②	○○モーター 000-00-0000 xxx@xxx.co.jp	—	—
協力会社	工程分業等①	○○製作所 000-00-0000 xxx@xxx.co.jp	■組合・協力会社 □その他	○○製作所と○○加工所が相互補完
	工程分業等②	○○加工所 000-00-0000 xxx@xxx.co.jp	■組合・協力会社 □その他	○○製作所と○○加工所が相互補完
事業所	連絡拠点	○○市○○通 X-X 00-00-0000 xxx@xxx.co.jp	■経営者自宅 □その他	○○市○○丘 X-X 00-00-0000 00-0000-0000
	生産施設	（同上）	□組合・協力会社 □その他	現時点なし
要員	応援要員	—	■従業員OB □組合・協力会社	○○（代表）ほか5名 00-00-0000 00-0000-0000
生産設備	機械等	○○機械東海支店 000-00-0000	□修理 □代替品	○○機械関西支店 000-00-0000 xxx@xxx.co.jp
原材料	鋼材等	○○商会 000-00-0000	□在庫備蓄 ■代替調達先	○○鋼材 000-00-0000 xxx@xxx.co.jp
ライフライン	電気	○○電力○○営業所 000-00-0000 xxx@xxx.co.jp	■自家用発電機	備蓄燃料1日分 燃料調達先：○○商店
	工業用水	○○工業用水組合 000-00-0000 xxx@xxx.co.jp	—	—
	ガス	○○商店 xxx@xxx.co.jp	—	—
	電話	○○電話○○営業所 000-00-0000 xxx@xxx.co.jp	—	—
輸送	輸送手段	○○陸運 000-00-0000 xxx@xxx.co.jp	■車両 □その他	○○運送 000-00-0000 xxx@xxx.co.jp
	燃料	○○ガソリンスタンド 000-00-0000	■在庫備蓄 □調達先	終業時に全車両満タン
情報	コンピュータ	○○リース 000-00-0000 xxx@xxx.co.jp	■バックアップ □その他	週2回バックアップ，社長自宅の耐火金庫に保管
	重要書類	—	■コピー保管 □その他	社長自宅の耐火金庫に保管
資金	金融機関	○○信用金庫 000-00-0000 xxx@xxx.co.jp	■預金・現金 □その他資産	売上高の1か月分
	災害時貸付制度	—	■取引金融機関 □公的金融機関	○○信用金庫に相談
後方支援	飲料水	○○市水道局 000-00-0000 xxx@xxx.co.jp	■備蓄 □調達	全従業員3日分を備蓄 （各家庭でも3日分備蓄）
	食料	—	■備蓄 □調達	全従業員1日分を備蓄 （各家庭でも3日分備蓄）
	トイレ	—	■備蓄 □調達	簡易トイレ30セットを備蓄

注：従業員の連絡先は携行カードに記入しておく．
出典：静岡県「事業継続計画（簡略編）作成手引き」（2006年3月）

に従って活動し，中核事業を目標復旧時間までに復旧することで企業の存続を図る．

3.2 財務診断モデル（基本コース）

3.2.1 基本コースの位置付け

前章 2.3 節で述べたように，中小企業はキャッシュフロー対策を検討するについて，人も時間も不足している．したがって，基本的には中小企業の経営者が自ら考えることが必要であり，中小企業経営者の勘を重視することが大事だと考える．中小企業 BCP 策定運用指針における財務診断モデル（基本コース）は，こうした考えで中小企業経営者が BCP を作成するように構成されている．

基本コースでは，以下のいろいろな表を埋めるについて，数字の策定方法を記述していない．すなわち，中小企業の経営者に，自分の考え・算定方法で数字を入れてもらうのが基本である．これは，策定方法を記述すれば，中小企業の経営者が BCP は難しいと思って策定を敬遠することを避けたいことと，中小企業の経営者であれば，たとえ理屈はなくても事故・災害時に自社がどうなるかを予想していないはずはないと考えるからである．

中小企業の経営者が算定方法を求める場合には「中級コース」に移行してもらいたい．

3.2.2 復旧費用の算定

（1） 復旧費用の算定

中小企業の経営者は，まず復旧費用の算定表を作成してみてほしい．製造業については，表 3.9，卸売・小売業については表 3.10，建設業については表 3.11 を用意してある．

例えば，製造業の場合，自社の工場の建物が地震で全壊したら，建物の中の機械はどうなるか，建物の中の棚卸資産はどうなるかなどを考えてみてほしい．

3.2 財務診断モデル（基本コース）

表 3.9 復旧費用の算定（製造業のケース）

単位：千円

	損害の程度	復旧期間	復旧費用
建　　物	全壊・半壊	日	
機　　械	建物全壊・建物半壊	日	
棚卸資産	全損・半損	日	
器具・工具等		日	
資産関係計			(A)
事業中断損失			(B)
復旧費用計			(A) + (B) = (C)

表 3.10 復旧費用の算定（卸売・小売業のケース）

単位：千円

	損害の程度	復旧期間	復旧費用
建　　物	全壊・半壊	日	
商　　品	建物全壊・建物半壊	日	
器具・備品		日	
資産関係計			(A)
事業中断損失			(B)
復旧費用計			(A) + (B) = (C)

表 3.11 復旧費用の算定（建設業のケース）

単位：千円

	損害の程度	復旧期間	復旧費用
会社建物	全壊・半壊	日	
建設機械・運搬具	全損・半損	日	
建設現場	全壊・半壊	日	
資産関係計			(A)
事業中断損失			(B)
復旧費用計			(A) + (B) = (C)

注）建設業の場合の復旧費用の算定は事業の規模・形態によって異なり，一律に計算することは難しいと考えるが，ここでは標準的なパターンを示した．

また，全壊した工場を建て直すのには何日くらいかかるだろうか，地震で自社の近くの建物も数多く倒壊した場合，スムーズに工事をしてくれるような懇意な建設業者があるだろうか，倒壊した後の工場は今までと同じ建物でよいだろうか，機械はすぐに手に入るだろうか，据付工事はスムーズにできるだろうか，新鋭の機械に取り替えなくてよいのか，建物が全壊した場合，器具・工具等はどうなるだろうか，またすぐに補充できるのか，材料はすぐ仕入れられるのかなど，考えておくべきことは多々ある．

中小企業の経営者であれば，このあたりのことは大体頭の中に入っているはずである．これらをBCP策定にあたって金額で見積もってみてもらいたい．

工場が復旧しても，電気・ガス・上下水道が復旧しなければ工場は稼働できないだろう．

これらについて，表3.9に記入することによって整理するのである．

電気・ガス・上下水道の復旧期間については，地方自治体によっては予想が示されている．ただ，災害の種類や強さが違うと使えない場合もあるので，注意を要する．

工場が復旧し，電気・ガス・水道も使えたとしても，稼働率は直ちに100％になるのか，得意先からの注文は順調に回復するのか，事業が中断した期間や稼働率が100％に戻らない期間の損害は幾らくらいになるかを考えてみる必要がある．

事業中断の損失は見積もりにくいかもしれない．その場合は，自社の取引損害保険会社・代理店に利益保険の付保を相談すれば，後述する利益保険のために事業中断の損失を計算してくれるはずである．さらに中小企業庁の「中小企業BCP策定運用指針」のホームページでは，会社の損益計算書の数字を打ち込むと，事業中断の損失・キャッシュフローの悪化額が自動的に計算できるシステムをダウンロードできる．

復旧費用の金額が算定できたら，経営者として復旧費用の金額を評価してもらいたい．自社の工場が地震で全壊した場合，復旧のためにその程度の金額が必要であるとして，経営者は自社の工場を再建するのか，それとも再建を断念

するのか，中小企業の場合，この点が重要である．事業の将来・後継者の問題をも考慮し，地震で工場が全壊したら廃業するという選択肢も中小企業BCPではあり得ることである．

例えば，阪神・淡路大震災後1年目の神戸市の商店の再開率は約75％であった．平素から大地震が来たら廃業すると宣言しておく必要はないが，万一廃業する場合の処置（従業員対策，経営者が保証をしている金融機関借入金の返済対策，会社資産，負債整理策）などを考えておくこともBCPである．ただし，あくまでも事業の存続を図ることが原則である．

(2) 損害保険の整理
(a) 損害保険内容のチェック

2.3節で述べたように，事故・災害の種類によって損害保険で対応ができる場合と，できない場合がある．したがって，自社の損害保険の付保状況をチェックしておくことは，中小企業BCPにおいては重要な手続きである．

損害保険の付保内容は専門的で，なかなか素人には分かりにくい．したがって，代理店又は損害保険会社に損害保険の内容を確かめることが望ましい．表3.12及び表3.13は，損害保険会社の立場からの保険内容のチェック表である．損害保険会社ベースで正確な保険付保状況を見ることが，正確な確認には必要である．

資産の損壊の保険対応策としては，基本的には火災保険である．火災保険といってもいろいろな種類があり，保険でカバーする内容も異なっているので，よく確認する必要がある．多くの会社は火災保険を付けているはずである．問題は，<u>付保している保険契約の内容がどのような災害をどこまでてん補することになっているか</u>である．

例えば，事業中断の損害に対しては事業中断の損害をてん補する保険（利益保険）がある．利益保険に関しても，後述するように，どの範囲までてん補してもらえるようになっているかが重要である．欧米の企業ではほとんどが利益保険に加入しているといわれているが，我が国の企業の加入率は火災保険加入者

表 3.12 資産の損害に対する損害保険の加入状況の検討

火災保険には,右のような種類があります.いずれの保険に加入していますか.	火災保険 （資産の損害対策）			
	普通火災（一般物件）	普通火災（工場物件）	店舗総合保険	オールリスク型
加入の有無				
	【付保対象】 　建　物　　　　　　　（保険金額　　千円） 　什器備品・機械設備等　（保険金額　　千円） 　商品・製品等　　　　　（保険金額　　千円）			
自然災害 ①落　雷	○	○	○	○
②風・ひょう・雪災	○[1]	○[1]	○[1]	○[1]
③水　害	×	×	△[2]	○[3]
④地　震	×	×	△[4]	△[4]
人災等 ⑤火　災	○	○	○	○
⑥破裂・爆発	○	○	○	○
⑦飛来・落下・衝突	×	△[5]	○	○
⑧水濡れ	×	○	○	○
⑨破　壊	×	△[5]	○	○
⑩盗　難	×	×	△[6]	○[7]
⑪破　損	×	×	×	○[8]
その他Ⅰ テ　ロ	×	×	×	×
その他Ⅱ 電気的機械的事故	×	×	×	○[9]
災害の際の出費 臨時費用	△[10]	○[11]	○[11]	○[11]
残存物片付費用	△[12]	△[13]	△[13]	○[14]
失火見舞費用	○[15]	○[15]	○[15]	○[15]
地震火災費用	○[16]	○[17]	○[16]	○[18]
修理付帯費用	△[19]	△[20]	△[19]	○[21]

表 3.12 （続き）

注 1. 損害額が 20 万円以上の場合
注 2. 建物：最大で損害額の 70%（損害額が保険価額の 30%以上の場合）
建物内の什器・設備・商品・製品等：最大で保険金額の 5%（100 万円限度）
注 3. 損害額の 100%屋外空調設備等を含む（損害保険会社によって補償内容が異なる場合がある）．
注 4. 居住用建物（店舗併用住宅・寮等）と収容の家財
注 5. 損害額が 20 万円以上の場合
注 6. 建物・什器，現金 30 万円限度，預貯金証書最高 300 万円
注 7. 建物・什器・屋外空調・商品，現金＿＿＿万円限度，預貯金証書最高＿＿＿万円
注 8. 対象事故①〜④，⑤〜⑩以外の不測かつ突発的事故を補償．限度額の確認が必要（「対象事故・災害一覧」を参照）
注 9. 建物内の機械設備・構内のユーティリティが付保対象の場合
注 10. 対象事故①②⑤⑥の事故が対象．損害保険金の 30%を支払う．1 事故 1 構内 500 万円限度
注 11. 対象事故①②，⑤〜⑨の事故が対象．損害保険金の 30%を支払う．1 事故 1 構内 500 万円限度
注 12. 対象事故①②⑤⑥の事故が対象．損害保険金の 10%限度
注 13. 対象事故①②，⑤〜⑨の事故が対象．損害保険金の 10%限度
注 14. 対象事故①〜③，⑤〜⑪の事故が対象．損害保険金の 10%限度
注 15. 対象事故⑤⑥の事故が対象．被災世帯数又は法人数× 20 万円．1 事故につき契約金額の 20%限度
注 16. 対象が半焼した場合　1 事故 1 構内につき契約金額× 5%，最高 300 万円
注 17. 対象が半焼した場合　1 事故 1 構内につき契約金額× 5%，最高 2000 万円
注 18. 対象が半焼した場合　1 事故 1 構内につき契約金額×＿＿＿%，最高＿＿＿万円
注 19. 仮店舗・事務所等の賃借費用等　①⑤⑥の事故が対象．契約金額× 30%又は 1000 万円のいずれか低い額が限度
注 20. 仮店舗・事務所等の賃借費用等　①⑤⑥の事故が対象．契約金額× 30%又は最高 5000 万円のいずれか低い額が限度
注 21. 仮店舗・事務所等の賃借費用等　①⑤⑥の事故が対象．契約金額×＿＿＿%又は最高＿＿＿万円のいずれか低い額が限度
（参考）：建設業に対しては，別に建設工事保険があり，天災は特約の対象になっている．

対象事故・災害一覧
【自然災害等】
①落雷
②風・ひょう・雪災：台風・旋風・暴風・暴風雨等の風災，ひょう災，豪雪・なだれ等の雪災
③水害：台風・集中豪雨等による川の氾濫等
④地震：地震・噴火・津波による火災・損壊・埋没・流出等
【人災等】
⑤火災：失火やもらい火，消防活動による水濡れ・破壊
⑥破裂・爆発：ガス爆発等（ボイラー・タービンの爆発不担保）
⑦飛来・落下・衝突：自動車の飛び込み等
⑧水濡れ：給排水設備の事故等による．
⑨破壊：騒擾・労働争議等による．
⑩盗難：建物内の什器，商品，現金等
⑪破損：建物，什器，商品等
【その他】
テロ，集団感染

表3.13　事業中断の損害に対する保険の加入状況の検討

		利益保険（事業中断の損害対策）		
利益保険には，右のような種類があります．いずれの保険に加入していますか．		利益保険	営業継続費用保険	オールリスク型
		復旧するまでの生産減少や，休業の営業利益減．休業中に支払う給与・地代・租税公課等の「固定費」支出をカバーする	休業・生産の中断を回避するための仮店舗・仮工場の賃借費用，早期復旧のための突貫工事等「追加費用」をカバーする	利益保険と営業継続費用保険を組み合わせ，担保範囲もオールリスクに拡大した保険
加入の有無				
		【約定てん補期間方式】 保険金額　　　千円 【約定付保割合方式】 保険金額　　　千円	復旧するまでの予想期間　　　か月 保険金額　　　千円	＜利益条項＞ 【約定てん補期間方式】 保険金額　　　千円 【約定付保割合方式】 保険金額　　　千円 ＜営業継続費用条項＞ 復旧するまでの予想期間　　　か月 保険金額　　　千円
自然災害	①落　雷	○	○	○
	②風・ひょう・雪災	△	△	○
	③水　害	△	△	○
	④地　震	×	×	×
人災等	⑤火　災	○	○	○
	⑥破裂・爆発	○	○	○
	⑦飛来・落下・衝突	△	△	○
	⑧水濡れ	△	△	○
	⑨破　壊	△	△	○
	⑩盗　難	×	×	○
	⑪破　損	×	×	○
その他Ⅰ	集団感染等による操業停止	×	×	×
その他Ⅱ	構外ユーティリティ設備の供給の停止	△	△	○
	隣接物に生じた①～③，⑤～⑪の事故	×	△	○
	電気的・機械的事故	×	△	○

注：△は，特約を付帯した場合に担保される．

の20%以下といわれている．利益保険に入っていないということは，万一の災害や事故発生の場合のキャッシュフロー対策が不十分だということである．

また，現在付保されている火災保険は，保険金額を時価額（再調達価額－経年減価）又は再調達価額のいずれで契約しているかを代理店又は損害保険会社で確認してもらいたい．事故・災害が発生したときには十分な保険金が支払われることが必要だからである．詳しくは後記 (b) 損害保険内容チェックの注意点①に記述している．

現在，各損害保険会社は各々自社のタイプの保険を販売しており，損害保険会社によって保険契約の内容が異なっている．本書は三井住友海上火災保険（株）の火災保険契約の内容と各種災害の分類によっている．これを参考にして，自社の取引損害保険会社・代理店と相談して，自社の損害保険の契約内容を正確に確認し，適切な損害保険を付けるようにしてほしい．

(b) 損害保険内容チェックの注意点

損害保険の内容のチェックにあたり，留意すべき点をまとめた．

① 火災保険の保険金額は時価額（再調達価額－経年減価）又は再調達価額のいずれになっているか．

2.3.2 (1) (b) で述べたように，損益計算書上では帳簿上の価格（簿価）が損害額であるが，火災保険の場合は次のとおりとなる．

火災保険の契約を締結する際に，「時価額」か「再調達価額」のいずれかで保険金額（契約金額）を決定する．建物であれば，同一の構造，質，用途の建物を新規に取得する金額を「再調達価額」といい，この「再調達価額」から経年による価値の減少を控除した残額を「時価額」〔＝再調達価額×（100%－経年減価率×経過年数）〕という．実際に事故や災害を被ったとき支払われる損害保険金は，契約の際に保険金額を「再調達価額」とすれば「再調達価額」ベースとなり，保険金額を「時価額」とすれば「時価額」ベースで支払われる．

保険を契約する際には，保険料の高い安いにとらわれるのではなく，保険の付け方・補償内容をよく理解して，万一の場合に完全に復旧できる十

分な保険金が支払われる契約内容であるようにすることが肝要である．その意味では，保険の効用が最大限に発揮されるよう，保険金額を「再調達価額」で契約することが望ましい．

② 火災だけでなく，広範囲のリスクをカバーしているか．

火災保険は火災の損失だけでなく，表 3.12 のオールリスク型火災保険のように，風・ひょう・雪災，水害，破裂・爆発，飛来・落下・衝突，水濡れ，破壊，盗難，破損，電気的機械的事故の損害をもカバーできる．

自社の立地条件にもよるが，水害がカバーされていなかったケースが散見されている．地震は付保が難しい．

③ 事業中断による損害をカバーする保険に加入しているか．

地震の場合は困難であるが，それ以外の場合，事業中断の損害をカバーする保険（利益保険）があるにもかかわらず，火災保険契約に加えて利益保険を付保しているケースは 20%以下と見られる．

本来火災による損害をてん補するために火災保険に加入するわけであるから，火災発生後必ず発生する事業中断による損失（多くの場合，火災による損害を上回る）をてん補する保険に加入しないのは論理的におかしい．米国などと異なり我が国では加入しているケースが少ないのは，BCP の観点から見れば大いに問題である．特に財務基盤がぜい弱である中小企業の場合，この部分をカバーする保険の加入は不可欠である．

(c) 利益保険について

利益保険について詳しく解説する．

事業中断による損害額・キャッシュフローの悪化額は，直接原価計算の考え方に基づいて計算できる．直接原価計算とは，原価を変動費（例えば，製造業の場合生産量に比例して変動する費用，材料費など）と固定費（製造業の場合，生産量が変わっても一定額しか発生しない費用，人件費など）に分けて原価計算をする方法である．

事業中断によって売上高がゼロになった場合，変動費の支出はゼロとなるが，固定費の支出は変わらないから固定費相当額の損失が生じる．そして，キャッ

シュフローは固定費から現金支出の伴わない減価償却費を引いた金額が悪化する．この考えを表 3.14 にまとめた（理解を容易にするため仮に金額を入れている）．

表 3.14 直接原価計算による損益とキャッシュフロー

単位：千円

科　目		1 年間	1 か月①	1 か月事業中断②	②−①
売上高		5,923	494	0	△ 494
原価	変動費	4,467	372	0	△ 372
	固定費	1,250	104	104	0
	（減価償却費）	(108)	(9)	(9)	(0)
	（減価償却費を除いた固定費）	(1,142)	(95)	(95)	(0)
	原価　　計	5,717	476	104	△ 372
営業利益		206	18	損失　104	△ 122
キャッシュフロー（減価償却前営業利益）		314 (314)	27 (27)	悪化　95 (損失　95)	△ 122 (△ 122)

利益保険は表 3.14 の「固定費＋営業利益」をてん補する保険である．

したがって，フルに利益保険を付保しておけば「固定費中の減価償却費部分＋営業利益部分」は事業中断時のキャッシュフロー上プラスが生じる．

表 3.14 の例では，キャッシュフローの悪化は 95 千円であるのに対し，利益保険は固定費 104 千円＋営業利益 18 千円＝ 122 千円までてん補する．差額 27 千円は事業中断時のキャッシュフロー上プラスとなる．

逆に，利益保険のてん補範囲は「固定費＋営業利益」であるから，営業利益がマイナスの場合は固定費全額がてん補されない結果となるので，キャッシュフローの検討にあたっては留意が必要である．

さらに休業・生産の中断を回避するための仮店舗・仮工場の賃借費用，早期復旧のための突貫工事等「追加費用」をカバーする営業継続費用保険がある．

利益保険と営業継続費用保険を組み合わせ，担保範囲もオールリスクに拡大したオールリスク型保険（落雷，風・ひょう・雪災，水害，火災，破裂・爆発，飛来・落下・衝突，水濡れ，破壊，盗難，破損に対応）も損害保険各社で発売

している.

　事業中断の期間をどのくらいと算定するか,カバーする金額は固定費のみか,営業利益部分も含むのか,更に広い範囲をカバーさせるかは保険料に影響するが,キャッシュフローの安全を図るためにはできるだけフルに利益保険・営業継続費用保険を付保することが望ましい.

3.2.3　復旧費用の調達
(1)　手元資金の状況

　事故・災害発生時に使える資金はどのくらいか.表 3.15 を埋めてもらいたい.

　事故・災害発生時,直後のキャッシュフロー対策に必要なものは,まず手元現金・預金である.それに加えて,損害保険は可能な限り付保しておくことが事故・災害発生時のキャッシュフロー対策上有効である.

　事故・災害発生時には,応急対策のための費用や従業員の給料,仕入れの支払などの運転資金が必要になる.緊急時に使える資金は幾らぐらいあるか.表 3.15 で見当をつけてほしい.

表 3.15　手元資金の状況

単位:千円

種　類	金　額	投入時期	備　考
現金・預金		即時可能	
損害保険金		支払までに時間がかかる.	代理店に聞いてみる.
会社資産売却		換金までに時間がかかる.	株券などを保有しているか.
経営者から支援		経営者の意向次第	経営者のお金を注ぎこむか.
計			(D)

(a)　現金・預金

　事故・災害発生時の出費や「事業中断による損害」に備えて,平素から「月商の 1 か月分くらいの資金」を用意しておくのは,流動性リスクに対する経験則である.

事故・災害発生直後は，工場や事務所の整備，事業再開への対策等で資金手当てなどを考えている暇はない．また，当面事業がストップすることを覚悟しなければならない．そのためには，前述のように最低1か月くらいの出費を賄えるだけの資金を持っていることが必要となる．

筆者が「中小企業BCP策定運用指針」作成のためのヒアリングを行ったケースでは，阪神・淡路大震災時に神戸市の部品製造業は1か月後に復興宣言をした．神戸市のケミカルシューズ業も1か月後に製造再開に漕ぎつけた．新潟県三条市の水害では金属製造業のほぼすべての企業が1か月後には製造を再開した．新潟県中越地震時には長岡市の加工機械製造業が3日目に事業再開し，長岡市の鉄工所は10日後に100％稼働した．長岡市の銀行は，地震発生直後にシステムが復旧した．例外として，小千谷市の半導体製造業（大企業）は，5か月後に地震前5ラインを大規模2ラインにして復旧した．

したがって，災害時の事業中断期間は大事を取って1か月とみて，厳密には月商の1か月分とはいえないが，不測の出費のことなども考えて月商の1か月分を保有しておくことが望ましいと考える．

ちなみに，ソニーの2004年3月期アニュアルレポートには，「ソニーは流動性確保のために，グループ全体で年度における平均月次売上高及び予想される最大月次借入債務返済額の合計の100％以上に相当する流動性を維持することを基本方針としています」と書かれている．

(b) 損害保険金

損害保険金の支払には時間がかかるので，代理店か保険会社に事前に聞いておくことが必要である．その結果で保険金支払いまでの資金繰りを検討する必要があるかもしれない．また，前記「(b) 損害保険内容チェックの注意点」で述べたように，保険でカバーされる損害がどの範囲なのかをきちんと把握しておく必要がある．

(c) 会社資産の売却

会社保有の有価証券など短期間に処分し，お金に替えられる資産があるか見ておく必要がある．

(d) 経営者からの支援

会社のキャッシュフローが危殆に頻したとき，経営者が私財を注ぎ込むかは，経営者の決心にかかっている．

以上が緊急時に使える手元資金である．経営者は，平素からこの金額をおよそ把握していなければならない．

(2) 手元資金と復旧費用との比較

手元資金(D)と表3.9から表3.11で検討した復旧費用(C)とを比較してみる．

(a) 手元資金(D) ＞ 復旧費用(C)

この場合は一安心なので，緊急時には，お金の心配なしに復旧対策に集中できる．

(b) 手元資金(D) ＜ 復旧費用(C)

この場合は，災害時貸付制度などを利用して不足資金を金融機関から借りる必要があるのでその準備が必要となる．

(3) 災害時の融資制度と借入対策

事故の場合は個々に取引金融機関と折衝することとなるが，災害時には中小企業に対しては政府の手厚い施策が講じられている．

運転資金・復旧資金が不足する場合には，まず災害時に設置される「特別相談窓口」に相談に行くことを勧める．小規模企業共済制度の災害時貸付制度，国民生活金融公庫，中小企業金融公庫，商工組合中央金庫，信用保証協会（セーフティネット保証を含む）の災害復旧貸付制度があり，被災した中小企業の資金需要に対して弾力的に相談を受け付けてくれる．

この場合，借入金の返済ができるのか，担保はどうするのかなどについては，中級コースで検討方法を述べている．

復旧資金の借入金額が大きくなりそうなケースでは，事前の災害防止対策を

検討すべきである．事前の対策は自己資金で毎期着実に実行していくことが望ましいが，緊急に対策を講じる必要がある場合には，災害防止対策資金の借入を検討することが必要になる．また，難しいことであるが，平素から自社の収益体質の改善（返済原資の増加）を図ることも大事である．

いずれにしても，復旧費用の調達を検討すること，特に借入が必要かを見極めることにより，BCPをより具体的に身近なものとして考えることになる．

(4) 中級コースへの移行

基本コースを策定しようとすれば，必ず数字の算定についてもっと正確に予測したいという要望が出てくるはずである．

「中小企業BCP策定運用指針」の財務診断モデル（中級コース）は，考え方は全く基本コースと同じであるが，算定方法や検討方法を詳細に記述しているものである．

基本コースを作成した中小企業の経営者には，ぜひ中級コースに移行されることを勧める．

第4章　BCP策定のための中級コース

4.1　BCPサイクル

BCPを策定し，日常的に運用する手順（サイクル）を解説する．この策定・運用サイクルは，次の五つのプロセスから構成される．BCPは一度策定したらよいものではなく，BCPサイクルを回して継続的に改善することが大切である（図4.1参照）．

① 事業を理解する．
② BCPの準備，事前対策を検討する．
③ BCPを作成する．
④ BCP文化を定着させる．
⑤ BCPの診断，維持・更新を行う．

4.1.1　事業を理解する

多くの企業では，複数の事業を営み，それにかかわる幾つかの業務を遂行している．緊急事態において，企業は事業資源（人材，設備・資機材，資金，情報）に大きな制約を受ける中で，企業の存続を図る必要がある．したがって，緊急時には，どの商品を優先的に製造するか，どのサービスを優先的に提供するかといった判断を迫られることとなる．

このプロセスの目的は，企業の経営者が次の設問に対して明確な回答をあらかじめ準備しておくことである．

① 企業の中核事業（製品やサービス）は何か？

⑤BCPの診断，維持・更新を行う．
(1) BCPの診断・チェックを行う．
(2) BCPの維持・更新を行う．

①自社の事業を理解する．
(1) 事業への影響度を評価する．
(2) 中核事業が受ける被害を評価する．
(3) 財務状況を診断する．

②BCP（事業継続計画）の準備，事前対策を検討する．
(1) 事業継続のための代替策の特定と選択をする．
(2) 事前対策を検討・実施する．

③BCP（事業継続計画）を策定する．
(1) BCP発動基準を明確にする．
(2) BCP発動時の体制を明確にする．
(3) 事業継続に関連する情報の整理と文書化をする．

④BCPの文化を組織に定着させる．
(1) 従業員へのBCPの教育を実施する．
(2) BCP訓練を実施する．
(3) BCP文化を醸成する．

（円環図内：①事業を理解する ②BCPの準備，事前対策を検討する ③BCPを策定する ④BCP文化を定着させる ⑤BCPのテスト，維持・更新を行う）

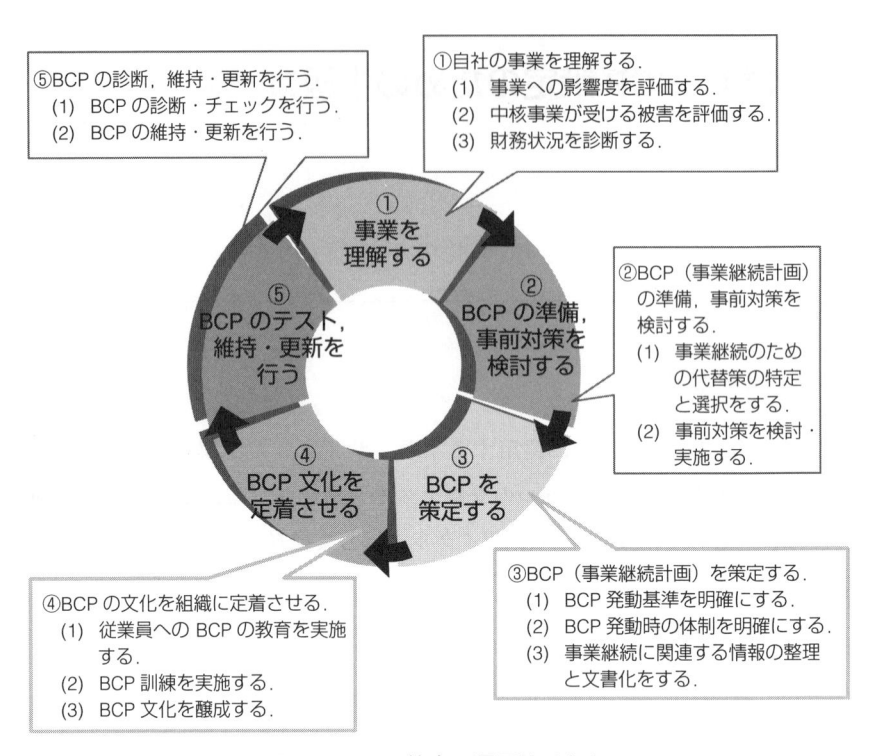

図4.1　BCP策定・運用サイクル

② 緊急時，中核事業の復旧までに許容される期限はどれほどか？
③ 中核事業の継続に不可欠な事業資源は何か？
④ 重要業務に大きな影響を与える災害にはどのようなものがあるか？

(1) 中核事業の特定と目標復旧時間の設定

企業が営む幾つかの事業のうち，企業の存続にかかわる最も重要性（又は緊急性）の高い事業（「中核事業」）を特定するとともに，その遂行に不可欠な業務（「重要業務」）を把握する（図4.2参照）．

さらに，緊急時に「中核事業」を復旧させるまでに許容されると考えられる時間を設定する．

4.1 BCPサイクル

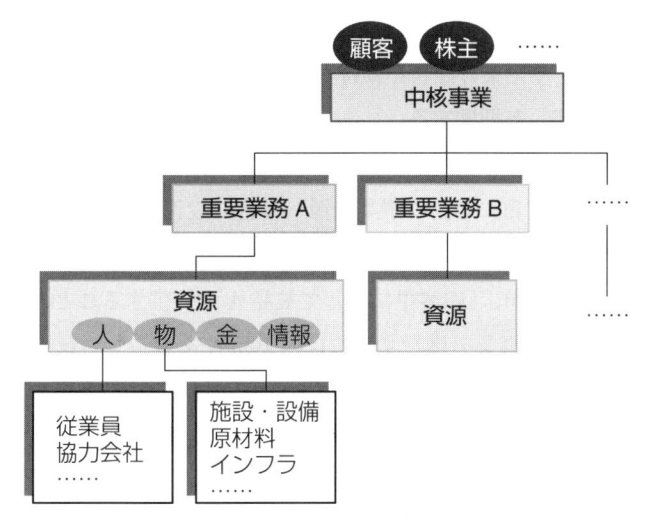

```
        顧客  株主  ……
         中核事業
      ┌─────┴─────┐
   重要業務A      重要業務B      ……
      │             │
     資源           資源          ……
   人 物 金 情報
   ┌──┴──┐
 従業員   施設・設備
 協力会社  原材料
  ……    インフラ
          ……
```

図 4.2　中核事業・重要業務・資源の関係

(a)　「中核事業」を特定する

　事業の中から「中核事業」を特定し，緊急時に事業継続・復旧に取り組む優先順位を付ける．

　「中核事業」とは，それを失うと，企業の経営状態に甚大な影響を与える事業のことであり，長期的に見て企業の評判や世間のイメージ失墜につながる事業も含まれる．中小企業の場合は，一般に事業の数が少ないことから，商品や顧客の種類等の視点から特定することになる．

　大企業の場合は，事業の種類ごとに，財務面，顧客関係面，社会的要求面から評価を行い，中核事業を特定する方法もあるが，最終的には経営者の判断によって決定されるべきものである．企業の経営者は，次の設問に答えていくことで，中核事業を絞り込むことができる．

① 企業の売上げに最も寄与している事業は何か？
② 商品の納期，顧客と確約しているサービスの提供時間等，期限が定められている事業のうち，その延滞があなたの会社に与える損害が最も大きい事業は何か？

③ 法的又は財政的な責務が課せられている事業はあるか？
④ 市場シェアや企業の評判を維持するためには，どの事業が重要か？

(b) 「重要業務」を把握する

特定した中核事業に対して，その遂行に不可欠な「重要業務」を把握するとともに，その重要業務に必要な事業資源（人材，設備・資機材，資金，情報）を把握する．

例えば，中核事業が，「顧客甲に対して製品Ａを提供すること」であるとする．この場合，中核事業を遂行するには，製品Ａを製造するほか，受注，出荷，配送，支払い，決済といった業務も不可欠である．中核事業の遂行に不可欠な「重要業務」をすべて把握し，その業務に必要な事業資源（人材，設備・資機材，資金，情報）を具体的に把握する．

事業資源を把握するには，次のような事業資源が「利用できなくなった」あるいは「なくなった」場合に，重要業務が継続できるかどうかを想定していく方法がある．このとき，重要業務への影響を想定する際，「ほぼ操業できなくなる」，「人手による代替等で，一部は操業できる」，「操業には全く支障がない」のどれに当てはまるかを整理するとよい．

① ヒト：経営者，従業員，その家族，顧客，協力会社
② モノ：工場等の施設・店舗，設備（製造用機材等），原材料等の供給，電力，ガス，水道，納品のための輸送手段
③ カネ：銀行口座，売上げ
④ 情報：電話，パソコン（インターネットや電子メールを含む），情報管理システム，各種書類・帳票類

重要業務に不可欠な事業資源は，同時に中核事業に不可欠な事業資源でもあり，中核事業の継続・復旧の成功／失敗を大きく左右するため，「ボトルネック資源」とも呼ばれる．

(c) 中核業務の「目標復旧時間」を設定する

緊急時における中核事業の復旧の遅れは，その期間，事業機会が損失するだけでなく，復旧が大きく遅れると，顧客から取引を解消されたり，市場でのシ

ェアを大きく落としたりし，その結果，企業の存続が危うくなるおそれがある（図 4.3 参照）．

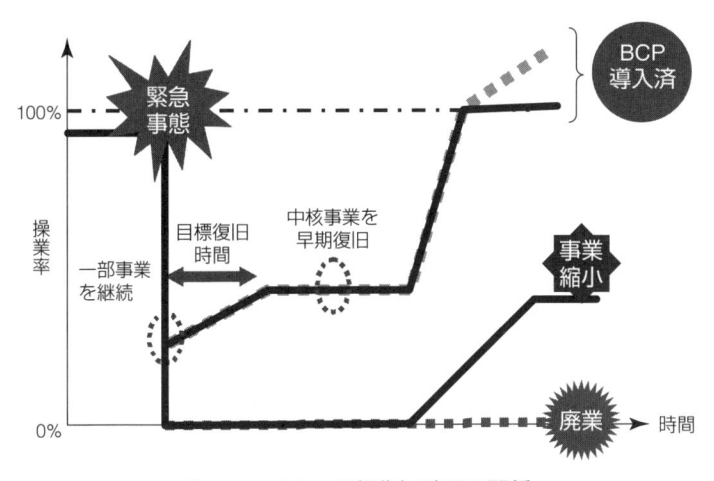

図 4.3　BCP と目標復旧時間の関係

こうした事態を招かないよう，緊急時において中核事業を復旧させるまでの期限の目安，「目標復旧時間」を設定し，この「目標復旧時間」を実現するよう日常的に準備を行っていくことが大切である．

「目標復旧時間」の設定においては，大きく次の 2 点を考慮する必要がある．そのためには，企業の経営者が，日常的に顧客や市場との円滑なコミュニケーションを行うとともに，企業の財務状況を正確に把握しておくことが大切である．設定した「目標復旧時間」については，平常時に顧客や協力会社，納品業者等と共通認識を持っておく．

① 中核事業の顧客や市場の要請

　　特定した「中核事業」の顧客及び市場が許容すると考えられる事業停止時間の限度を検討する．この限度とは，顧客から取引を解消されたり，市場でのシェアを大きく落としたりしない期間のことであり，日常的に顧客や市場との円滑なコミュニケーションを通して把握しておくべき事項である．また，過去の災害における企業の事例を参考に，顧客等と話し合って

おくことも有効である．

② 企業の財務状況の悪化

　中核事業の停止に伴う損失に対して，企業の財務が耐えられる限界の期間を見積もっておく必要がある．具体的には，中核事業が停止した場合の収入の途絶に加えて，納期遅延等による違約金，その間の従業員の賃金，災害対応のための臨時人員の賃金，事業所や設備機器が被災した場合の修繕や新規調達費用等が発生する．これらの費用負担に対して，どれだけの期間，企業の財務が耐えられるかを見極めておく必要がある．なお，その詳細は，後述の財務診断モデルで説明する．

　ただし，実際の緊急時には，自社の被害規模や顧客の被災有無等により，「目標復旧時間」は異なってくる．例えば，広域的な地震災害では，道路やライフライン等が甚大な被害を受け，周辺地域の人命救助が優先されるので，中核事業の早期復旧に着手することが困難となるが，顧客からの要求も変化すると考えられる．

このように，「目標復旧時間」はあらかじめ設定しておくが，実際の緊急時には，自社の被災の規模や顧客等の状況を踏まえ，顧客等と「目標復旧時間」を再調整する必要がある．

(2) 中核事業が受ける被害を想定する

中核事業が被害を受ける緊急事態にはどのようなものがあるかを把握し，緊急時における被害の内容と規模を想定する．これにより，中核事業の被害を軽減し，目標復旧時間を達成するための対策を検討することが可能となる．

中核事業の被害想定は，次の手順により行う．

(a) 中核事業が被害を受ける緊急事態を抽出する

一般的に企業が影響を受ける緊急事態には，地震災害，風水害，火災，鳥インフルエンザのような感染症等，様々なものがある（図 4.4 参照）．

理想的には，あらゆる緊急事態に対して中核事業が受ける被害を想定するべきであるが，現実的ではないため，幾つかの代表的な緊急事態を抽出して，中

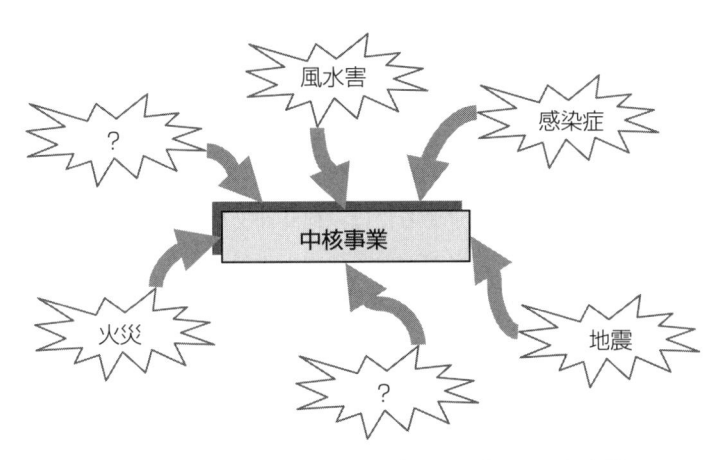

図 4.4 中核事業に影響を及ぼすさまざまな緊急事態

核事業の被害を想定することが適切である．この際，緊急事態の規模（地震であれば震度）も同時に設定する必要がある．この規模の設定については，国や都道府県等が地震災害や風水害，感染症等に関して公表している被害想定結果を参考にするとよい．

(b) 緊急事態が中核事業のボトルネック資源に与える影響を想定する

先に特定した「ボトルネック資源」（事業継続のための障害となる資源）に対して，設定した緊急事態が及ぼす影響を検討する．なお，ここでは，「重要業務」におけるボトルネック資源は，同時に「中核事業」のボトルネック資源であることを前提としている．

このとき，影響の度合いの目安として，次の①〜③の3段階で判断するとよい．なお，影響度が判断できない場合は，高めの影響を想定して対策を打っておく方が，中核事業の継続をより確実なものとすることができる．

① 影響度大：緊急事態により，ボトルネック資源は，目標復旧時間内の復旧に間に合わない程度の量の影響を受ける，又は，目標復旧時間内の復旧に間に合わない程度の時間，影響を受け続けると考えられる．

② 影響度中：緊急事態により，ボトルネック資源は，ある程度の量／時間

は影響を受けるが，目標復旧時間内の復旧には間に合うと考えられる．
③ 影響度小：緊急事態においてほとんど被害を受けないと考えられる．

例えば，「震度6強の地震」が発生した場合，ボトルネック資源の一つである「電力」が受ける影響を想定するには，何時間又は何日間程度，電力の供給が停止するかを明らかにする必要がある．電力供給の停止期間が，中核事業の目標復旧時間を超えると考えられる場合，「震度6強の地震により電力が被害を受けると，中核事業を目標復旧時間内に復旧することはできない」という結論が導かれる．自家用発電機等の代替策を導入するか，目標復旧時間を見直す必要が生じる（図4.5参照）．

こうした分析を，中核事業に必要なすべてのボトルネック資源について実施する．

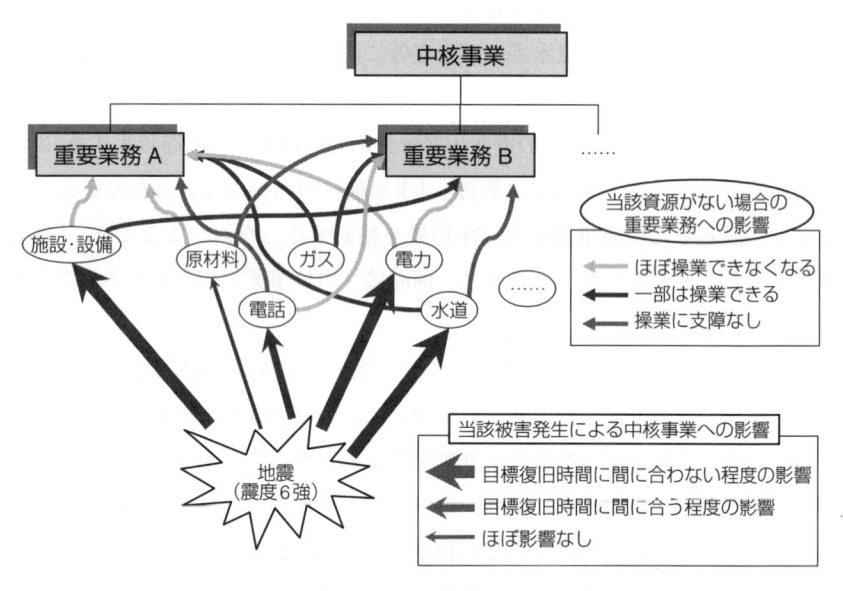

図4.5　地震（震度6強）が中核事業に与える影響のイメージ

4.1 BCPサイクル

ボトルネック資源の特性	人手による一部代替などが不可能な資源		2	1
	人手による一部代替などが可能な資源	1.～3.に該当するボトルネック資源は，中核事業の復旧を大きく左右する要素といえる．この範囲に含まれるボトルネック資源が多いほど，想定した災害が中核事業に与える影響が大きい．		3
	中核事業の継続には支障がない資源			
		C) ほとんど被害を受けない．	B) ある程度の量／時間は影響を受けるが，目標復旧時間内の復旧には間に合う．（と考えられる）	A) 目標復旧時間内の復旧に間に合わない程度の量の影響を受ける．（と考えられる）
		想定している災害からボトルネック資源が受ける影響の度合い		

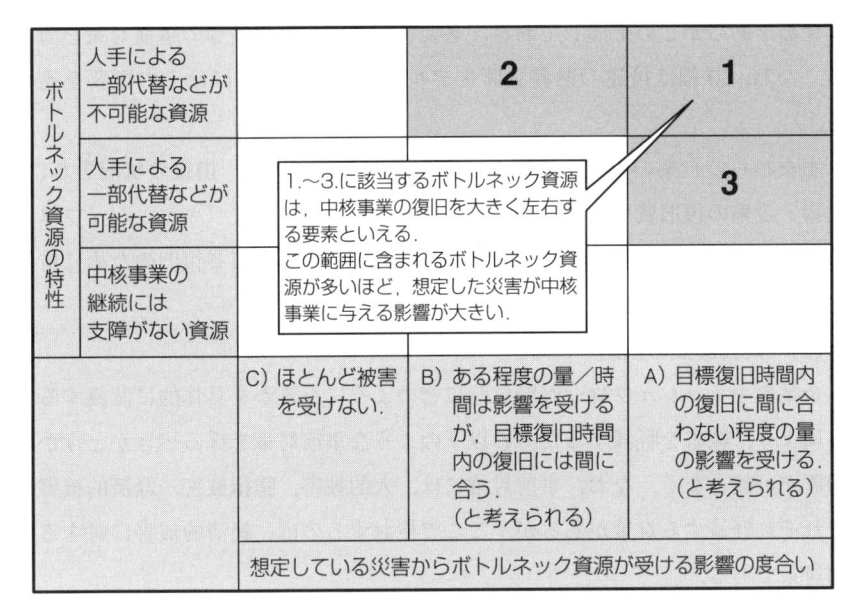

図4.6 ボトルネック資源が中核事業の復旧に与える影響度

(c) 緊急時被害想定結果を評価する

　緊急時の被害想定結果から，重大な影響を受ける「ボトルネック資源」が多いほど，その緊急事態が中核事業に与える被害が大きくなる（図4.6参照）．
　地震災害に限らず，すべての緊急事態に対して同様の被害想定を行うことが望まれる．こうした分析はそれ相応の時間を要するが，大事なことは，「どのような災害によってボトルネックがどの程度の影響を受け，中核事業の継続にどの程度の支障をきたすのか？」を重要度に応じて把握することである．したがって，詳細かつ分析的な被害想定を行わずに，経営者が自らの判断で，緊急時におけるボトルネック資源及び中核事業の影響を設定しても構わない．この場合，継続的なBCPの運用において被害想定の方法を改善すればよい．

(3) 財務状況を診断する

　企業が地震等の緊急事態に遭遇した場合に，事業を復旧・継続するのに必要

な金額をあらかじめ把握しておき,必要に応じて損害保険等の事前対策を講じる.なお,詳細は後述の財務診断モデルで解説し,以下にはその概要を述べる.

すなわち,企業の事業所建屋の状態や現在の資産状況,損益の状況を基に,建物・設備の復旧費用と事業が中断されることによる損失(キャッシュフローの悪化額)を予測して,緊急時の財務状況を定量化し,事業復旧のために借入が必要となるかを把握する.

(a) 財務診断の目的

企業のキャッシュフローが緊急時にどのようになるかを具体的に認識することにより,被害を軽減するための以下のような事前対策を採るべきかどうかの判断が可能となる.なお,事前対策には,人的被害,物損被害,経済的被害をそれぞれ軽減する対策があるが,ここで検討するのは,経済的被害に対する事前対策である.

① 1か月程度の操業停止に耐え得る資金の事前確保
② 適切な損害保険の加入
③ 事前対策への合理的な投資

上記で「1か月程度」としている趣旨は,緊急事態発生月の従業員給与や仕入品購入用資金の目安としたものである.緊急時には,多くの中小企業で復旧資金の借入が必要になるものと考えられる.このBCPを実行することによって,災害発生後の政府系中小企業金融機関・保証協会等の災害復旧貸付・保証制度をより有効に活用できるものと考えられる.また,この分析・検討結果を持って,政府系中小企業金融機関や保証協会等に相談に行くことにより,災害復旧貸付の審査が円滑かつ迅速に進められることが期待される.

(b) 財務診断の方法

緊急時の財務診断には,後述の「財務診断モデル」を利用する.財務診断に必要な情報と得られる情報は以下のとおりである.

① 財務診断に必要な情報
—災害の種類と規模

―事業所建屋の建築年次，構造種類，簿価
　　―主な資産の種類と簿価
　　―毎月の固定費と変動費
　　―緊急事態に遭遇した場合の復旧日数
② 財務診断により得られる情報
　　―緊急時発生後の毎月キャッシュフロー予測（収入と支出）
　　―必要な借入金額
　　―毎年の返済可能額

4.1.2　BCPの準備，事前対策を検討する

緊急時において，企業の中核事業を目標復旧時間までに復旧させるための準備及び事前対策を検討する．

このプロセスで検討する項目は，次の二つである．

① ボトルネック資源の代替策を確保しておく

　先に把握した「ボトルネック資源」に対して，緊急時に通常の事業資源が利用できない場合を想定し，あらかじめ代替策を確保しておく．こうした対策により，緊急時において中核事業の継続・復旧を迅速に行うことができる．

② 被害を軽減するため各種の事前対策を実施する

　中核事業の継続のためには，緊急事態が発生しても，大きな被害を受けないことが望ましい．ここでは，中核事業に大きな影響を与える緊急事態及びボトルネック資源に対して，事前の対策を検討しておく．

(1)　事業継続のための代替策を確保する

中核事業を目標復旧時間内に復旧させるためには，緊急時に，中核事業の継続においてボトルネックとなる事業資源（人，物，金，情報等）をどのように確保するかが重要となる．

緊急時にボトルネック資源が被害を受け利用ができなくなることを想定し，

ボトルネック資源ごとに代替策をあらかじめ確保しておく．こうした代替策の確保には，労力や費用の面において様々なレベルがあるため，最終的には企業がBCP運用に対してどれだけの知恵・人材・資金を投入できるかを総合的に判断して決める必要がある．

BCP運用に対して，企業の体力以上の投資を行った結果，通常の操業に大きな支障を来すようでは本末転倒となる．したがって，短期的な無理はせず，継続的に改善していく「身の丈に合ったBCP」を目指すべきである．

(a) 情報連絡の拠点となる代替場所の確保

緊急事態発生時において，取引先等への早期の連絡は非常に重要であるとともに，従業員に対して事業継続対応の指揮命令を連絡するための拠点場所を確保する必要がある．事業所の建屋が被災して利用できなくなった場合にどうするかを考えておく必要がある．例えば，事業所が複数ある場合は，被災してない方の事業所を採用する案があり，事業所が一つしかない場合は，経営者の自宅のほか，近所の商工会議所や公的施設等が利用可能かどうかを検討する必要がある．また，場合によっては，自動車内に携帯電話等を持ち込み，拠点とする案もある．

(b) 重要施設・設備の代替施設・設備の確保

中核事業の継続にかかわる重要施設や設備が被災した場合の代替施設・設備を確保する．

製造業の場合，施設・設備の代替確保には，以下のようなケースが考えられる．

① 同一の機能を持つ施設を協力会社等に所有し，並行で操業しておく．
② 代替用の作業施設と設備類を保持する．
③ 代替用の作業場所のみ確保（又は，確保すべき場所を具体的に想定）しておき，設備は購入やリース等により確保する．
④ 他製品の製造施設・設備を一時的に転用する．
⑤ 代替用の作業場所（場合によっては設備も含む）を，同業組合等を通して，他社と提供し合えるように協定を締結しておく．

⑥ 違う場所において新たに施設を建設する．

このうち，コストや効率の問題から，特に中小企業においては選択しにくい代替方針も含まれるが，基本的にはこれらの選択肢から代替方針を検討することになる．また，この代替策の選択は，時間の進展に基づいて検討する必要があり，以下のように時系列に従って適当な代替策を組み合わせていくことが大切である．

① 発災後3日間は，社内の他の設備を利用して事業を一部でも継続する．
② その間に本来の設備を新たに購入又はリースの手配を行い，社内の回復用作業場所で3週間は事業を継続する．
③ その間に，プレハブ等により，仮施設を建設する．

(c) 応援要員の確保

緊急時には，企業の従業員や家族が被災して業務に従事できなくなるとともに，施設や設備の復旧等に多くの要員が必要となる．こうしたケースを想定して，応援要員をあらかじめ確保しておく．

例えば，地震により自宅が被災した従業員が多く発生し，企業の事業継続に従事できる従業員が不足したり，インフルエンザの大流行により，従業員の多くが出社できなくなる場合等が考えられる．

また，緊急時には，大きく分けて「被災生活支援のための要員」と「事業復旧のための要員」との2通りが必要となる．前者は，被災していない従業員の家族や日ごろより親交の深い近隣住民，全国から駆け付けるボランティア等に支援を依頼することが考えられる．後者は，企業の業務について知見がある必要があり，同業者組合の加盟企業や企業のOB従業員等に依頼することが考えられる．

緊急時における中核事業の継続・復旧は，人材面に負うところが大きく，また緊急時に応援要員を確保できるかどうかは日ごろの経営姿勢に左右される．応援要員の確保対策は，企業の経営者として重要な問題である．

(d) 資金調達方法の確保

緊急時，その後の対応に少なからず資金が必要となる．そのため，多様性を

持たせる観点も含め,幾つかの資金調達方法をあらかじめ確保しておく.

資金調達方法としては,損害保険への加入,共済制度の活用,各種融資の活用,手持ち資金の確保などがあり,取引のある損害保険会社や金融機関,都道府県,商工会議所・商工会等と相談しておく.

(e) 通信手段・各種インフラの代替手段の確保

中核事業の継続には,基本的に電話や電力,ガス,水道,トイレ等が必要になる.こうした通信手段・各種インフラに対して,可能な限り代替手段を確保しておくことが望まれる.

顧客等との連絡には,固定電話のほか,携帯電話,PHS,電子メールなど複数の手段を確保したり,自家用発電機を燃料とともに整備したり,飲料水をポリタンクに備蓄したり,仮設トイレを備蓄したりする対策が挙げられる.

(f) 情報のバックアップ

近年,IT化が進み,中小企業においてもIT機器は不可欠なものとなっている.中核事業の継続に必要な情報は,電子データ,紙データにかかわらず複製を作成し,同時に被災しない場所に保管しておくことが重要である.また,中核事業を支える特別な情報システムがある場合は,バックアップシステムの整備も必要となる.

情報のバックアップ対策を実施する手順は,次のとおりである.

① 重要業務に必須となる情報は何かを把握する.
② 電子・紙データの複製の保管場所を決定する.
③ 情報のバックアップを取る頻度等を決定する.
④ 非常用電源や回線等の二重化対策を検討し,必要であれば導入する.

(2) BCPの準備,事前対策を検討する

BCPは,緊急時に中核事業を継続・早期復旧させるための計画であるが,緊急時に,企業の従業員やその家族,事務所や工場,中核事業に必要な設備等の被害が少ない方が望ましい.

ここでは,ボトルネック資源の代替策の確保に加えて,中核事業を目標復旧

時間内に復旧できるよう，すべてのボトルネック資源（人，物，金，情報等）について緊急時の被害軽減のための事前対策を検討する．

(a)「ソフトウェア対策」と「ハードウェア対策」

一般的には，ソフトウェア対策には従業員の労力，ハードウェア対策には資金が最も必要となるが，企業には投入できる人員や予算上の限度があるため，すべてのボトルネックを解消するような事前対策を一度に実施することは，現実的ではない．

そのため，まずは，ハードウェア対策と比べて費用面での負担が少ないソフトウェア対策を確実に実施し，多額の費用が発生すると見積もられるハードウェア対策については，本業での利益が出たら，それを少しずつ対策に投資するようにして，数年間程度をめどにボトルネック対策の完了を目指すことが適切である（図4.7参照）．

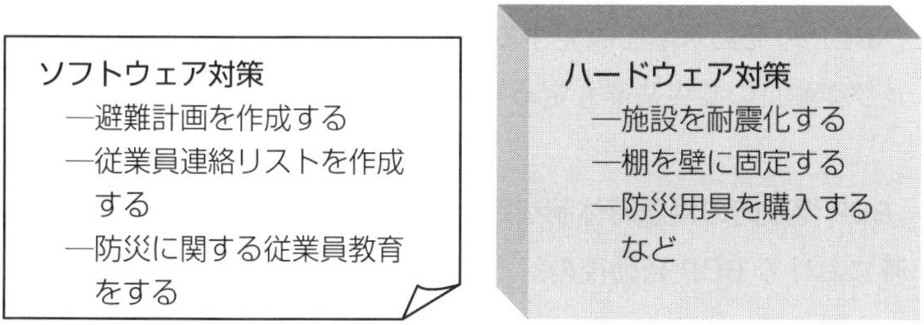

```
ソフトウェア対策
  —避難計画を作成する
  —従業員連絡リストを作成する
  —防災に関する従業員教育をする
```

```
ハードウェア対策
  —施設を耐震化する
  —棚を壁に固定する
  —防災用具を購入する
  など
```

図4.7　ソフトウェア対策とハードウェア対策

(b)　事前対策の優先順位付け

限られた人材や資金の中で「どのボトルネック対策から実施していくべきか？」という優先順位付けが必要となる．次の観点で事前対策を選定することが有効である．

① 中核事業が影響を受ける可能性が高いと思われる緊急事態
② 緊急事態により影響を受ける中核事業上のボトルネック資源

これらの視点に基づき，事前対策を選定し，かつ優先順位を決めたら，その実施計画を策定する．

なお，事業所建屋の耐震化や防災に資する設備導入等，事前のハードウェア対策のための融資制度が，中小企業庁等により整備されている．このような制度においては，BCP策定済みの中小企業に対する利率優遇措置も検討されているので，活用することも有効である．

4.1.3 BCPを策定する

緊急時におけるBCPの発動に備えて，その発動基準と緊急時体制を明確にする．また，BCPに関連する情報を整理し計画として文書化を行う．

(1) BCP発動基準を明確にする

緊急時において，策定したBCPを有効に機能させるためには，BCPの発動基準を明確にしておくことが重要である．

緊急事態の種類と規模，企業のボトルネック資源が受ける被害の規模などに応じて，BCPの発動基準を設定する．同時に緊急事態発見時の第一報の連絡ルート及び従業員の参集基準も定める．

(2) BCP発動時の緊急時体制を定める

緊急時におけるBCP発動後の対応体制を定める．緊急時には，全体のリーダーである経営者によるトップダウンの指揮命令によって従業員を先導することが重要となる．緊急時，経営者は指揮命令と情報の管理に注力することが適切である．

(a) 経営者の代行

緊急事態発生時に経営者が不在であったり，経営者自身が被災したりすることを想定し，経営者の代行を担う者をあらかじめ指名しておく．この代行者は，経営者と普段より意思疎通を多くとっている，いわゆる「社長の右腕」のような従業員がふさわしい．緊急時に経営者の代行を担うことのできる従業員を育てることも，経営者の重要な仕事といえる．

(b) 班構成と班長

BCP発動後から事業復旧を完遂するまでの間には，次のような機能を持った班構成をとることが考えられ，あらかじめ各班の班長（サブリーダー）を指名し従業員の班分けを行っておく（図4.8参照）．

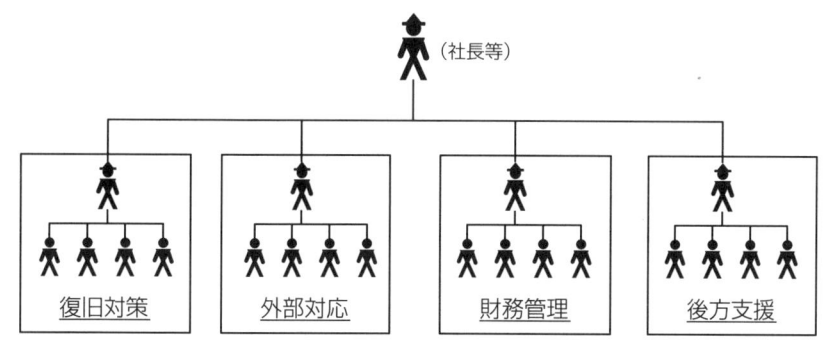

図4.8 BCP発動時における班構成の例

① 復旧対策班：施設や設備の復旧等，社内における復旧対策を行う．
② 外部対応班：取引先や協力会社，組合や商工会との連絡や各種調整を行う．
③ 財務管理班：事業復旧のための資金調達や各種決済を行う．
④ 後方支援班：従業員の労務管理や食料手配，負傷した従業員の対応等を行う．

経営者は，全体を統括し，各班長に対して指揮命令を行い，班内の指揮命令は各班長が行うという分業体制とすることが適切である．なお，各班の人数は，それぞれ同程度にする必要はなく，その班の役割に必要な人数を割り振ればよい．企業の規模ごとに班構成の考え方を以下に示す．

① 比較的従業員が多く，各班が数十名規模になる場合
　　指揮命令が徹底できるのは5人程度といわれている．班員が数十名にのぼる場合は，班を更に幾つかのチーム（5～6人）に分割し，各チームにもリーダーを立てる．チームのリーダーへの命令は，各班長が行う．
② 各班が1～2名程度しかいない場合

経営者が班長を兼ねることもある．また数人のサブリーダーを指名し，経営者とサブリーダーの中で班長の役割を分担する．

(3) BCPに関連する情報を整理し文書化を行う

BCPに関連する情報を事前に整理した上，帳票類を作成することにより，BCPを文書化する．整理・文書化する情報は，二つに大別される．

(a) BCPの発動フロー

緊急時におけるBCPの発動フローを定め，文書化する．すなわち，初動対応から事業復旧に至るまでの基本的な対応手順をあらかじめ決めておく．BCP発動フローの詳細は，後述の5.3節で解説する．

(b) BCPに必要な各種情報の帳票類

BCP発動フローの手順ごとに，その活動に必要な情報を整理し，帳票類を作成する．なお，本書には，帳票のひな形となる様式集を添付している（表4.1参照）．

4.1.4　BCP文化を定着させる

BCPは策定すればよいものでなく，実際の緊急時に経営者及び従業員が有効に活用できなければ意味がない．

BCPの実効性を確保するには，緊急時に活動に当たる従業員が，BCPの策定・運用に対して前向きであることが不可欠となる．BCPに対する経営者の姿勢を従業員に示すとともに，BCPに関する訓練や教育を積極的に行うことで，BCPを企業の「文化」として定着を図ることが大切である．

BCP文化の定着度合いを計る設問として，次のようなものが挙げられる．これらすべての設問に対して，自信を持って「はい」と回答できるようになることが，BCP文化の定着の目的ともいえる．

① BCP活動を実施することに従業員が賛同しているか？
② 緊急時，出社可能な従業員が出社してくれそうか？
③ 緊急時，何を行うべきかを各従業員が理解しているか？

4.1 BCP サイクル

表 4.1 BCP 様式類一覧

区分	様式 No.	様式名	説　　　　明
必須	様式 01	BCP 表紙・目次	冊子に束ねる際の表紙と目次
必須	様式 02	BCP の基本方針	当プロセスで整理する.
必須	様式 03	BCP の策定・運用体制	当プロセスで整理する.
必須	様式 04	従業員携帯カード	当プロセスで整理する.
任意	様式 05	複数企業連携による BCP の策定・運用体制	同業者組合等, 複数の企業が連携して BCP に取り組む際の体制等を整理する.
必須	様式 06	中核事業に係る情報	「事業影響度を評価する」において整理する. 中核事業が複数ある場合は個別に帳票を作成する.
任意	様式 07	中核事業影響度評価フォーム	「中核事業が受ける被害を評価する」において利用する.
必須	様式 08	事業継続に係る各種資源の代替の情報	「事業継続のための代替策の特定と選択をする」において整理する.
必須	様式 09	事前対策のための投資計画	「事前対策を検討・実施する」において整理する. ある程度の資金が必要であることから, 中長期的な整備計画を立案する.
必須	様式 10	避難計画シート【屋外避難用】	当プロセスで整理する.
必須	様式 11	主要組織の連絡先	同上. ボトルネックの被害軽減や代替や修理に関する組織を主に整理する. 組織数分の帳票を作成する（消防, 病院, インフラ企業等を優先）.
必須	様式 12-1	従業員連絡先リスト【従業員一覧】	当プロセスで整理する.
必須	様式 12-2	従業員連絡先リスト【従業員個別用】	当プロセスで整理する. 従業員数分の帳票を作成する.
必須	様式 12-3	従業員連絡先リスト【基本情報整理用】	当プロセスで整理する.
任意	様式 13	情報通信手段の情報	「事業継続のための代替策の特定と選択をする」において検討した通信手段について, 具体化しておく.
必須	様式 14	電話／FAX 番号シート【自社用】	当プロセスで整理する. すべての電話番号を把握する必要はなく, 中核事業に関連する, 又は, 中核事業継続のために利用できると想定される番号を整理する.
必須	様式 15	主要顧客情報	「事業影響度を評価する」における中核事業特定の結果に基づき整理する. 主要顧客数分の帳票を作成する.
必須	様式 16-1	中核事業に係るボトルネック資源【設備／機械／車両など】	「事業影響度を評価する」において把握したボトルネック資源を具体化して整理する. ボトルネック資源ごとに帳票を作成する.
任意	様式 16-2	中核事業に係るボトルネック資源【コンピュータ機器とソフトウェア】	(同上) 中核事業がコンピュータ機器に大きく依存しない場合は, 任意で利用する.

表 4.1 （続き）

区分	様式 No.	様式名	説明
任意	様式 16-3	中核事業に係るボトルネック資源【その他の器具類】	「事業影響度を評価する」において把握したボトルネック資源を具体化して整理する．
必須	様式 17-1	中核事業に必要な供給品目情報	「事業影響度を評価する」において把握したボトルネック資源の結果に基づいて，当プロセスで整理する．
必須	様式 17-2	主要供給者／業者情報【供給品目別】	当プロセスで整理する．供給品目数分の帳票を作成する．
必須	様式 18	保険情報リスト【損害補償の範囲検討用】	「事業継続のための代替策の特定と選択をする」，及び，「事前対策を検討・実施する」において，併せて検討することが望ましい．
必須	様式 19	災害対応用具チェックリスト	「事前対策を検討・実施する」において，併せて検討することが望ましい．
任意	様式 20	地域貢献活動	「BCP 文化を醸成する」において，平常時及び緊急時に行うことを整理する．

④ 緊急時，従業員が安否を報告してくれそうか？
⑤ 従業員が，自身や家族の安全対策に積極的に努めているか？

(1) 従業員への BCP 教育を実施する

BCP の運用は継続的な活動であり，定期的に教育や研修を実施することが大切である．従業員に対して行う BCP 教育の内容は，大きく分けて二つある．

(a) BCP の重要性を理解する

① BCP に関する社内ディスカッション

　　BCP の中身について従業員と議論したり，最近発生した災害記事を基に話し合ったりすることにより，従業員の BCP に対する意識付けを行う．

② BCP に関する勉強会

　　同業者組合や商工会議所・商工会等で BCP に関する勉強会を開催することも有効である．このような勉強会は，緊急時における地元企業同士の協力体制強化につながることも期待できる．

(b) BCP に有効な知識や技能を習得する

① 応急救護講習の受講

　　地元消防署等では，定期的に心肺蘇生法のような応急救護の講習を開催

している．こうした講習会への受講を従業員に勧め，受講料を支援するなどが望まれる．

② BCP関連セミナーへの参加

地元の商工会議所等が開催するBCP関連セミナーへの参加を従業員に勧める．

(2) BCP訓練・点検を実施する

緊急時にBCPが有効に活用されるには，従業員へのBCP教育と併せて，定期的な訓練及び点検の実施が不可欠である．

(a) 訓練・点検の目的

訓練・点検の目的としては，主に以下のものが挙げられ，目的に応じて訓練・点検方法を選択する．

① 策定したBCPの実効性を検証する．
② 各従業員のBCPに対する理解を深め，その活動に対して積極的に取り組むとともに，緊急時での各自の役割を明確に認識させる．
③ 訓練によって計画を実際に行ってみることにより，BCPの不備や欠陥等の改正すべき点を明らかにして，それらを改訂する．
④ 従業員間での連携・協力を促す．
⑤ 緊急時に備えた設備や装置が着実に稼働するかを点検する．

(b) 訓練・点検の方法

訓練には様々なレベルや種類があるが，まずは現在実施している防災訓練にBCPの要素を追加したり，BCP発動手順の一部分を取り上げた要素訓練を実施したりするなど，着実なレベルアップを目指すことが適切である．

以下に訓練方法の種類を例示するので，訓練の目的と習熟度合いに応じて選択するとよい．

① 机上訓練

経営者及び班長等の従業員が会議室に一堂に会し，策定したBCPの手順に従って，議論形式でメンバーごとの役割を確認し，実際に活動できる

かどうかを検証する.

② 情報連絡訓練

　緊急時,連絡網に沿って速やかに従業員に連絡が行き渡るかどうか,実際に電話を行って確認する.

③ 代替施設への移動訓練

　バックアップの工場や事業所を準備している場合は,復旧要員の一部を実際に移動させ,その場所で事業を復旧させる計画を予行演習する.

④ バックアップ情報の回復訓練

　緊急時に備えてバックアップしている電子データや書類を,バックアップ場所から取り出し利用可能な状態にする.情報システムのバックアップを行っている場合は,代替システムを準備し,問題なく起動させられるかどうかを確認する.

⑤ 防災訓練への参加

　防災訓練を主催している地元市町村等もある.このような訓練に参加することは,従業員の防災能力を高めるだけでなく,市町村と企業,近隣の企業同士の連携や協力を高めることにもつながる.

⑥ 緊急時用設備・装置の点検

　自家用発電機などが着実に稼働するかどうかを定期的に点検する.

(3) BCP文化を醸成する

　緊急時のBCPの実効性を高めるには,平常時から一人ひとりの従業員がBCPに関する活動に対して前向きに取り組むとともに,BCPに対する理解を深め,自身の役割を明確に認識することが大切である.一方,経営者は,全社を挙げてBCPに取り組むという姿勢を見せ,BCPの推進をアピールすることが望まれる.

　このような活動が日常においても自然に実現されるような「BCP文化」を醸成することが望まれる.こうした「BCP文化」の醸成は,一朝一夕にできるものではなく,長期的な視点で経営者と従業員の意識を高めていく必要がある.

(a) 経営者と従業員の意識

BCP文化醸成を進めるにあたり，経営者及び従業員それぞれが常に意識しておくべきポイントを以下に示す．

① 経営者が意識しなければならないこと

緊急時，BCPの完遂には，従業員の協力が不可欠である．そのため，日常より従業員一人ひとりにBCPに対する経営者の熱意と行動を従業員に理解させるとともに，従業員の安全や雇用を強く守るという姿勢を見せることが大切である．

② 従業員が意識しなければならないこと

緊急時のBCPは，企業の存続とともに，従業員の安全や雇用を守るためのものであることを理解する必要がある．緊急時，経営者の力だけでBCPを完遂することは不可能であり，日常より，従業員一人ひとりが経営者のBCPに対する熱意と行動を理解し，BCPの運用に積極的に協力することが望まれる．

(b) BCPに関するコミュニケーション

従業員や顧客，地域住民等に対して，BCPに関する情報交換を継続的に実施する．このようなコミュニケーション活動においては，相手の深い理解を得るには，BCPは，自社だけでなく，取引先や協力会社，ひいては地域社会を緊急事態による被害や経済的損失から守るという経営者の意志を明確に示すことが望まれる．コミュニケーション活動の例を以下に示す．

① 従業員との平時からのコミュニケーション

BCP活動に関する内容も含め，従業員との対話は不可欠である．

② 従業員のための安全対策の実施

BCPに対する経営者の意志を示すための手段の一つとして，目に見える対策を従業員に提供することは効果的である．例えば，社宅の耐震化や地震保険への加入，家庭用防災用具の配布等が挙げられる．

③ 取引先や協力会社，地域を大切にした事業の実践

万が一，企業が被災した場合にも，取引先や協力会社等に迷惑をかけず，

地域の復興に貢献するという経営者の意志を従業員に示すことも必要である．これは日常の様々な活動を通して実現される部分も大きいため，日ごろから留意しておくことが重要となる．

4.1.5 BCPの診断，維持・更新を行う

「いざ，BCPを発動してみたものの，整理されている情報が古くなっており，役に立たなかった」ということでは，BCP構築の意味がない．

このような事態に陥らないためには，BCPの達成レベルを診断・チェックするとともに，関連情報を常に最新の状態に維持しておく必要がある．また，経営者の判断により，必要に応じてBCPの運用体制の見直しや運用資金（事前対策費用等）の確保を行う．

（1） BCPの診断・チェックを行う

策定したBCPとともにBCMの取組み全体の実効性を定期的に診断・チェックする．診断・チェック結果に基づき，見直すべき改善点を洗い出し，BCPの改善を図ることは，経営者の責務である．

BCPの診断・チェック方法としては，大きく分けて以下の二つがある．

（a） 緊急時を模擬したBCP訓練を実施する

BCPの診断として最も効果的なものは，抜き打ちで，実際に中核事業が影響を受けたという状況を模擬し，従業員の安否確認，参集，代替施設への移動，代替設備の準備，バックアップしてある情報類の取り出し等の活動（又は，その手続き）が，BCPに基づいて適切に実行されるかどうかを実際に訓練することである．

このような本格的な訓練の実施は，従業員の負荷や通常業務への支障等の面から考えると，敷居の高いものとなるが，実際に行動してみなければ明らかにできないようなBCPの問題点や課題等が把握できるので，企業の体力に応じて実施することが望まれる．

4.1 BCP サイクル

(b) 自己診断チェックリストを利用する

「BCP 策定・運用状況の自己診断チェックリスト」を利用して，企業の取組みレベルを診断する．チェック項目が年々増加するよう，BCP の継続的な改善を図ることが大切である．自己診断チェックリストの詳細は後述する．

(2) BCP の維持・更新を行う

関連情報を常に更新するとともに，BCP に変更を与えるような事業環境の変更等があった場合には，BCP の見直しを行う．

診断・チェック結果を踏まえて課題を洗い出し，次年度の改善につなげることは，経営者の責務である．経営者は，必要に応じて，BCP 運用体制を見直しや事前対策等に必要な運用資金の確保を行う．

BCP の見直しは次のような場合に実施されるべきであるが，最低 1 年ごとに情報の更新を行う．

① 企業の組織体制に大きな変更があった場合
② 取引先（供給元又は納品先）に大きな変更があった場合
③ 企業の中核事業に変更があった場合
④ 新しい事業ライン，製品，又はサービスを開発した場合
⑤ 主要な情報通信システム，ネットワークに大幅な変更があった場合
⑥ 企業の業務に関連する国や業界のガイドラインが改訂された場合
⑦ サプライチェーンからの要求に変更があった場合

ただし，従業員の連絡先の変更等，安否確認に関するものは即時に更新する必要があり，従業員の連絡先変更を会社に申し出る手順を明確にしておく．

(3) BCP 策定・運用状況の自己診断

策定した BCP 及び BCP 運用状況を自己診断するチェックリストを示す．チェックリストの設問ごとに，「はい」/「いいえ」で答え，結果集計シートに記入する（表 4.2，表 4.3 参照）．

この自己診断チェックリストの目的は，企業の BCP 策定・運用状況につい

表 4.2　BCP 策定・運用状況の自己診断チェックリスト結果集計シート

対象段階	「はい」の回答数
事業継続基本方針の立案	必須項目　／3 推奨項目　―
BCP サイクルの運用体制確立	必須項目　／4 推奨項目　―
①「事業を理解する」	必須項目　／14 推奨項目　―
②「BCP の準備，事前対策を検討する」	必須項目　／8 推奨項目　／1
③「BCP を策定する」	必須項目　／15 推奨項目　／2
④「BCP 文化を定着させる」	必須項目　／6 推奨項目　／8
⑤「BCP の診断，維持・更新を行う」	必須項目　／8 推奨項目　／3
合　計	必須項目　／58 推奨項目　／14

表 4.3　BCP 策定・運用状況の自己診断チェックリスト

対象段階	優先度			診断項目	はい	いいえ
	必須	推奨				
事業継続基本方針の立案	○		0.I-1	経営者が関与して規定された事業継続の基本方針がありますか？		
	○		0.I-2	上記の事業継続の基本方針について，すべての従業員に内容が周知されるための仕組みがありますか？		
	○		0.I-3	上記の事業継続の基本方針について，取引先企業や協力会社などに内容が公開されていますか？		
BCP サイクルの運用体制確立	○		0.II-1	平時において BCP サイクルの運用を推進する社内体制が確立されていますか？		
	○		0.II-2	上記の社内体制は，経営者自らが率先して BCP の策定・運用にあたるものになっていますか？		
	○		0.II-3	BCP サイクル運用体制について，当該メンバー以外の従業員も，その存在を明確に認識していますか？		
	○		0.II-4	BCP サイクルの運用体制の状況を確認し評価する機能はありますか？		

表 4.3 （続き）

対象段階	優先度 必須	優先度 推奨		診断項目	はい	いいえ
①「事業を理解する」			1. 事業影響度を評価する			
	○		1.I-1	事業影響度評価を通して，あなたの会社における中核事業を明確に認識しましたか？		
	○		1.I-2	上記の中核事業に不可欠な，あなたの会社の重要業務を明確に認識しましたか？		
	○		1.I-3	上記の中核事業を継続するにあたっての障害となるボトルネック資源を可能な限り漏れなく把握できていますか？		
	○		1.I-4	上記の中核事業を継続するにあたっての障害となるボトルネック資源に順位付けはされていますか？		
	○		1.I-5	上記の中核事業について，取引先企業やサプライチェーンの要請を把握しつつ目標復旧時間を設定しましたか？		
			2. 中核事業が受ける被害を評価する			
	○		1.II-1	自然災害，人的災害を含めて，中核事業が影響を受ける災害を明確に認識しましたか？		
	○		1.II-2	上記の各災害が中核事業の各ボトルネックに及ぼす影響について，可能な限り漏れなく評価しましたか？		
	○		1.II-3	中核事業が影響を受ける災害について，影響度の順位付けはされていますか？		
			3. 財務状況を診断する			
	○		1.III-1	「財務診断モデル」を利用して，あなたの会社の被災後のキャッシュフローを把握しましたか？		
	○		1.III-2	財務診断の結果に基づき，政府系中小企業金融機関などの災害復旧貸付制度の利用を検討しましたか？		
	○		1.III-3	財務診断の結果に基づき，1か月程度の操業停止に耐え得るだけの資金確保の必要性を検討しましたか？		
	○		1.III-4	財務診断の結果に基づき，損害保険の追加加入の必要性を検討しましたか？		
	○		1.III-5	財務診断の結果に基づき，目標復旧時間を財務状況面から再検討しましたか？		
	○		1.III-6	最新の事業影響度評価，被害評価及び財務診断は，それぞれ過去12か月以内に実施されたものですか？		
②「BCPの準備，事前対策を検討する」			1. 事業継続のための代替策の特定と選択をする			
	○		2.I-1	緊急時における情報連絡の拠点場所の確保について検討しましたか？		
	○		2.I-2	被災したあなたの会社の重要施設・設備の代替確保について検討しましたか？		
	○		2.I-3	臨時従業員の確保について検討しましたか？		
	○		2.I-4	資金調達の方針について検討しましたか？		
	○		2.I-5	中核事業の復旧・継続に必要となる重要情報のバックアップ方針について検討しましたか？		

表4.3 (続き)

対象段階	優先度 必須	優先度 推奨		診断項目	はい	いいえ
	○		2.I-6	通信手段や電力などのインフラに関する二重化対策やバックアップの必要性を検討しましたか？		
	2. 事前対策を検討・実施する					
	○		2.II-1	中核事業に与える影響が高いと思われる災害と，それにより影響を受けるボトルネック資源の両面から事前対策を検討し，可能なソフトウェア対策を実施しましたか？		
		○	2.II-2	事前対策に投入できる年間予算が明確に割り当てられていますか？		
	○		2.II-3	ハードウェア面での事前対策のための融資制度の活用を検討しましたか？		
③「BCPを策定する」	1. BCP発動基準を明確にする					
	○		3.I-1	中核事業に影響を与え得る災害とその大きさ，ボトルネック資源への影響に基づくBCP発動基準が明確に設定されていますか？		
	○		3.I-2	BCP発動を判断する人物が明確に決められていますか？		
	○		3.I-3	BCP発動を判断すべき人物が不在などで判断できない場合，代理の判断者が決められていますか？		
	○		3.I-4	BCP発動を判断する人物（もしくはその代理者）を，平時よりすべての従業員に周知させていますか？		
	○		3.I-5	BCP発動基準を定期的に見直す仕組みがありますか？		
	2. BCP発動時の体制を明確にする					
	○		3.II-1	BCP発動時の社内体制は明確に規定されていますか？		．
	○		3.II-2	BCP発動時の社内体制は経営者が指揮命令を下せるようになっていますか？		
	○		3.II-3	BCP発動時の体制に規定されている全体のリーダー（経営者）が不在の場合に，代理のリーダーが決められていますか？		
		○	3.II-4	上記の代理のリーダーが適切な指揮命令ができるように，平時より経営者のノウハウの共有が図られていますか？		
		○	3.II-5	代理リーダーを，平時よりすべての従業員が周知していますか？		
	○		3.II-6	BCP発動時の体制における各自の役割を従業員は明確に把握していますか？		
	○		3.II-7	取引先や協力会社からの問合せへの対応体制及び責任者が明確にされていますか？		
	3. 事業継続に関連する情報の整理と文書化をする					
	○		3.III-1	従業員連絡先リスト，もしくは電話連絡網が作成され，最新の情報に更新されていますか？		
	○		3.III-2	主要な取引先の連絡先リストが作成され，最新の情報に更新されていますか？		

4.1 BCP サイクル

表 4.3 （続き）

対象段階	優先度 必須	優先度 推奨		診断項目	はい	いいえ
		○	3.III-3	緊急避難計画は規定されていますか？		
		○	3.III-4	救急や公共サービス，行政組織等への連絡先リストが作成されていますか？		
		○	3.III-5	あなたの会社が保有する電話/FAX 番号リストを整理し，中核事業の継続・復旧において各番号が不可欠かどうかを評価しましたか？		
④「BCP 文化を定着させる」	1. 従業員への BCP 教育を実施する					
		○	4.I-1	BCP や防災に関して従業員と平時より議論したり，勉強会などを開催したりしていますか？		
	○		4.I-2	BCP や防災に関する知識や技能を従業員に身につけさせるための支援を行っていますか？		
	2. BCP 訓練を実施する					
		○	4.II-1	BCP で特定されたさまざまな災害を想定した従業員による訓練を定期的に実施していますか？		
		○	4.II-2	机上訓練や電話連絡診断などさまざまなレベルの訓練を，必要に応じて定期的に実施していますか？		
	○		4.II-3	自治体などで開催されている防災訓練に関する情報を入手する体制がありますか？		
		○	4.II-4	自治体などで開催されている防災訓練に参加していますか？		
	○		4.II-5	各従業員の役割や義務，責任や権限が本人に理解されていますか？		
	3. BCP 文化を醸成する					
	○		4.III-1	経営者が BCP を積極的に支持していますか？		
	○		4.III-2	経営者の BCP に対する積極的な姿勢が，従業員に理解されていますか？		
		○	4.III-3	全社的な BCP の運用に対して従業員が積極的に取り組んでいますか？		
	○		4.III-4	経営者層と従業員との平時からのコミュニケーションが適切に取れていますか？		
		○	4.III-5	社宅の耐震化や家庭用防災用具の配布など，従業員の安全を守るための対策を会社として実施していますか？		
		○	4.III-6	社内報やイントラネット，口頭での連絡も含め，BCP や防災に関する情報が社内に周知されていますか？		
		○	4.III-7	従業員の BCP への参加や貢献を評価するための制度がありますか？		
⑤「BCP の診断，維持・更新を行う」	1. BCP の診断・チェックを行う					
		○	5.I-1	BCP の診断計画が明確に規定されていますか？		
		○	5.I-2	BCP 診断を定期的に実施していますか？		
	○		5.I-3	本チェックリストを用いて BCP をチェックしましたか？		

表 4.3 （続き）

対象段階	優先度 必須	優先度 推奨	診断項目		はい	いいえ
			2. BCPの維持・更新を行う			
	○		5.II-1	BCPの維持・定期的な更新が明確に規定されていますか？		
	○		5.II-2	BCPの運用体制の見直しの必要性を判断し，必要に応じて見直しを行っていますか？		
	○		5.II-3	事前対策や教育訓練の費用等，BCPの運用に必要な経費を見積もり，その資金を確保するための手順が明確にされていますか？		
	○		5.II-4	訓練や診断により明らかとなった問題点がBCPの更新に反映される仕組みがありますか？		
	○		5.II-5	あなたの会社の組織体制に大きな変更があった場合，取引先に大きな変更があった場合，新製品を開発した場合などの際に，BCPの更新に反映される仕組みがありますか？		
	○		5.II-6	BCPに遵守していない点や不適切な点を経営者へ伝える仕組みが明確にされていますか？		
	○		5.II-7	BCPの更新が従業員に周知される仕組みがありますか？		
		○	5.II-8	BCPの外部審査を受けていますか？		

て，合格／不合格を判定することではなく，「はい」にチェックが付けられなかった項目を把握しBCPの課題を明らかにすることである．すなわち「いいえ」にチェックが付いた項目を年々一つずつ継続的に減らしていく努力が望まれる．

4.2 財務診断モデル（中級コース）

中小企業BCP策定運用指針における財務診断モデル（中級コース）は中小企業経営者がBCPを作成するについて，計量化（数字の策定）の方法を記述し，かつ可能な限り自動的に計量化ができるように構成している．

中小企業は，なるべく中級コースで財務診断を行うことが望ましい．

4.2.1 復旧費用の算定

(1) 復旧費用の算定

中小企業の経営者が復旧費用の算定表を作成することは，基本コースと同じである．製造業の場合は表4.4，卸売・小売業は表4.5，建設業は表4.6を埋めることとなる．

地震の場合を考えてみるが，電気・ガス・上下水道の復旧期間については地方自治体によっては予想が示されている．ただ，災害の種類や強さが違えば使えない場合もあるので注意を要することは基本コースで述べたとおりである．

基本コースと中級コースの相違は「事業中断による損失」と「事業中断によるキャッシュフローの悪化額」を区別したことである．

厳密には「事業中断による損失」から現金支出の伴わない「減価償却」の金額を差し引いたものが「事業中断によるキャッシュフローの悪化額」である．

基本コースでは経営者の勘に任せた事故・災害時の資産の被害・復旧期間に

表4.4 復旧費用の算定（製造業のケース）

単位：千円

	損害の程度	復旧期間	復旧費用
建　　物	全壊・半壊	日	
機　　械	建物全壊・建物半壊	日	
棚卸資産	全損・半損	日	
器具・工具等		日	
資産関係計			(A)
電　　気	あらかじめ設定*	日	
ガ　　ス	あらかじめ設定*	日	
水　　道	あらかじめ設定*	日	
事業中断損失	最長	日	
事業中断によるキャッシュフローの悪化額			(B)
復旧費用合計			(A)+(B)=(C)

* 電気・ガス・水道の復旧期間は，自治体によっては予想が示されている．

表 4.5 復旧費用の算定（卸売・小売業のケース）

単位：千円

	損害の程度	復旧期間	復旧費用
建　　物	全壊・半壊	日	
商　　品	建物全壊・建物半壊	日	
器具・備品		日	
資産関係計			(A)
電　　気	あらかじめ設定*	日	
ガ　　ス	あらかじめ設定*	日	
水　　道	あらかじめ設定*	日	
事業中断損失	最長	日	
事業中断によるキャッシュフローの悪化額			(B)
復旧費用合計			(A)＋(B)＝(C)

＊電気・ガス・水道の復旧期間は，自治体によっては予想が示されている．

表 4.6 復旧費用の算定（建設業のケース）

単位：千円

	損害の程度	復旧期間	復旧費用
会社建物	全壊・半壊	日	
建設機械・運搬具	全損・半損	日	
建設現場	全壊・半壊	日	
資産関係計			(A)
電　　気	あらかじめ設定*	日	
ガ　　ス	あらかじめ設定*	日	
水　　道	あらかじめ設定*	日	
事業中断損失	最長	日	
事業中断によるキャッシュフローの悪化額			(B)
復旧費用合計			(A)＋(B)＝(C)

注）建設業の場合の復旧費用の算定は事業の規模・形態によって異なり，一律に計算することは難しいと考えるが，ここでは標準的なパターンを示した．
＊電気・ガス・水道の復旧期間は，自治体によっては予想が示されている．

4.2 財務診断モデル(中級コース)

ついて,財務診断モデル(中級コース)では阪神・淡路大震災のデータほかを参考として,地震の場合は震度6強・震度7,床上浸水の水害,火災の四つのケースについて,被害額・被害状況・復旧費用・復旧期間が自動的に求められるようになっている.

これらの数字は平均的な状況下のものなので,計量化した数字が経営者の勘と合致しているかは重要なポイントと考える.したがって,これらの数字は参考であり,経営者として納得できる数字を採用してもらいたい.

資産の復旧費用の算定・休業日数の推定には,実際には専門家による厳密な作業が必要となる.

例えば,静岡地区所在の(株)巴川製紙所は,徹底した検討により地震発生時のキャッシュフロー対策を樹立したが,中小企業ではこのような厳密な作業は困難である.

事故・災害時の資産の損害・復旧費用・復旧期間については,以上のことを勘案して,可能な限りの手段で算定することとなる.また,事業中断損失,事業中断によるキャッシュフローの悪化額は,休業日数が推定できれば直接原価計算の手法により計算が可能であることは,3.2.2項(2)(c)で述べたとおりである.

(2) 事業中断の損失と事業中断によるキャッシュフロー悪化額の算定

中小企業庁のBCPに関するホームページから,自社の損益計算書の数字を打ち込むと,事業中断の損失を自動的に計算できるExcelシートをダウンロードすることができる.

基本的な数字は,表3.14(77ページ)のとおりである.表3.14の数字で明らかなように,この例では1か月の事業中断の結果営業利益段階では「事業中断による損失」は「104千円」となる.これに対し「事業中断によるキャッシュフローの悪化額」は現金支出を伴わない減価償却費を差し引いた「95千円」のマイナスとなる.

これを基礎として,事業中断1か月,Nか月間,N日間事業中断の場合,

稼働率 N％の場合などについて計算をすることが可能となり，こうした計算結果を使って事故災害発生後のキャッシュフローを予測することができる（表4.7 及び表 4.8 参照）．

表 4.7　事業が N 日（＝ 10 日の場合の例）ストップした場合の損失とキャッシュフローの悪化額

単位：千円

科　目		1 か月 × 10/30（通常ベース）①	1 か月 × 10/30（事業中断）②	②－①
売上高		165	0	△165
原価	変動費	124	0	△124
	固定費	35	35	0
	（減価償却費）	(3)	(3)	(0)
	（減価償却費を除く固定費）	(32)	(32)	(0)
	原価　計	159	35	△124
営業利益		6	△35	△41
キャッシュフロー（減価償却前営業利益）		9 (9)	△32 (△32)	△41 (△41)

表 4.8　稼働率が N％（＝ 50％の場合の例）に低下した場合の損失とキャッシュフローの悪化額

単位：千円

科　目		1 か月（通常ベース）①	1 か月 × 50％（稼働率低下）②	②－①
売上高		494	247	△247
原価	変動費	372	186	△186
	固定費	104	104	0
	（減価償却費）	(9)	(9)	(0)
	（減価償却費を除く固定費）	(95)	(95)	(0)
	原価　計	476	290	△186
営業利益		18	△43	△61
キャッシュフロー（減価償却前営業利益）		27 (27)	△34 (△34)	△61 (△61)

4.2 財務診断モデル（中級コース）

なお，ダウンロードしたExcelシートでは，事業中断による損失がそのままキャッシュフローの悪化額として計上される．これは説明が煩瑣になることと，厳密には非現金支出である減価償却の金額を差し引かなくても，キャッシュフロー対策上はむしろプラスの含みを持たせる結果になると考えたからである．更にいえば，事業中断前との比較で見れば減価償却を考慮しても悪化の絶対額は変わらない．

このようにして復旧費用総額の各項目が埋まっていく．表4.4（又は表4.5，表4.6）が完成すれば復旧費用が算定できるので，この金額を基礎として以下の財務的検討を行うのである．

（3） 損害保険の整理

基本コースで解説したところである．基本コースではもっぱら取引損害保険会社・代理店と相談して，自社の損害保険の契約内容を正確に確認することに重点を置いたが，中級コースでは適切な損害保険を付けるについて自社の判断を入れるようにしてほしい．

中小企業BCPにおける財務対策の柱は，適切な保険の付保と，復旧資金が不足した場合の借入対策である．繰り返しになるが，保険については次のようにすることが望ましい．

① 火災保険の保険金額は再調達価額が望ましい．
② なるべく広範囲のリスクをカバーすることが望ましい．
③ 表4.9に明らかなように利益保険は「固定費＋営業利益」をカバーする．利益保険は，この範囲内で例えば固定費のうちの人件費部分だけのように一部付保も可能であるが，中小企業ではフルに付保することが望ましい．

4.2.2 復旧費用の調達
（1） 復旧費用の調達状況

下記の状況に分けて考える．

① 手元資金で復旧費用を賄える場合

災害時には資金調達のことは心配しないで，復旧対策に専念できる．なお，災害に備え手元現金・預金は月商の 1 か月分くらい保有していることが望ましい．

② 手元資金で復旧費用を賄えない場合（D1 ＜ C）

新規借入金額(E)は表 4.10 のように算定される．

表 4.9　利益保険のてん補範囲

単位：千円

科　目		金　額	厳密なキャッシュフロー悪化額	利益保険のてん補範囲
売上高		5,923	—	—
営業支出	変動費	4,467	—	—
	固定費 (S)	1,250		○
	（内減価償却費）	(108)		(○)
	(S)－減価償却費	(1,142)	(1,142)	(○)
	小　計	5,717	—	—
営業利益		314	—	○

表 4.10　借入必要金額の算定

単位：千円

必要資金の金額		調達可能金額		過不足金額
(復旧費用) 資産の復旧費用	(A)	現金・預金 損害保険金 会社資産売却		
事業中断による キャッシュフローの悪化額	(B)	会社調達分計		
		経営者からの支援		
		計　(D1)		
		新規借入金額 (C － D1)	(E)	
計　(C)		計　(D2)		C = D2

(2)　借入返済原資の検討（借入は可能か）

復旧費用総額を手元資金で賄えない場合，(E) の金額の借入れが可能かを検

討しなければならない．表 4.11 で返済が可能かを計算する．中小企業 BCP 策定運用指針では Excel シートをダウンロードすれば，既往借入金年間約定返済額[*1]を入れるだけで，自動的に返済可能金額が計算できる．

表 4.11　返済原資の計算

単位：千円

科　目	金　額
I.　税引後当期純利益	
II.　年間減価償却金額	
III.　返済原資合計　（I + II）	
IV.　既往借入金年間約定返済額[*1]	
V.　新規借入金返済原資(年間)　（III − IV）	
VI.　新規借入可能金額 ［V.　新規借入返済原資(年間) × 8 [*2]］	(e)

[*2] 据置期間 2 年，返済期間 8 年の場合を想定

借入期間 10 年・2 年据置きの場合は，(e) の金額が新規借入可能金額になる．この金額以上借りると返済ができない．

$e > E$

新規借入は，返済面からは可能である．災害時には，災害復旧貸付を申し込むことが可能である．

$e < E$

新規借入は，返済の面から見れば全額借入は無理である．この場合，事業を復旧するにあたり 3 年目には（据置期間終了後）従来以上の利益を上げるよう事業内容を改善することを考えなければならない．

又は，後で触れる防災事前対策を行って復旧費用を減らすことを考えるべきである．問題未解決でも，災害時にはとにかく「特別相談窓口」に相談に行くことを勧める．

(3)　担保の検討

借入にあたり担保や保証人が必要な場合がある．自社の担保の状況はどうな

っているか，表4.12を作って整理しよう．

災害復旧貸付制度では担保条件の減免の制度もあるので，研究しておくと役に立つ．

担保条件に問題があっても，災害時には「特別相談窓口」に相談に行くことを勧める．

表4.12 担保の状況

単位：千円

担保科目	明細・評価額 (I)	先順位担保権 (II)	担保価値 (I－II)	備考
不動産	土地 評価額			
	建物 評価額			
有価証券	明細 評価額			
その他				
合計				

4.2.3 事故・災害発生後のキャッシュフローの算定

事故・災害発生後のキャッシュフローがどうなるのかを予測をする．

(1) 事故・災害発生直後のキャッシュフローの算定

4.2.1項で計算したデータを参考にして表4.13を作成する．地震の場合を想定しているので，中毒事故の場合は復旧費用の中に事故処理費用などを入れることが必要となる．

事故・災害発生直後は前月の影響が残っているから，その部分は実際の数字を入れる．今月分は理論値を入れるか，理論値を参考にして見積もってみる．キャッシュフローが予測できたら，次に不足資金の対策を考えることとなる．

事故・災害の発生が上旬か，中旬か，下旬かによってもその月のキャッシュフローは大きく変化する．資金収支のマイナスをキャッシュフロー対策でどう

補うかを考えなければならない．そのために，表 4.14 を埋めてみてもらいたい．予測の結果，月商の 1 か月分くらいの手元現金・預金を保有しているので，最初の 1 か月を乗り越えられると判断できれば，初動期間はキャッシュフローのことを考えずにその他の対策に没頭することができる．

表 4.13 事故・災害発生直後 1 か月目のキャッシュフロー検討表（例）

単位：千円

	(稼働率)		上旬 災害発生 (0%)	中旬 (0%)	下旬 (0%)	計
営業収入	前月分の影響 今月分		0	0	0	0
	営業収入　計					
営業支出	変動費	前月分の影響 今月分	0	0	0	0
	固定費	前月分の影響 今月分				
	営業支出　計					
復旧費用						
資金収支						

表 4.14 キャッシュフロー対策

単位：千円

科　目	上旬	中旬	下旬	計
現金・預金取り崩し				
新規借入[1]				
損害保険金[2]				
会社資産売却[3]				
経営者から支援				
総合資金収支				

[1] 新規借入，[2] 損害保険金の支払い，[3] 会社の資産売却の 3 項目については資金が使えるまでには時間がかかる．事故直後は手元現金・預金が重要となる．

(2) 緊急事態発生後1〜2年間のキャッシュフロー

さらに，その後，事故・災害発生後1〜2年間くらいのキャッシュフローを検討しておく必要がある．災害復旧資金を借り入れた場合，2年据置き後，3年目から返済が始まるから，据置き期間の2年間を利用して復旧後の自社の収益体質の改善（返済原資の増加）を図ることも必要となる．

災害後，顧客との関係を考慮して自社の稼働率がどう推移するのか，またいつごろピークでどのくらい資金が不足するのかを予想してみよう．その結果を踏まえて，資金不足の対策（新規借入，資産売却，経営者からの支援）を，いつ，どうするか考えておく必要がある．

(3) 目標復旧時間との関係

BCPでは目標復旧期間を想定する．中小企業の場合も目標復旧期間は重要であるが，キャッシュフロー上は大事を取って目標復旧期間に代えて事業中断期間を1か月はみておくとか，前述したように1〜2年間くらいの長期のキャッシュフローを考えて，収益改善対策・借入返済対策を検討しておくことが肝要である．

4.2.4 事前防災対策の考え方

事前に何も防災対策を講じていない場合に比べ，有効な事前防災対策を講じた場合，復旧費用は必ず小さくなるはずである．

事前に防災対策を講じておけば，災害時の「資産の復旧費用＋事業中断によるキャッシュフローの悪化額」すなわち「復旧費用」は間違いなく減少するが，このことを計数で表すことは難しい．

理屈としては，事前防災対策を講じた場合の（災害防止対策費用＋復旧費用）累計が，事前防災対策を全く行わない場合の復旧費用より小さい限りは，事前防災対策を講じるべきである．企業としての費用負担総額は，（災害防止対策費用＋復旧費用）累計で考えなければならない．

過度の事前防災対策を実施した結果，災害防止対策を何も行わなかった場合

より企業の（災害防止対策費用＋復旧費用）累計負担額が大きくなるケースも考えられる．これは行き過ぎである．

事前防災対策を行う場合は，理論上は資金調達の形が表 4.15 のように変わる．事前防災対策費用を自己資金で行うか，資金を借り入れるかで，別途の検討が必要になる．

表 4.15 事前防災対策の検討表

単位：千円

必要資金の金額		調達可能金額	
《災害防止対策費用》	(F)	手元現金・預金	(D)
資産の復旧費用	(A)	損害保険金	
事業中断によるキャッシュフローの悪化額	(B)	会社資産売却	
		《会社調達分計》	
		経営者からの支援	
《復旧費用計》(A)+(B)	(C)	災害防止対策資金借入金額	(G)
		災害時新規借入金額	(E)
計　(F)+(C)=(H)		計　(D)+(G)+(E)=(H)	

注）この表を埋めることは困難であるが，理論上はこのような形になる．

事前対策は自己資金で毎期着実に実行していくことが望ましいが，緊急に対策を講じる必要がある場合には，災害防止対策資金の借入を検討することが必要となる．

事前の災害防止対策に対して借入を行う場合にも，返済原資の検討・担保条件の検討が必要となる．政府系中小企業金融機関は，事前防災対策の融資制度も設けている．

4.2.5 キャッシュフロー対策をどう考えるか

これまでの検討結果を見て，経営者としてキャッシュフロー対策をどう考えたらよいか，再度まとめる．

① 経営者が老齢であり後継者もいない，あるいは復旧費用があまりにも大きく借入によって無理に復旧しても返済のめどが立たないから事故・災害

発生時には事業をやめるしかないという場合もある．事前に公表する必要はないが，経営者としては従業員対策・得意先対策・経営者の資産に及ぼす影響などを検討しておく必要があり，これもBCPである．しかし，BCPは企業の存続対策が原則である．

② 得意先に対する供給責任については，特にサプライチェーンの一環をなしている場合は自社だけの問題では収まらない．サプライチェーンの構成メンバー全体に悪影響を及ぼさないためにはどうするかを考えておく必要がある．また，取引先企業からの要求，発注先変更のおそれについても考えておかないと，最後はキャッシュフローの破たんにもつながる．

③ 復旧費用があまりにも大きく無理に借入によって復旧しても返済のめどが立たない，しかし，供給責任を求められているような場合，事前防災対策により復旧費用を少なくすることを検討すべきである．

④ 一般に事前防災対策を行えば，必ず復旧費用は低減するはずである．全く事前対策を行わないで復旧費用や借入の可否を検討するのではなく，まず事前対策を検討する必要がある．

⑤ キャッシュフローがすべてではないが，キャッシュフローを検討することにより，復旧費用・資金調達が金額的に明らかになり，BCPはより具体的な，身近なものとなる．

⑥ 鶏が先か，卵が先かである．まず実情を検討してみて，復旧費用があまりにも大きくなり，無理に借入によって復旧しても返済のめどが立たなければ，事前対策を検討する．あるいは，事前防災対策を立てた上で復旧費用と資金調達を検討することも有効である．要は事前防災対策費用を含めたトータルの復旧費用が少なくなることが肝要である．

4.2.6 政府の災害時中小企業支援策の概要

政府系中小企業金融機関・信用保証協会の災害関係融資制度の概要は，表4.16のとおりである．

内容は変更があり得るので，各機関のホームページを参照されたい．

4.2 財務診断モデル（中級コース）

表 4.16 災害関係中小企業向け融資制度

時期	種別	商工組合中央金庫	中小企業金融公庫	国民生活金融公庫	信用保証協会	中小企業基盤整備機構
災害発生前	防災施設整備融資制度	—	○	○	—	—
	防災対策支援貸付制度	○	—	—	—	—
災害発生直後	災害時の事業資金貸付制度	—	—	—	—	小規模企業共済加入者 ○
災害発生後	災害復旧貸付制度	○	○	○	—	—
	セーフティネット保証制度	—	—	—	○	—
	災害復旧高度化事業融資制度	—	—	—	—	都道府県と一体になって実施 ○

なお，中小企業BCP策定運用指針の資料10「被災中小企業に対する公的支援制度（http://www.chusho.meti.go.jp/bcp/contents/level_c/bcpgl_08_10_1.html）」の記載も参照したい．

なお，問い合わせ先は，次のとおりである（2006年10月現在）．

① 中小企業金融公庫

 東京相談センター　　　　　　　電話：03-3270-1260

 名古屋相談センター　　　　　　電話：052-551-5188

 大阪相談センター　　　　　　　電話：06-6345-3577

 福岡相談センター　　　　　　　電話：092-781-2396

 全国各支店：http://www.jasme.go.jp/jpn/bussiness/a400.html

② 国民生活金融公庫

 東京相談センター　　　　　　　電話：03-3270-4649

名古屋相談センター　　　　　電話：052-211-4649
大阪相談センター　　　　　　電話：06-6536-4649
沖縄振興開発金融公庫　　　　電話：098-941-1700
全国各支店：http://www.kokukin.go.jp/tenpo/

③　商工組合中央金庫
広報部相談センター　　　　　電話：03-3246-9366
全国各支店：http://www.shokochukin.go.jp/tempo/list.html

④　中小企業基盤整備機構
本部　　　　　　　　　　　　電話：03-3433-8811（代表）
共済相談室　　　　　　　　　電話：03-3433-7171
全国各支部：http://www.smrj.go.jp/kikou/gaiyou/01185.html

⑤　信用保証協会
全国信用保証協会連合会　　　電話：03-3271-7201（代表）
全国の信用保証協会：http://www.zenshinhoren.or.jp/access.htm

⑥　災害復旧高度化事業
高度化事業に関する申込み・相談窓口は，都道府県の中小企業担当課．中小企業基盤整備機構の本部・各支部でも相談可．

第 5 章　BCP 策定のための上級コース

5.1　BCP の対象拡大

5.1.1　なぜサプライチェーンが大事か？

2004 年 10 月に発生した新潟県中越地震では，地震による事業中断が 108 件も発生した．この事業中断の原因を，報道等により次の 8 区分に分けて調査したところ，図 5.1 のような結果が得られた．

＜原因＞
　　—余震の問題
　　—建築・設備の耐震性による問題
　　—従業員の問題
　　—復旧工事業者の手配の問題
　　—道路，鉄道，通信，電力等，社会インフラの問題
　　—サプライチェーンの問題
　　—震災時の組織体制の問題
　　—応急資金調達の問題

サプライチェーンの問題では，特に自動車・自動二輪メーカーに大きな影響があった．ジャストインタイム方式の導入によって完成車メーカーはいずれも最小限の在庫しか保有しておらず，また代替調達先もほとんど確保していなかったことから，被災地外にもかかわらず 2〜4 日程度の生産調整を余儀なくされたところが出たようである．主因は，自動車・自動二輪生産メーカーにメーターを高いシェアで供給する企業の被災であった．また，影響を受けなくても

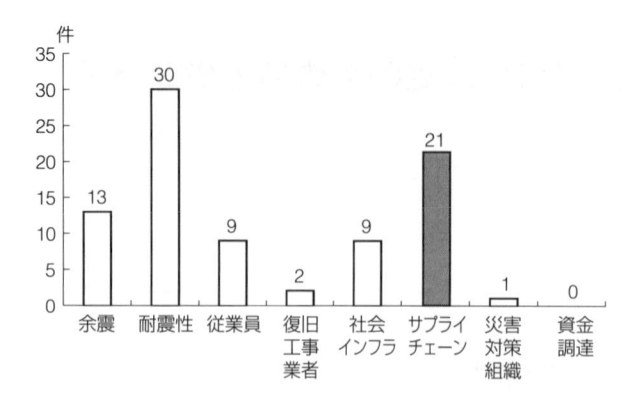

図5.1 新潟県中越地震における事業中断の原因

棒グラフ：余震 13、耐震性 30、従業員 9、復旧工事業者 2、社会インフラ 9、サプライチェーン 21、災害対策組織 1、資金調達 0（単位：件）

生産停止へのぎりぎりの判断を迫られた企業も見られた．

このように，現代の企業は，サプライチェーンで仕事をしているといっても過言ではない．サプライチェーン上の企業が被災すると，サプライチェーンを構成する企業に影響が出る可能性が高いため，サプライチェーン全体でBCPを検討する必要がある．

5.1.2 サプライチェーンを中断させないための企業の対策

サプライチェーンの企業が連携して取り組む前に，自社でサプライチェーンのぜい弱性を把握し，それに対して対応策を講じることが重要である．

例えば，半導体メーカーの団体であるSEMIが公表している「半導体産業とサプライチェーンのBC指針」では，サプライチェーンが中断しないための計画を策定する際に，次の点に留意することを推奨している．

― 災害，輸出禁止，労働争議等が起こった場合でも，サプライチェーンの上流から下流まであらゆる材料・部品の納品に滞りがないように計画を策定すること．

― 主要なサプライヤーとそのサプライヤーが定めたサプライチェーンの中断リスクを低減させるための手順を評価するための全社対策を整備すること．

―すべての製造部品表（BOM）をサプライヤーごとに明確にしておくこと．
―1か所でしか調達できない材料・部品等を明確にしておくこと．
―1か所でしか調達できない材料・部品に関しては，代替調達先（セカンドサプライヤー）を見つけ出しておくこと．
―サプライヤーごとの材料・部品の仕入先又は重要材料・部品を特定しておくこと．また，その供給リスクを確認しておくこと．
―すべての材料・部品の要求事項，仕様及び検定手順を定期的に見直し，更新しておくこと．
―供給に悪影響を与えるローカルルールはサプライヤーのレベルでレビューしておくこと．また，自社が被害を受ける可能性を減少させる計画を策定しておくこと．
―サプライヤーがBCPを整備し，所定の工場又は顧客への材料・部品の配送が中断しないことを確認しておくこと．

5.1.3　企業連携での対応のポイント

中小企業BCP策定運用指針では，個々の企業に限らず，表5.1のようなケースでは，複数の企業が連携してBCPの策定・運用に当たると事業継続の面

表5.1　複数企業がBCPに連携して取り組む場合に期待できる効果例

対象	複数企業の連携により期待できる効果
サプライチェーンを形成する企業群	―各企業の目標復旧時間等のBCPを共有化しておくことで，緊急時にサプライチェーンを継続・早期復旧できるよう最適な対策を選択することが可能となる． ―同一部品を納める複数企業間の連携により，代替部品の調達が迅速となる．
同業者の協同組合	―緊急時において相互に要員応援や代替生産を行うことができる． ―BCPの内容を相当に共通化することができる．
地域的な協同組合	―緊急時対策のための施設や資機材を共同で設置・備蓄する（例：津波避難用タワー，衛星電話，防災用品）． ―緊急時において支援的な業務は相互に要員協力できる（例：食料の調達，事業所内の片付け）．

で効果的であるとしている.また,企業間で意見交換を行うことによって,BCPに対する取組み姿勢が高まることもある.

複数企業で取り組む場合のポイントは,次のとおりである.

(a) 連携企業

サプライチェーン形成企業,同業者の協同組合等,地域的な協同組合等であること.

(b) 幹事会社

まとめ役の幹事会社を決めること.

(c) 連携内容

　―目標復旧時間のめどをあらかじめ調整の上,企業間で共通認識を持っておくこと.

　―共同でBCPに関する勉強会を開催したり,訓練を行ったりすること.

　―緊急時対策のための施設や資機材を共同で設置・備蓄すること.

　―緊急時に操業停止した場合,他の企業が製造や納品を代替すること.

　―緊急時に被災企業に対して要員応援を行うこと.

(d) その他

　―費用負担及び分担

　―連絡会の開催及び維持

5.2 BCPの分析深化

5.2.1 リスク分析・ビジネスインパクト分析の考え方

BCM(事業継続管理)を理解するためには,人命第一が所与の最優先課題である「防災」とは異なる原則がBCMにあることを十分認識することが必要である.その意味で,OECDが2002年に改訂した「情報セキュリティ・ガイドライン」の9原則は,そのままBCMについても適用できるもので,こうした欧米の思想を理解しておかないと,BCMが単なる防災対策になってしまう.表5.2にその原則を紹介するので,セキュリティというところを事業継続

表 5.2 OECD 情報セキュリティ・ガイドライン 9 原則

1) 認識原則
   セキュリティに係るリスクの認識を啓発することが重要
2) 責任原則
   すべての行動主体の責任を明確に
3) 応答原則
   ネットワークの相互接続性にかんがみ，適時，協力的な対応や，国際的協力が重要
4) 倫理原則
   すべての行動主体の役割が強調された．
5) **民主主義原則**
   民主主義，社会における情報の合法的使用・流通と整合的であるべき
6) **リスク評価原則**
7) セキュリティ設計及び実施原則
8) セキュリティマネジメント原則
9) 再評価原則

(BC) に，情報を業務に置き換えれば，なぜ BCP 文化が必要か，分かりやすい行動指針が必要か，他機関との連携が必要か，プロセスの明示が必要か，そしてリスク分析等が必要か，などが分かるだろう．

BCM では，自社の重要業務を選別し，優先度の高いものから再開していく．このため自社の活動に優先順位を付けていく必要があるが，防災のように「人命第一」という優先順位はあらかじめ付いていない．このため，社内の多数決で「中核事業」や「重要業務」を決めていく必要がある．このプロセスをビジネスインパクト分析といってもよい．リスク分析やビジネスインパクト分析には，OECD ガイドラインの 5) 民主主義の原則が当てはまる．専門家が科学的に分析をするということではなく，民主主義の原則をもって，社内の合意形成を図っていく手段がビジネスインパクト分析である．このため，ビジネスインパクト分析の内容は主としてアンケート，インタビュー調査である．したがって，社長が一人で物事を決めていく会社，人数が少なくて議論の余地のない会社など，多数決で決めなくても優先順位が決まる会社では，この分析は無用となるが，近代経営を行っている企業であれば，ほとんどこの分析は必要であろう．

また，OECD ガイドライン 9 原則のうち 6) から 9) は，リスクを特定し，幅広い観点から（観点多様性原則）セキュリティ対策を講じ，実際に適切に運用し（統合原則），再評価（セキュリティ対策は，変化に応じて定期的に再評価されるべき）した結果をフィードバックするという「セキュリティマネジメントサイクル」の考え方を取り入れたものである．BCP サイクルにおけるリスク分析・評価も，ほぼ同じ考え方に沿っているのである．

BCP 策定運用指針の中級コースでは，BCP サイクルに沿った解説を読みながら，BCP 様式類に記入していくことで BCP を策定できるが，より深いリスク分析等を行う場合には，様々な分析方法が提案されているので，それらを参考にして，独自の BCP 構築をする必要がある．財務診断モデルについては，上級コースが用意されているので，中核事業が複数ある場合などにはそれを用いてより複雑な財務診断を行うことができる．

リスク分析手法の主なものとして，経済産業省のガイドラインとオーストラリア・ニュージーランド規格の HB 221:2004 "Business Continuity Management" を紹介する．

5.2.2　経済産業省のガイドラインにおける分析手法

経済産業省の BCP ガイドラインでは，ビジネスインパクト分析とリスク分析を取り上げ，「BCP の発動基準の明確化につながる一連のプロセス」と位置付けている．

（1）　ビジネスインパクト分析

ビジネスインパクト分析の目的は，以下のとおりである．
―事業継続・復旧の優先順位付け
―ボトルネックの特定
―目標復旧時間（RTO）の設定

ビジネスインパクト分析では，組織における重要な事業・業務（中核事業・業務）・プロセス，それに関連するリソースを特定し，事業継続に及ぼす影響

の分析を行う．この分析をもとに，ボトルネックの特定やそのボトルネックの機能をいかに継続させていくかという方策を検討する．分析の手法としては，社内外でのビジネスの流れや取引先などとの相互依存関係分析，リスク管理関係の資料の確認，関係者によるインタビューやアンケートによって行われるのが一般的である．時間軸に沿った業務への影響を明らかにすることで，目標復旧時間（RTO）を設定し，事業継続の優先順位付けやBCP関係者の行動指針を設定・明確化することができる（図5.2参照）．

業務名			主管部署	関連部署	業務遂行上必要となるリソース				影響度分析結果			復旧優先度	RTO
区分	業務名	業務概要			業務遂行場所	利用システム名	必要人員数	その他必要資源	顧客影響度	収益資産影響度	社会的影響度		
管理	経営企画業務	経営計画の策定	経営企画部	—	本社	社内LANシステム(PC 5台)	5名		3	3	1	低い	1W
管理	法務関連業務	監督官庁対応	総務部		総務別棟		3名	電話，FAX	2	3	1	中位	24H
システム	顧客照会業務	顧客情報の照会，DBメンテナンス	情報システム部	営業部	コンピュータセンター	顧客照会システム，顧客情報DB	本社2名，センター2名	—	5	4	5	高い	2H
⋮	⋮	⋮	⋮	⋮	⋮	⋮	⋮	⋮	⋮	⋮	⋮	⋮	⋮

図5.2　ビジネスインパクト分析結果例

(a) 事業継続・復旧の優先順位付け

特定した事業・業務やそれに関連するリソースについて，影響度を総合的に勘案した上で，事業継続及び早期の事業再開の観点から，それぞれに優先順位を付ける．これに基づき資源配分や事業・業務停止時の再開順序を決定する．企業にとってどの事業を優先するかは，まさに経営判断であるといえ，経営層による了承が必要である．

(b) ボトルネックの特定

通常，一つの事態から複数の結果（シナリオ）が考えられるが，企業にとって最悪のシナリオ（事態）から優先して検討することにより，他のシナリオを

包含することが可能な場合もある．リスクが発生する事態（原因）だけに目を奪われず，事業を継続する上でボトルネックになるリソースの喪失を想定するとよい．

(c) 目標復旧時間の設定

目標復旧時間（RTO: Recovery Time Objective）とは，事業・業務の中断が発生した場合に，事業に重大な影響を及ぼさないうちに事業活動を復旧・再開させるための目標時間である．言い換えれば，どの程度まで中断が許容されるかの指標ともいえる．目標復旧時間を設定することは，ビジネスインパクト分析における主な成果物である．目標復旧時間は，図 5.3 に例示するように，事業・業務と，それに関連するリソースを特定した上で，影響度を分析する．加えて，顧客からの要請，社会的要請，さらには関係当局からの要請など，影響度を総合的に勘案した上で，事業部門側の役員の承認も得て組織として最終決定する必要がある．また，IT 部門においては，データ・システムの喪失をどれだけ許容できるかを示す目標復旧ポイント（RPO: Recovery Point Objective）を設定し，これに応じたバックアップシステムを構築することが重要になる（図 5.3 参照）．このように，BCP のビジネスインパクト分析においては，時間軸で考えることが非常に重要である．

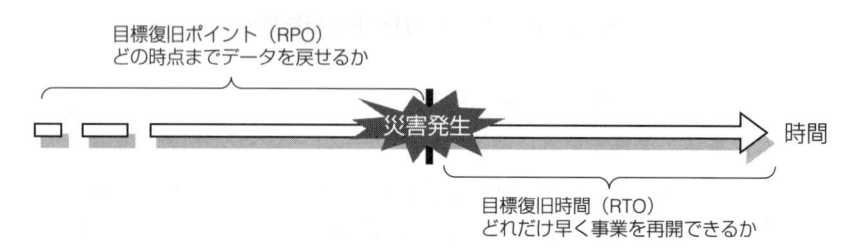

図 5.3　目標復旧時間と目標復旧ポイントの概念

(2) リスク分析

ビジネスインパクト分析の過程において，並行的に組織に存在するリスクの洗い出しと，そのリスクを低減させるための方策を検討するリスク分析・評価

も実施する．リスク分析・評価では，組織における重要な業務（重要業務），プロセス，関連するリソースを対象に関係するリスクを洗い出すことから始まる．洗い出されたリスクの脅威と発生可能性に関して，統計データ，新聞の記事，過去のトラブル報告書など利用可能なデータをできる限り収集し，それらのデータを参考にして，BCPの発動に至る可能性のある事態（リスク）を関係者で検討する必要がある．これにより，組織の事業継続にかかわる重要な事態（シナリオ）が明らかになる．

5.2.3　オーストラリア／ニュージーランドのBCMガイドブック

HB 221では，BCMのプロセスを次の九つに分けている（図5.4参照）．HB 221については第7章の7.2.4項でも解説する．

Step 1　開始
Step 2　リスク及びぜい弱性分析
Step 3　ビジネスインパクト分析の実施
Step 4　対応策の策定
Step 5　経営資源及び相互依存要件の策定
Step 6　選定した対策継続計画の策定
Step 7　コミュニケーション対策の策定
Step 8　訓練，維持及びテスト計画
Step 9　計画の発動及び利用

(1)　リスク及びぜい弱性分析

リスク及びぜい弱性分析は，BCMプロセスの第2ステップである．このステップでは，環境分析，リスク及びぜい弱性分析を行い，社内外のビジネスドライバー及び制約条件を包括的に理解し，BCM対策が必要なリスクを特定する．この分析は次のように行う．

A. 環境分析
目的：社内外のビジネスドライバー及び制約条件を包括的に理解する．

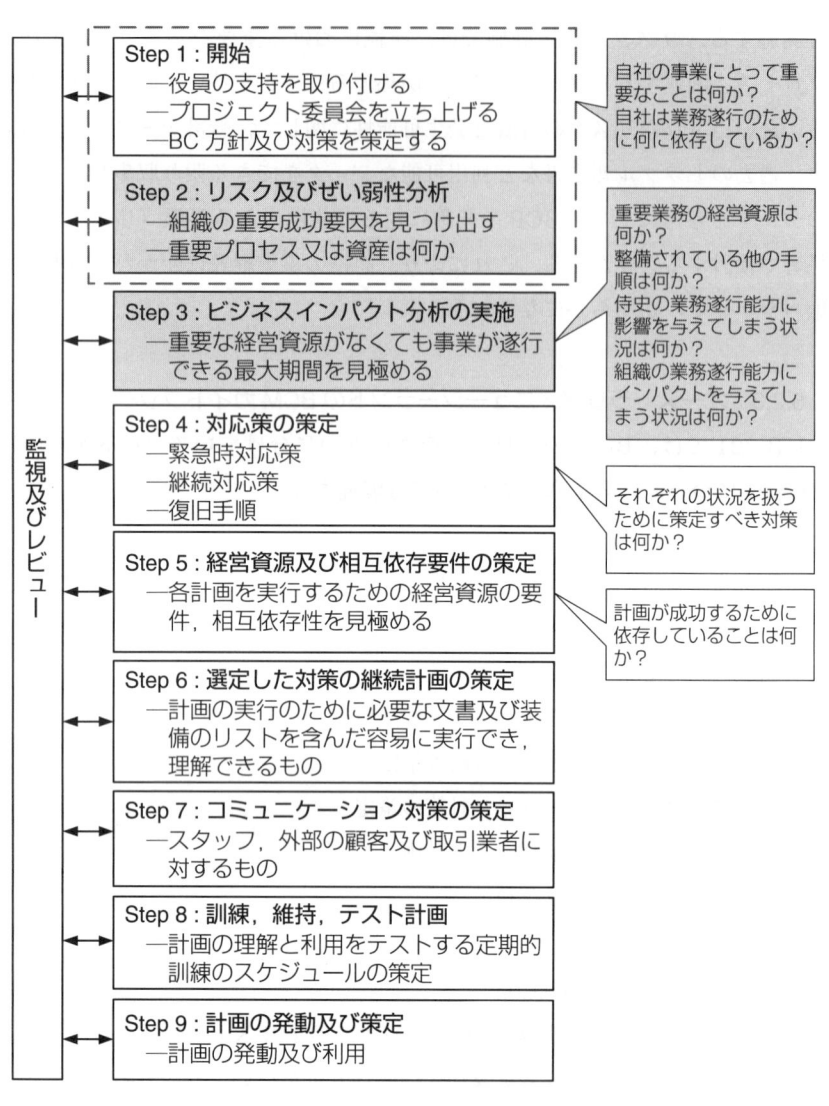

第 5 章　BCP 策定のための上級コース

```
┌─ Step 1：開始
│    ―役員の支持を取り付ける
│    ―プロジェクト委員会を立ち上げる        自社の事業にとって重
│    ―BC 方針及び対策を策定する             要なことは何か？
│                                            自社は業務遂行のため
│  Step 2：リスク及びぜい弱性分析            に何に依存しているか？
│    ―組織の重要成功要因を見つけ出す
│    ―重要プロセス又は資産は何か            重要業務の経営資源は
└─                                          何か？
                                             整備されている他の手
  Step 3：ビジネスインパクト分析の実施       順は何か？
    ―重要な経営資源がなくても事業が遂行     侍史の業務遂行能力に
     できる最大期間を見極める                影響を与えてしまう状
                                             況は何か？
  Step 4：対応策の策定                       組織の業務遂行能力に
    ―緊急時対応策                           インパクトを与えてし
    ―継続対応策                             まう状況は何か？
    ―復旧手順
                                             それぞれの状況を扱う
  Step 5：経営資源及び相互依存要件の策定     ために策定すべき対策
    ―各計画を実行するための経営資源の要     は何か？
     件，相互依存性を見極める
                                             計画が成功するために
  Step 6：選定した対策の継続計画の策定       依存していることは何
    ―計画の実行のために必要な文書及び装     か？
     備のリストを含んだ容易に実行でき，
     理解できるもの

  Step 7：コミュニケーション対策の策定
    ―スタッフ，外部の顧客及び取引業者に
     対するもの

  Step 8：訓練，維持，テスト計画
    ―計画の理解と利用をテストする定期的
     訓練のスケジュールの策定

  Step 9：計画の発動及び策定
    ―計画の発動及び利用
```

（左側：監視及びレビュー）

図 5.4　HB-221 の BCM プロセス

作業：① コア事業の目的，事業目的や成功要因を支える重要な事業機能を見つけ出す．
　　　② 経営陣のインタビューやワークショップ及び次の文書から情報を収集する．
　　　　　―アニュアルレポート
　　　　　―経営計画及び部門計画
　　　　　―役員会議事録
　　　　　―内部監査レビュー
　　　　　―既存の BCP
　　　　　―産業のレビュー及び動向
　　　　　―市場及び経済指標
　　　　　―マスコミのレポート
　　　③ SWOT 分析のようなツールを使って環境を評価する．
　　　　　注： SWOT 分析とは，主にマーケティング戦略や企業戦略立案で使われる分析で，組織の強み（Strength），弱み（Weakness），機会（Opportunity），脅威（Threat）の四つの軸から評価する手法のことをいう．

B. リスク及びぜい弱性分析

目的：① BCM 対策が必要なリスクを発見する．
　　　② BCP を通じて低減が必要なリスクを発見し，優先順位を付ける．業務及びその相互依存性のぜい弱性をリスク分析の一部として考慮する．この分析によって，何が重要業務で，どのような対策によって災害等の事象に対応し，事業を復旧するかを検討する必要があることが分かる．
作業：① 組織的なリスク分析を通じて発見したリスクに優先順位を付ける．
　　　② 次のようなツールにより，重要な項目を決定する追加の情報を得る．
　　　　　―環境分析

　　　　―経営者のインタビュー
　　　　―内部監査レビュー
　　　　―主要インフラ（key infrastructure）及びプロセスの分析

(2) ビジネスインパクト分析
A. インパクト分析
目的：中断が起きている間の潜在的な事業遂行上及び財政的なインパクトを決定する．
作業：BCPにおける技術的及び事業遂行上の要件を定める．

B. 重要業務機能
目的：中核事業の目的の達成を支える重要業務を洗い出す．
作業：① 重要業務の目的及び成功要因（BCMプロセス Step 1, 2 から）を利用し，重要業務を確認する．経営者及びグループワークショップ，質問票により情報を収集する．
　　　② 目的の達成に役に立つ中核機能及び主要プロセスを定める．高次のプロセスマップの開発は，このステップと遂行するために有用なツールである．

C. 重要な経営資源の要件
目的：最低限必要な業務が遂行できるように，重要業務にかかる経営資源の要件を定める．
作業：重要業務について最低限必要な次の経営資源の要件を定める．
　　　　―人員（専門家及びサポート）
　　　　―ITインフラ
　　　　―情報及びデータ（文書及び電子文書）
　　　　―事務所及び専門家が使用する装置
　　　　―什器，設備
　　　　―内部依存性及びインタフェース（例：他の事業部門）
　　　　―外部依存性及びインタフェース（例：供給者，請負業者，地

域社会，行政）
　　—現在の在庫保有

D. 中断のシナリオ
目的：重大な中断シナリオを策定する．
作業：主要なリスクによる被害想定を活用し，潜在的な事業中断シナリオの範囲を決める．

E. 最大受容中断時間
目的：重要業務機能ごとに，プロセスの喪失が全プロセスに影響を与えるまでの最大期間を定める．
　　注：これは最大許容中断期間（MTO）又は最大中断時間（MD）として知られている．

作業：① ある期間（例：時間，日，週，など）単位で各重要業務中断のビジネスインパクトを決定する．財務的及び非財務的インパクトに基づく主要な中断シナリオについてインパクトを決定する．表5.3から表5.5を利用し，BIAワークシート パート1（表5.6）

表5.3　組織への中断インパクトの例

インパクトの種類	インパクトのエリア
財務的インパクト （表5.4参照）	機会コスト 営業コストの増加 収入の喪失 物的損傷又はけがによる損失 資本価値 復旧期間中の支出の増加
非財務的インパクト （表5.5参照）	企業の評判，ブランド，逆風 法的，契約上，規制上の賠償責任 成果基準 知的財産権，ナレッジ及びデータ 政治的興味，うわさ，規制上の関心 ステークホルダーの信頼及び信用 従業員のモラル及び救援 管理統制の喪失

表5.4 財務インパクトの例

格付け	カテゴリ	解説
1	ささいな	財務損失＜EBITDA又は業務予算相当額の1%
2	小さい	財務損失＞EBITDA又は業務予算相当額の1%
3	中程度	財務損失＞EBITDA又は業務予算相当額の3%
4	大きい	財務損失＞EBITDA又は業務予算相当額の5%
5	極めて大きい	財務損失＞EBITDA又は業務予算相当額の10%

注) EBITDA: Earnings Before Interest, Taxes, Depreciation and Amortization（金利・税金・償却前利益）の略．税前利益に支払利息，固定資産の減価償却費を加えて求める．損益計算書の利益と並んで最近，企業の評価に多く用いられる．

表5.5 非財務インパクトの例

格付け	カテゴリ	解説
1	ささいな	事業に対するインパクトが測定できない
2	小さい	―企業活動又はサービス提供の小さな低下 ―事業の単一分野に限定されるインパクト ―限定的に利用可能な資源を使って部門管理者の関与が必要
3	中程度	―企業活動又はサービスの提供の重大な低下 ―複数の事業地域へのインパクト ―主要な経営者の関与により外部の支援がある程度必要
4	大きい	―企業活動又はサービスの提供の重大な低下 ―組織の存続を脅かす複数かつ異なる事業分野へのインパクト ―主要な経営者の関与が必要で，外部の支援を含め資源の大きな動員が必要
5	極めて大きい	―企業活動又はサービス提供の広範かつ全面的な低下 ―組織の当面の存続を脅かす組織の重要機能へのインパクト（また，進行中の企業維持に重大かつ長期的な疑いをもたらす） ―企業トップ及び役員会の関与が必要

5.2 BCP の分析深化

表 5.6 BIA ワークシート パート 1

部門	
氏名（相手方）	
役職	
電話番号	
事業所所在地	
E-mail	

部門	業務プロセス	場所	発生時期	財務インパクト（期間ごとにインパクトを算出する）			企業活動上のインパクト								
							事業目的 No.1（決定した事業ごとの業務プロセスを評価する）			事業目的 No.2（例：企業イメージ及び企業評判）			事業目的 No.3（組織の持つ事業の数に依存して、テンプレートを増やす）		
				1日	1週間	1か月	1日	1週間	1か月	1日	1週間	1か月	1日	1週間	1か月
例：製造	部品配送	千代田区	9月	1	2	5	1	4	5						

注）数字は表 5.4 及び表 5.5 による格付け

表 5.7 BIA ワークシート パート 2

部門	業務プロセス	場所	発生時期	全業務プロセスの格付け			克服できない未処理の仕事	最大需要中断時間 (MAO) 最大許容中断時間 (MTO) 最大中断時間 (MD) 目標復旧時間 (RTO)	現在の BCP は？	備考
				1 日	1 週間	1 か月	全体				
例：製造	部品配送	千代田区	9月	1	2	2	2.5	時間（分，時間，日，月）	時間（分，時間，日，月）	はい／いいえ	

注：数字は表 5.4 及び表 5.5 による格付け

及びパート 2（表 5.7）を完成させる．
② 組織が重要な業務機能なしで存続できる最大期間を決定するために必要な情報を整理する．

F. 未処理の仕事のインパクト
　目的：中断による未処理の仕事を処理するのに必要な総時間，コスト，資源を決定する．
　作業：見積もりは，ある決められた期間のインパクトの性質及び重大性に基づいて行う．

G. 代替の回避策
　目的：既存の回避策及び事業継続準備策を検討し，文書化する．
　作業：① あらゆる公式又は非公式の BCP 又は手順の存在を見極める．
　　　　② 「定型的な」中断に適用する既存の回避策を決定する．

5.3　緊急時における BCP の発動

　緊急事態が発生した際，BCP に定めた事業継続対策を実行する手順を解説するとともに，緊急事態の種類ごとに初動対応のポイントを示す．
　BCP 策定・運用サイクルの一環として，緊急事態が起こる前に勉強会を開いたり，訓練を行ったりして，企業の経営者及び従業員全員で予習しておくとよい．

5.3.1　緊急時における BCP 発動フロー

　緊急事態が発生した場合の BCP の発動フローは，基本的に次のとおりである（図 5.5 参照）．
　① 緊急事態が発覚したら，初動対応（緊急事態の種類ごとに違いあり）を行う．
　② なるべく速やかに，顧客等へ被災状況を連絡するとともに，中核事業の継続方針を立案し，その実施体制を確立する．

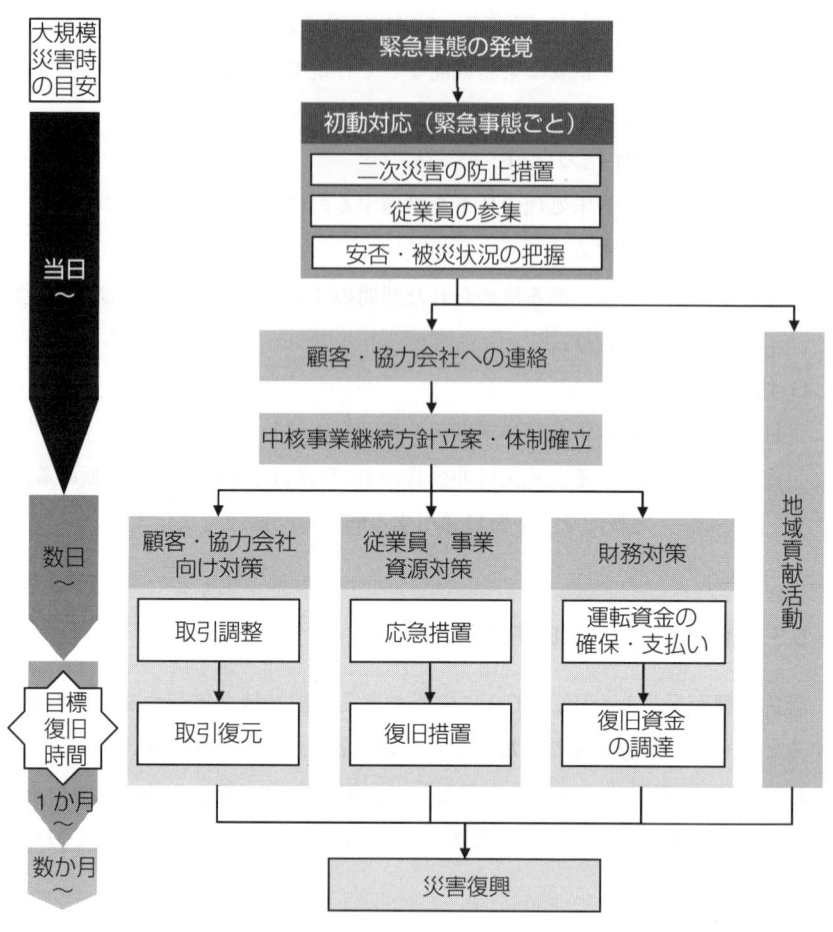

図5.5 緊急時におけるBCP発動フロー

③ 中核事業継続方針に基づき，顧客・協力会社向け対策，従業員・事業資源対策，財務対策を併行して進める．また，できる範囲で地域貢献活動も実施する．
④ 緊急事態の進展・収束に合わせて，応急対策，復旧対策，復興対策を進める．

ただし，実際の緊急事態は多種多様であり，時間の経過に従って事態が変化

するため，経営者のリーダーシップの下，緊急事態の進展を予測し臨機応変に判断・行動することが求められる．緊急事態の進展に合わせて，対応体制を拡大したり，判断者をより上位者に移行したり，対策内容を高めていったりすることをエスカレーション（escalation）という．

5.3.2 フローに沿った実施項目

発動フローに沿って，初動対応，緊急対策，応急・復旧対策，地域貢献活動，復興対策ごとに事業継続のための実施項目を示す．

なお，実施項目を掲載している表は，実際の緊急時にチェックリストとして利用することもできる．

(1) 初動対応

緊急事態が発覚したら，発見者は従業員に周知した上で，二次災害の防止措置，従業員の参集，安否・被災状況の把握を実施する．初動対応においては，顧客や従業員とその家族，地域住民の安全を守ることを最優先させる．

なお，緊急事態の種類ごとの初動対応のポイントは 5.3.3 項を参照のこと．

(a) 二次災害の防止措置

現場にいる従業員の判断で，顧客や従業員の安全を第一に被害を拡大させないよう措置を行う．経営者が現場に居合わせた場合は，従業員に指示を出す（表 5.8-1 参照）．

(b) 従業員の参集

就業時間外等に緊急事態が発生した場合，経営者自身及び従業員は，会社等に参集する．例えば大地震では，従業員の被災や交通機関の混乱（特に都市部）により，従業員の出社が困難となることを踏まえ，BCP を策定しておく必要がある（表 5.8-2 参照）．

(c) 安否・被災状況の把握

顧客，従業員とその家族の安否の確認を最優先する．次に，中核事業の継続・復旧を検討するため，事業所内外の被害状況を確認する（表 5.8-3 参照）．

表 5.8-1 緊急時における実施項目（初動対応）

二次災害の防止措置		チェック欄
●事業所からの退避	—事業所にとどまっていると危険な場合，お客様や従業員を事業所の外の安全な場所に退避させる． —退避が必要な状況としては，津波の来襲，洪水，土砂災害，火災，有毒ガスの漏えいなど．	
●応急手当や初期消火	—負傷者の救出や応急手当を行う． —火災が発生した場合は初期消火を行う．	
●警察・消防への通報	—事件性がある場合は110番通報する． —火災発生時や救急車出動要請の場合は119番通報する． —その他，法律や協定で決められた機関がある場合は，そこに通報する．	
●重要書類の保護	—重要書類が損傷するおそれのある場合，事業所内の安全な場所に移動するか，事業所外へ持ち出す． —重要書類が損傷した場合，あらかじめ別の場所に保管していた書類のコピーでしかるべき処置を行う．	

表 5.8-2 緊急時における実施項目（初動対応）

従業員の参集		チェック欄
●経営者の対応	—社外にいる場合，直ちに出社する． —出社までの間，電話等で従業員に指示を出す．	
●従業員の参集	—就業時間外に緊急事態が発生した場合，従業員を招集する． —地震や風水害では従業員が自主的に参集する基準を事前に設けておく．	

5.3　緊急時におけるBCPの発動　　147

表5.8-3　緊急時における実施項目（初動対応）

	安否・被災状況の把握	チェック欄
●お客様，従業員とその家族の安否	―来所中のお客様に負傷がないか確認する． ―従業員とその家族に負傷がないか，住家の損傷がないかを確認する． ―従業員と電話がつながらない場合，近所の従業員等に様子を見に行かせる．	
●建屋,生産機械,通信機器	―事業所内への立入りが危険でなくなってから実施 ―建屋の損傷状況を調べる． ―生産機械の損傷状況を調べる． ――般電話，携帯電話，FAX，インターネット等の通信機器が使えるかどうかを調べる．	
●情報システム	―事業所内への立入りが危険でなくなってから実施 ―パソコン，ソフトウェアが使えるかどうかを調べる．	
●地域住民や近隣事業所	―延焼火災や有毒ガス漏えい等，直ちに避難が必要な状況でないかどうかを調べる． ―初期消火や下敷き者の救出等，地域貢献活動が必要な状況かどうかを把握する．	
●自然災害，交通やライフライン	―大雨の場合，河川増水の状況や土砂災害の兆候に注意する． ―交通機関の混乱状況を調べる． ―電気，ガス，上下水道の停止状況を調べる． ―それらの情報源としては，ラジオ，インターネット，テレビ，電話問合せなどがある．	

(2)　事業継続のための緊急対策

初動対応が済んだら，経営者がリーダーシップをとり，従業員に事業継続のための緊急対策を指示する．

できる限り速やかに顧客・協力会社と連絡を取ることが大切である．安否・被害状況の把握結果を踏まえ，中核事業の継続方針を立案し，その実施体制を確立する．

(a) 顧客・協力会社への連絡

顧客及び協力会社との連絡手段を確保し，被災状況等について相互に報告する（表5.9-1参照）．

(b) 中核事業の継続方針立案・体制確立

中核事業が受けたダメージを判断した上，中核事業の目標復旧時間等の継続方針を立案するとともに，それを実施するための体制を確立する（表5.9-2参照）．

表5.9-1　緊急時における実施項目（緊急対策）

顧客・協力会社への連絡		チェック欄
●連絡手段の確保	―顧客や協力会社との連絡手段を確保する． ―電話，メールのほか，従業員による自転車往来を含めて，あらゆる手段を検討する．	
●顧客への被災状況報告	―顧客に対して，事業所の被災状況，今後の納品等のめど，確実な連絡手段，次回の連絡時期を報告する．	
●協力会社の被災状況把握	―協力会社に対して，事業所の被災状況，今後の納品のめど，確実な連絡手段，次回の連絡時期について報告を求める．	

(3) 事業継続のための応急・復旧対策

事業継続方針に従い，顧客・協力会社向けの対策，従業員・事業資源に関する対策，財務に関する対策を並行して実施する．経営者が全体を統括し，各々にサブリーダーを置くとよい．

(a) 顧客・協力会社向け対策

顧客及び協力会社と代替生産及び事業資源復旧後の取引復元について調整の上，この調整結果に従って代替生産及び取引復元を実施する（表5.10-1参照）．

(b) 従業員・事業資源対策

従業員と事業継続について情報共有を行うとともに，被災した従業員に対して可能な限り生活支援を行う．同時に事業継続に必要な資源の代替調達や早期

5.3 緊急時における BCP の発動

表 5.9-2 緊急時における実施項目（緊急対策）

中核事業の継続方針立案・体制確立		チェック欄
●中核事業のダメージ判断	—中核事業について，ボトルネックとなる事業資源の被災状況等から，中核事業が被ったダメージの大きさを把握する． —ボトルネックとなる事業資源としては，顧客や協力会社，従業員，建屋や生産機械，情報システム，ライフライン，交通機関などが挙げられる．	
●目標復旧時間設定	—あらかじめ検討していた「目標復旧時間のめど」をもとに，現在の被災状況，今後の事態進展の予測を考慮して設定する． —顧客の納得が得られるか，復旧後に経営が成り立つか，現実的かどうかを総合的に考えて設定する． —下記の「財務の予測診断」の結果も考慮する．	
●応急・復旧対策方針の決定	—事業資源の損害が大きい場合，次のどの方針で目標復旧時間内に中核事業の復旧を目指すかを決定する（組合せもある）． 　①現在の事業所を復旧させて操業 　②代替場所に生産機械等を移動して操業 　③他社等に生産を一時移管する．	
●財務の予測診断	—財務診断モデルを用いて，復旧費用，今後のキャッシュフロー，不足資金を予測する． —予測結果は融資申請の際にも役立てる．	
●実施体制の確立	—指揮命令系統と役割分担を従業員に明示する． —必要なら，会社 OB，協同組合，取引企業等から要員応援を仰ぐ（あるいは応援を出す）．	
●拠点場所の確保	—事業所が損傷した場合，顧客や協力会社と連絡が取れ，従業員を指揮できる拠点場所を確保する（自宅やプレハブ，自動車でもよい）．	

表 5.10-1　緊急時における実施項目（応急・復旧対策）

	顧客・協力会社向け対策	チェック欄
●取引調整（他社等への一時移管を含む）	―顧客に対して今後の納品等の計画を説明し了解を得る． ―必要に応じて，他社での一時的な代替生産等を調整する（顧客を通じてあるいは協同組合内で）． ―協力会社に対して今後の納品等の計画の説明を求め，必要に応じて，他社での一時的な代替生産等を調整する． ―顧客や協力会社との取引ルールとして，他社での代替生産は一時的なものであり，復旧後は発注を戻すことを原則とする．	
●取引復元	―自社の事業資源が復旧した時点で，代替生産を引き上げ，顧客に被災前の取引に復元してもらう（上記の調整結果どおり）． ―協力会社の事業資源が復旧した時点で，代替生産を引き上げ，被災前の取引に復元する（上記の調整結果どおり）．	

復旧を行う（表 5.10-2 参照）．

(c)　財務対策

当面の運転資金を確保した上，さらには事業復旧のための資金を確保する．大規模な地震や風水害などで災害救助法が適用されると，商工会議所や商工会などに特別相談窓口が設置されたり，都道府県や市町村，政府系金融機関（商工中金，国民生活金融公庫，中小企業金融公庫など）による緊急貸付制度が発足したりするので，活用する（図 5.10-3 参照）．

(4)　地域貢献活動

事業継続対策と並行して余力があれば，会社の業種の特性を活かした地域貢献活動を行う．市役所や町村役場，社会福祉協議会，地元自治会，NPO と連携しつつ，協同組合や商店街等で各社の役割分担を決めて行うと効果的である（表 5.11 参照）．

5.3 緊急時におけるBCPの発動

表5.10-2 緊急時における実施項目(応急・復旧対策)

	従業員・事業資源対策	チェック欄
●従業員との情報共有と生活支援	―全従業員に対して事業継続方針を説明し,適宜,その進捗状況を示す. ―従業員の食事や日用品等を確保する. ―従業員の本人や家族が死傷した場合,できる限りの配慮を行う. ―住家が被災した従業員に対して,可能であれば仮住居を提供する.	
●建屋の修理・一時移転	―建屋が損傷した場合,その修理を建設会社等に要請する(目標復旧時間に間に合うスケジュールで). ―建屋の早期復旧が困難な場合は,他の場所に移転する.	
●生産機械の修理・調達	―生産機械の修理・調達を専門メーカー等に要請する.	
●情報システムの回復	―パソコン等ハードウェアの修理・調達を専門メーカー等に要請する. ―ソフトウェアの破損は,あらかじめバックアップしていたデータを用いて回復させる.	
●供給品の調達	―通常のルートからの調達が困難な場合,あらかじめ定めた代替ルート(業者や搬送方法)により調達する.	

(5) 災害復興対策

大規模災害では都道府県や市町村等の復興計画が立案さる.こうした復興計画とも連携し,会社の事業の再編や拡大を考えるとよい.その際,協同組合等を受け皿に災害復旧高度化資金を利用する案もある.詳細は,中小企業基盤整備機構又は都道府県の中小企業担当部署に問い合わせること.

5.3.3 緊急事態ごとの初動対応

初動対応においては,顧客や従業員とその家族,地域住民の安全を守ることが最優先される.そのポイントは緊急事態の種類によって異なるものと考えられる.

表5.10-3 緊急時における実施項目（応急・復旧対策）

財務対策		チェック欄
●運転資金の確保	―緊急時発生後1か月間，当面必要な運転資金を確保する． ―銀行預金（積立金）を引き出す． ―必要に応じて，地方自治体等の制度による緊急貸付を受ける．	
●決済不渡り対策	―発行済みの手形が不渡りにならないよう，取引銀行等と調整する．	
●仕入支払い・給与支払い	―できる限り，協力会社や納品業者等に対して過日分の支払いを行う． ―できる限り，従業員に対して給料を支払う．	
●復旧資金の確保	―財務診断結果から，建物や生産機械の修理費用等，復旧に必要な費用を見積もる． ―損害保険や共済の支払いを受ける． ―証券等の資産を売却する． ―必要に応じて，政府系金融機関等から災害復旧貸付を受ける．	

表5.11 緊急時における実施項目（地域貢献活動）

地域貢献活動		チェック欄
●被災者の救出・応急救護・初期消火	―会社の近所で被災者や火災が発生した場合に協力する．	
●商品等の提供	―食料品や日用品の小売業の場合，在庫商品を避難所に無償提供する案もある．	
●ボランティア活動	―損傷した住家の後片付け，救援物資の仕分け等のボランティア活動がある． ―従業員の自主的なボランティア参加を支援する（ボランティア保険の負担等を含め）． ―必要に応じて，従業員に業務としてボランティア活動に参加させることも検討する．	

5.3 緊急時におけるBCPの発動　　153

典型的な緊急事態として，地震災害，風水害，火災，集団感染について，初動対応のポイントを以下に示す．これらのポイントを事前に理解しておくと，効果的な初動対応を行うことができる．

(1) 地震災害

突発的に地震が発生した場合の初動対応のポイントとフローを示す（図5.6参照）．

地震に関する情報は次のホームページで見ることができる．

―気象庁（地震情報）http://www.jma.go.jp/jp/quake/

―気象庁（津波情報）http://www.jma.go.jp/jp/tsunami/

―気象庁（東海地震関連情報）http://www.jma.go.jp/jp/quake_tokai/

―防災科学技術研究所（高感度地震観測網）http://www.hinet.bosai.go.jp/

なお，東海地震に限っては警戒宣言（地震予知に基づく事前対応）が発出されることが考えられ，その場合，地震対策強化地域内では企業活動は原則として停止することが求められている．

(a) 発災直後の安全確保

発災直後は，自分の身の安全を確保することが大切である．落下物に気を付けつつ，大きな什器等から離れて机の下等に隠れて様子を見守る．

(b) 津波から避難する

津波の危険性がある場合には，早急に高台等の指定避難場所に避難することが必要である．特に津波の危険性が指摘されている地域では，大きな揺れを感じたら素早く避難を開始することが求められる．津波は第2波や第3波が最大波高となる場合が多く，いったん津波が引いた場合でも沿岸部や浸水地域には近づいてはならない．

(c) 二つの安全確認を行う

安全な場所に避難するかどうかは，建物の被災状況とともに，土砂災害や堤防決壊等による影響も踏まえて判断する．気象庁の震度階級関連解説表には，主に震度6弱以上で建物被害が発生すると記載されている．ただし，1981年

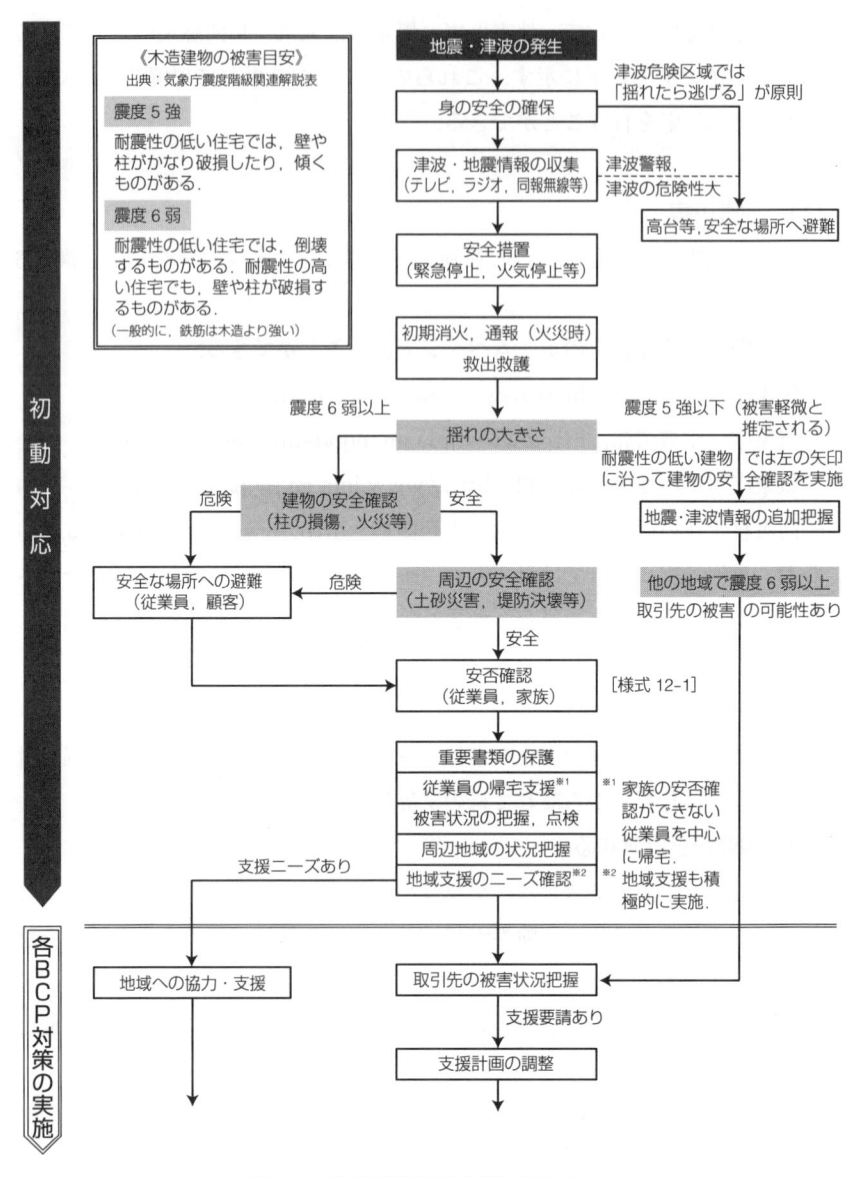

第5章　BCP策定のための上級コース

《木造建物の被害目安》
出典：気象庁震度階級関連解説表

震度5強
耐震性の低い住宅では、壁や柱がかなり破損したり、傾くものがある。

震度6弱
耐震性の低い住宅では、倒壊するものがある。耐震性の高い住宅でも、壁や柱が破損するものがある。
（一般的に、鉄筋は木造より強い）

【初動対応】

- 地震・津波の発生
- 身の安全の確保 ← 津波危険区域では「揺れたら逃げる」が原則
- 津波・地震情報の収集（テレビ、ラジオ、同報無線等） → 津波警報、津波の危険性大 → 高台等、安全な場所へ避難
- 安全措置（緊急停止、火気停止等）
- 初期消火、通報（火災時）
- 救出救護
- 揺れの大きさ
  - 震度6弱以上 → 建物の安全確認（柱の損傷、火災等）
    - 危険 → 安全な場所への避難（従業員、顧客）
    - 安全 → 周辺の安全確認（土砂災害、堤防決壊等）
      - 危険 → 安全な場所への避難
      - 安全 → 安否確認
  - 震度5強以下（被害軽微と推定される）　耐震性の低い建物では左の矢印に沿って建物の安全確認を実施
    - 地震・津波情報の追加把握
    - 他の地域で震度6弱以上　取引先の被害の可能性あり
- 安否確認（従業員、家族）［様式12-1］
- 重要書類の保護
- 従業員の帰宅支援※1
- 被害状況の把握、点検
- 周辺地域の状況把握
- 地域支援のニーズ確認※2

※1 家族の安否確認ができない従業員を中心に帰宅。
※2 地域支援も積極的に実施。

【各BCP対策の実施】

- 支援ニーズあり → 地域への協力・支援
- 取引先の被害状況把握
- 支援要請あり → 支援計画の調整

図5.6　地震災害時の初動対応フロー

の改正建築基準法以前に建設された古い建物は，震度5強以下でも倒壊等するおそれがある．

(d) 各自がルールに従い行動する

発災直後は混乱していて経営者が自らすべての指示を出すことが困難な場合もあり，従業員が自発的に行動できるように，初動対応の実施項目や各自の役割を従業員に周知しておく．

(e) 会社以外の場所にいる場合の対応

地震が発生したとき，会社にいるとは限らない．在宅時や通勤中，就業時間内の外出中の場合も考えられる．いずれの場合も会社への連絡は必要であるが，出社すべきかどうか等の基準（考え方）をあらかじめ決めておく．連絡先や出社基準を携行カードに記載し，すべての従業員に配付しておくとよい．

(f) 他の地域の状況も確認する

自分たちが被災しない場合でも，他の地域で大きな被害が発生して取引先が被災した場合には間接的な影響が予想されるため，他の地域の状況も確認する．

また，地域に対しては，できる範囲の貢献活動を自主的に実施することが望ましい．

(2) 風水害

風水害には，河川氾濫による浸水（堤防決壊や越水，内水氾濫等），土砂災害（土石流，山腹崩壊等），沿岸部の浸水（高潮）などの被害がある．事業所が立地している地域の風水害特性を事前に把握しておくとともに，台風シーズン等には気象情報等を常に注意することが大切である．

風水害が発生した場合の初動対応のポイントとフローを示す（図5.7参照）．

(a) 警戒段階からの対応

風水害に対しては，台風の接近や大雨警報の発出といった警戒段階から対応を始めることにより，被害低減が可能である．

例：重要資産の高層階への移動，データのバックアップ，土のう・止水板の

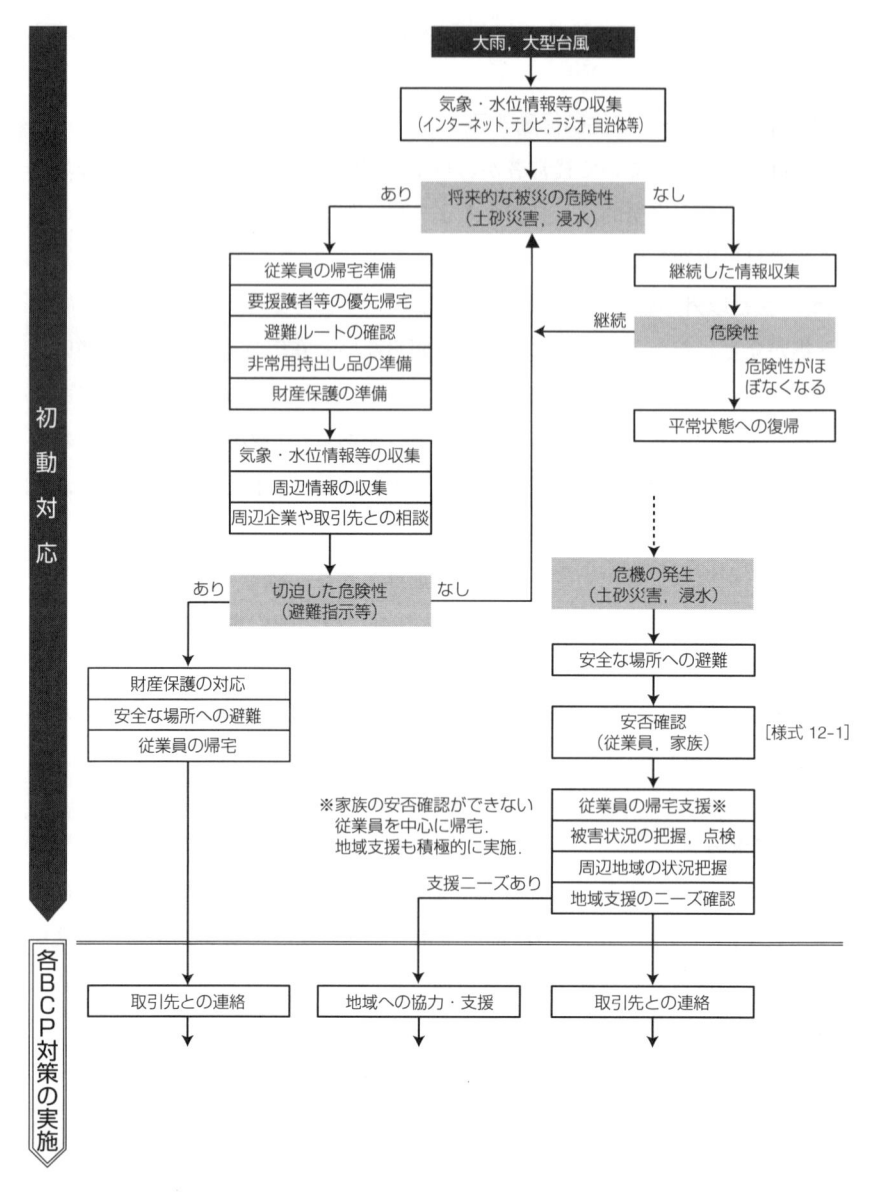

第5章 BCP策定のための上級コース

```
                    ┌──────────────┐
                    │ 大雨，大型台風 │
                    └──────┬───────┘
                           ▼
            ┌────────────────────────────┐
            │ 気象・水位情報等の収集          │
            │ (インターネット,テレビ,ラジオ,自治体等) │
            └──────────────┬─────────────┘
                           ▼
               あり ┌─────────────────┐ なし
          ┌────────│ 将来的な被災の危険性 │────────┐
          │        │ (土砂災害，浸水)    │        │
          ▼        └─────────────────┘        ▼
   ┌───────────────┐                  ┌──────────────┐
   │ 従業員の帰宅準備  │                  │ 継続した情報収集 │
   │ 要援護者等の優先帰宅│                 └──────┬───────┘
   │ 避難ルートの確認  │               継続       ▼
   │ 非常用持出し品の準備│          ┌────────────────┐
   │ 財産保護の準備   │           │    危険性       │
   └───────┬───────┘           └──────┬─────────┘
           ▼                    危険性がほぼなくなる
   ┌───────────────┐                  ▼
   │ 気象・水位情報等の収集│          ┌──────────────┐
   │ 周辺情報の収集   │           │ 平常状態への復帰 │
   │ 周辺企業や取引先との相談│       └──────────────┘
   └───────┬───────┘
           ▼
   あり ┌─────────┐ なし              ┌──────────────┐
  ┌────│切迫した危険性│────────────────│  危機の発生    │
  │    │(避難指示等) │                  │(土砂災害，浸水)│
  │    └─────────┘                   └──────┬───────┘
  ▼                                         ▼
┌──────────────┐                      ┌──────────────┐
│ 財産保護の対応  │                      │ 安全な場所への避難│
│ 安全な場所への避難│                     └──────┬───────┘
│ 従業員の帰宅   │                              ▼
└──────┬───────┘                      ┌──────────────┐ [様式12-1]
       │                               │ 安否確認       │
       │    ※家族の安否確認ができない     │ (従業員，家族) │
       │      従業員を中心に帰宅．       └──────┬───────┘
       │      地域支援も積極的に実施．           ▼
       │                               ┌──────────────┐
       │                支援ニーズあり   │ 従業員の帰宅支援※│
       │         ┌──────────────────── │ 被害状況の把握，点検│
       │         │                     │ 周辺地域の状況把握│
       │         │                     │ 地域支援のニーズ確認│
       │         │                     └──────┬───────┘
       ▼         ▼                             ▼
   ┌─────────┐ ┌─────────────┐       ┌──────────────┐
   │取引先との連絡│ │地域への協力・支援│    │取引先との連絡  │
   └─────────┘ └─────────────┘       └──────────────┘
```

初動対応 / 各BCP対策の実施

図 5.7 風水害時の初動対応フロー

設置

(b) 気象情報等の把握

　気象や河川水位，土砂災害に関する情報が，インターネットにより気象庁や国土交通省（河川事務所），都道府県のホームページに公開されている．また，テレビやラジオで把握可能な情報も多い．

　例：インターネット情報の例
　　　―気象庁（台風等の情報）　　　http://www.jma.go.jp/jma/index.html
　　　―国土交通省（水位情報等）　　http://www.river.go.jp/
　　　―国土交通省防災情報提供センター
　　　　http://www.bosaijoho.go.jp/knowledge.html

(c) 早期の避難

　避難勧告や避難指示が出ても既に浸水が始まっていたり，大雨で移動しにくい等の避難が困難な状況となっている可能性がある．最近では，お年寄り等の避難を早めに開始するために気象庁から避難準備情報が出るようになったので，この情報も参考にして，避難や従業員の帰宅は前倒しに行うことが大切である．

(3) 火　災

　火災は，予防対策の充実が不可欠であるが，放火や隣接事業所からの延焼等も考えられる．火災が発生した場合には，初期消火，消防署への通報，周辺企業や住民への周知を並行して行うこと，火災現場から逃げ遅れないことが大切である．

　火災が発生した場合の初動対応のポイントとフローを示す（図5.8参照）．

(a) 「発見」，「初期消火」，「通報」はワンセット

　原則として小火（ぼや）で済みそうな場合でも，被害が拡大する危険性があることから，火災を発見した場合には直ちに消防署に通報する．

(b) 初期の役割分担

　火災を発見した後の「初期消火」，「消防への通報」，「周辺企業や住民への周

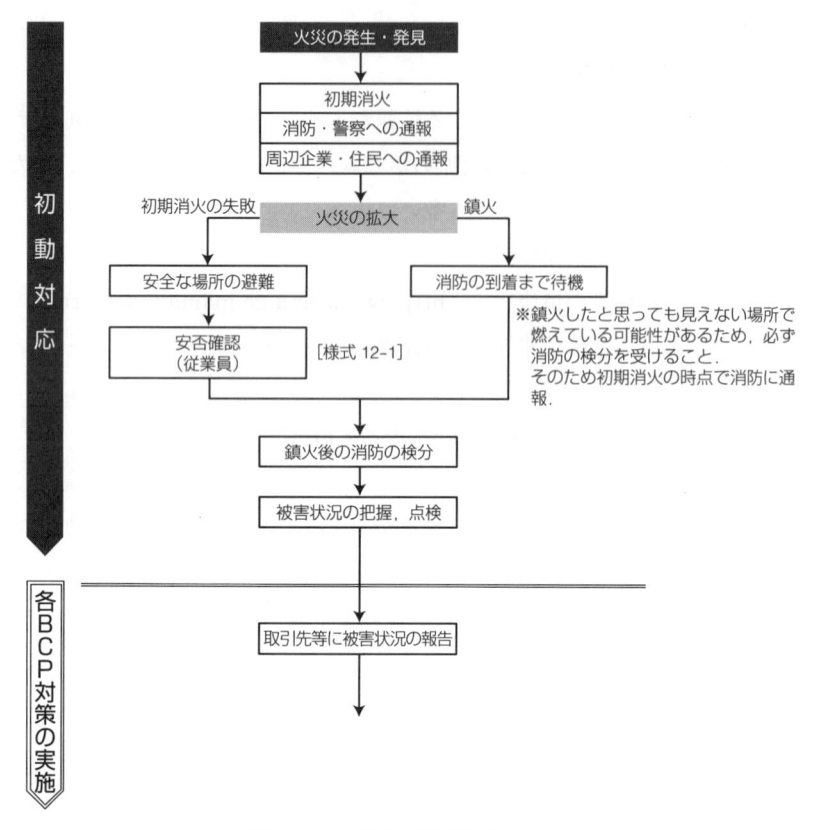

```
初動対応
    ┌─────────────────┐
    │  火災の発生・発見  │
    └─────────────────┘
            ↓
    ┌─────────────────┐
    │     初期消火      │
    │ 消防・警察への通報 │
    │周辺企業・住民への通報│
    └─────────────────┘
   初期消火の失敗 ↓    ↓ 鎮火
    ┌─────────────────┐
    │    火災の拡大    │
    └─────────────────┘
     ↓              ↓
 ┌──────────┐  ┌──────────────┐
 │安全な場所の避難│  │消防の到着まで待機│
 └──────────┘  └──────────────┘
     ↓
 ┌──────────┐
 │ 安否確認   │［様式 12-1］
 │（従業員）  │
 └──────────┘
```

※鎮火したと思っても見えない場所で燃えている可能性があるため，必ず消防の検分を受けること．そのため初期消火の時点で消防に通報．

```
     ↓
 ┌──────────────┐
 │ 鎮火後の消防の検分 │
 └──────────────┘
     ↓
 ┌──────────────┐
 │ 被害状況の把握, 点検│
 └──────────────┘
```

各BCP対策の実施

```
     ↓
 ┌──────────────────┐
 │取引先等に被害状況の報告│
 └──────────────────┘
     ↓
```

図 5.8　火災時の初動対応フロー

知」は直ちに並行して実施する必要があるため，事前に役割分担を決めておく．

(c)　初期消火の中止・避難

壁や天井まで火が回ったら，初期消火による鎮火は無理なので，直ちに初期消火を中止し避難する必要がある．また，火災発生から3分程度経過すると酸欠や有毒ガス発生の危険性が高まるといわれているので注意が必要である．

(d)　周辺企業や住民への周知

延焼の危険性もあることから，火災を発見した時点で消防のみならず，周辺

企業や住民にも周知する．

(e) 必ず鎮火後に消防署の検分を受ける

小火の場合でも火種が残っており，後に再出火するおそれがあるので，必ず消防署の検分を受けることが大切である．

(4) 従業員の集団感染

我が国でもインフルエンザ等の感染症が流行することがある．特に，狭いスペースで大勢が長時間執務する職場内では感染が拡大するおそれがある．このため，感染症が発覚した場合には徹底した拡大防止措置を実施することが大切である．

感染症については，次のようなホームページから情報を入手することができる．

　―国立感染症研究所　　　http://www.nih.go.jp/niid/
　―感染症情報センター　　http://idsc.nih.go.jp/index-j.html
　―日本旅行業協会　　　　http://tabitokenko.visitors.jp/type/

感染症が発生した場合の初動対応のポイントとフローを示す（図5.9参照）．

(a) 拡大防止措置の徹底

感染症には潜伏期間があるため，その場では大丈夫なように見えても後で発症する場合もある．このため，一人でも感染の疑いのある者が出た場合には，その従業員に休みを取らせ医療機関で診察させる．また，従業員全員に対して，手洗いやマスクの着用，定期的な空気の入替え，消毒等を行わせる．

(b) 顧客の感染防止措置

従業員の感染に伴い，顧客が感染した場合には企業の社会的信頼が低下する．感染ルート（空気感染，接触感染等）に応じて，事業所の一時休業を含め，顧客の感染防止措置を徹底する．

　例：2005年10月　川崎市，ネットカフェでの集団結核感染（従業員，利用者）
　例：2005年6月　東京都，学習塾での結核集団感染

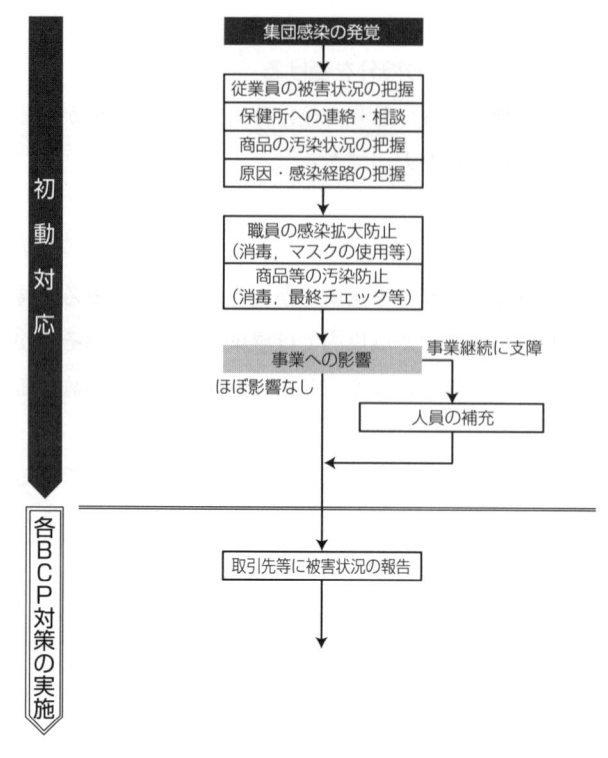

図5.9 感染症発生時の初動対応フロー

例: 2002年8月 日向市,市温泉施設でのレジオネラ集団感染(死者発生)

(c) 保健所に相談

一般に感染症に関する知識は少ない.感染者には病院で治療を受けさせるとともに,拡大防止措置等について保健所に相談するとよい.

5.4 財務診断モデル（上級コース）

5.4.1 資産の損壊と貸借対照表・キャッシュフローへの影響

事故・災害で会社の資産が損壊した場合の貸借対照表への影響・損害保険金のてん補額の上限金額，キャッシュフローへの影響金額を製造業の場合について表 5.12 にまとめた．

表 5.12 資産の損壊と貸借対照表・キャッシュフローへの影響

項 目		資産の損壊	貸借対照表への影響金額	損害保険のてん補額(実損金額)	キャッシュフローへの影響金額
流動資産	棚卸資産	全損・半損等	簿価減少	再調達価額*	再調達価格
固定資産	建 物（工場）	全壊・半壊等	簿価減少	再調達価額*	構造等の変更も含む復旧費用
	機 械	全損・半損等	簿価減少	再調達価額*	新鋭機械への更新等も含む復旧費用
	器具・工具	全損・半損等	簿価減少	再調達価額*	再調達価格

* 損害保険業界の用語．再調達価格のこと．

すなわち，製造業の場合，事故・災害発生時に資産（工場の建物・機械など）が損壊した場合，貸借対照表上は簿価（帳簿上の価格，建物・機械などでは減価償却後の金額）が資産の減少額として計上される．

しかし，実損金額（実際の損害額）は再調達価格（損壊した資産と同じ資産を今購入したら幾ら支払わなければならないか）になる．損害保険は実損をてん補するものであるから，実損金額は保険金支払いを受ける場合の上限である（ただし特約でその他の費用が支払われる場合がある）．

キャッシュフローを考える場合には「この際，建物の構造を木造から鉄骨造りに変える」とか「最新鋭の機械に更新する」など再建に必要な金額（復旧費用）が必要となる．この際，事業を中核事業だけに縮小し，工場・機械も小規模化して再建するというケースもあり得るので，実損金額と復旧費用とは一致しないことが多い点に留意を要する．

貸借対照表上は，資産の損壊により減少する金額は簿価になる．資産の損壊

は損益計算に影響し，最終的には自己資本の減少をもたらす．

　財務診断モデルでは，事業を継続するためには復旧費用が最も重要な事項であるという観点から，貸借対照表や損益計算書の変動には触れず，もっぱら復旧費用の算定・調達を検討している．

5.4.2　資産の損壊と損益計算書・キャッシュフローへの影響

　事故・災害の発生が会社の損益計算書やキャッシュフローにどのように影響するかを，表 5.13 にまとめた．

5.4.3　事故・災害の種類ごとの検討

　事故・災害の種類ごとにどの程度の影響が生じるかについて，表 5.14 を使って検討しておきたい．対策を要する緊急事態について，各々復旧費用の算定が必要である．

5.4.4　中核事業・非中核事業，事業所が複数の場合の復旧費用の算定

　財務診断モデル基本コース・中級コースは，企業の事業所が 1 か所の場合を前提にしている．しかし企業の事業所は 1 か所とは限らない．

　また，財診断モデル基本コース・中級コースでは，中核事業と非中核事業も区別することなく全事業を一体のものとして検討している．中核事業と非中核事業を分ける，中核事業が複数のケースもあり得る．

　中核事業が二つある場合で，復旧費用の計算，事業所（工場）が 2 か所以上あるケースついて簡記する．

（1）　中核事業及びその他部門の総復旧費用の算定

　中級コースに準じて，中核事業①，中核事業②，その他事業③に分けて復旧費用総額を算出する（表 5.15 による）．

5.4 財務診断モデル（上級コース）

表 5.13 事故・災害の発生と損益計算書・キャッシュフローへの影響

項　目	金　額	損益計算書への影響	キャッシュフローへの影響
売上高	減　少	事業中断・風評被害により売上げが減少する[1].	売上入金の減少がキャッシュフローを悪化させる.
売上原価	売上の減少に対し，変動費は減少するが，固定費は減少しない[2].	売上原価率の上昇をもたらし，損益が悪化する.	損益の悪化がキャッシュフロー悪化の原因となる.
売上利益	減　少	売上げの減少と，売上原価率の上昇のダブルパンチで利益が減少し，場合によっては赤字となる.	（売上利益減少額）から（売上原価中の減価償却費）を差し引いた金額がキャッシュフロー悪化の原因となる.
一般管理費・販売費	変動費の部分が若干減少する.	売上げの減少にかかわらず費用はあまり減少しない.	一般管理費・販売費の負担が大きくなり，減益要因となる.
営業利益	減　少	売上減，売上原価率の上昇，一般管理費・販売費の負担増により，減益となる.	（営業利益減少額）から（減価償却費）を差し引いた金額がキャッシュフロー悪化の原因となる.
特別損失	事故によっては，多額の事故処理費用が発生する.	事故処理費用の支出により損益は更に悪化する.	事故処理費用の支出がキャッシュフローを更に悪化させる.
税引前損益	減　少	悪化する.	（税引前損益の悪化額）から（減価償却費）を差し引いた金額がキャッシュフローを悪化させる.

[1] 風評被害とは，世間の評判が落ちることによる売上減への影響のこと．
[2] 変動費と固定費については，3.2.2 項(2)(c) での直接原価計算の説明や巻末資料を参照．

表 5.14　事故・災害の種類ごとの影響の検討

単位：千円

種別[1]		発生の可能性	資産の損害		事業中断の損害		対策の要否
			影響度	推定損害金額	影響度	推定損害金額	
自然災害	落雷	大・中・小	大・中・小		大・中・小		要・否
	風・ひょう・雪災	大・中・小	大・中・小		大・中・小		要・否
	水害	大・中・小	大・中・小		大・中・小		要・否
	地震	大・中・小	大・中・小		大・中・小		要・否
人災等	火災	大・中・小	大・中・小		大・中・小		要・否
	破裂・爆発	大・中・小	大・中・小		大・中・小		要・否
	飛来・落下・衝突	大・中・小	大・中・小		大・中・小		要・否
	水濡れ	大・中・小	大・中・小		大・中・小		要・否
	破壊	大・中・小	大・中・小		大・中・小		要・否
	盗難	大・中・小	大・中・小		大・中・小		要・否
	破損	大・中・小	大・中・小		大・中・小		要・否
その他	テロ	大・中・小	大・中・小		大・中・小		要・否
	集団感染	大・中・小	大・中・小		大・中・小		要・否

[1] 種別は損害保険業界の分類によっているので，3.2.2 項 (2) (c) を参照．

(2) 部門別の事業中断によるキャッシュフロー悪化額の算定

事業中断によるキャッシュフローの悪化額を計算するために，損益計算書・製造原価計算書を，中核事業①・中核事業②・その他事業部門に分割した上で，直接原価計算による損益計算書に変換し，部門別に各々の事業中断によるキャッシュフローの悪化額を計算する必要がある．

(3) 事業所が複数の場合の復旧費用の算定

また，中級コースでは，工場（事業所）は1か所として計算したが，同一事業の中で複数の工場（事業所）がある場合は，部門別に準じて計算することが必要となる．

特に，事業所の所在地が離れている場合は，災害の影響が異なるから，別個の計算が不可欠である．復旧の過程で他地区所在の工場に代替生産を委託する

5.4 財務診断モデル（上級コース）

表 5.15 復旧費用総額（C）の計算

中核事業①　　　　　　　　　　　　　　　　　　　　　　　単位：千円

項　目	資産の復旧費用金額	事業中断によるキャッシュフローの悪化金額	復旧費用総額
金　額	(A①)	(B①)	(A①) + (B①) = (C①)

中核事業②　　　　　　　　　　　　　　　　　　　　　　　単位：千円

項　目	資産の復旧費用金額	事業中断によるキャッシュフローの悪化金額	復旧費用総額
金　額	(A②)	(B②)	(A②) + (B②) = (C②)

その他事業③　事業を休止する．　　　　　　　　　　　　　単位：千円

項　目	資産の復旧費用金額	事業中断によるキャッシュフローの悪化金額	復旧費用総額
金　額		(B③)	(B③) = C③

復旧費用合計（C）= C① + C② + C③

場合は，代替生産に伴う費用を考慮しなければならない．

これらのケースについては中小企業BCP策定運用指針の財務診断モデル上級コースに例示記述しているので参照してほしい．

いずれにしても，このようなケースでは定型的な処理にはならず，自社の現状に即した計算を行わなければならないから，一般的な解説はできない．自社で検討・計算しなければならない．

5.4.5　中核事業・非中核事業，事業所が複数の場合の復旧費用の調達

復旧費用の総額が算定できたら，復旧費用の調達については特に異なった点はない．中級コースに準じて検討する．

第 6 章　事例に見る BCM 構築の実際

本章では，BCM の有効性が確認された事例を通じて，BCM 構築の実際について考察する．

6.1　BCM が機能した事例とポイント

ここでは，最近の人為災害としては最大規模の，2001 年 9 月 11 日に引き起こされた米国同時多発テロと，自然災害によって国内の重要なサプライチェーンが中断された 2004 年 10 月 23 日の新潟県中越地震における企業群のBCM の有効性について紹介する．

6.1.1　2001 年米国同時多発テロ

2001 年 9 月 11 日の朝，ハイジャックされた 4 機の民間航空機のうち 2 機が，ニューヨークマンハッタンにあった WTC（World Trade Center，世界貿易センター）のツインタワーに相次いで激突，WTC はテナント企業のオフィスと 3,000 人に近い犠牲者とともに，地上から姿を消した．

このテロ攻撃の背景には，社会，経済，政治，文化，宗教的な要素が入り乱れ，様々な議論があるが，結果として米国政府はこの事件をきっかけに，対テロリズムという位置付けで，イラク戦争に突入した．

この米国同時多発テロが発生した段階までに，米国は数多くのテロ事件（例えば，1993 年の WTC 地下爆破事件や 1995 年のオクラホマ州連邦政府ビル爆破事件など），自然災害（1989 年のサンフランシスコ地震，1994 年のノー

写真6.1　姿を消したWTC：対岸よりマンハッタンを望む

スリッジ地震や数々のハリケーン被害など）や広域停電などの社会インフラ障害などを経験することで，事業継続を妨げるような要因群に対しての備えは相応になされていた．

しかしながら，あまりにも突然に，多くの人々にとって「想定外」であった事件が発生したため，個別企業の対応から政府の指揮・命令系統に至るまでが大混乱に陥り，多くの犠牲者と多額の経済的損失，さらには長期的な精神的・心理的なダメージを被ったのである．

このような状況においても，金融機関を中心とする幾つかの企業が冷静な判断と日ごろからの備えが奏効して事業継続を維持できたことから，二つの事例として紹介する．

(1)　米国系証券投資会社

最初にハイジャック機が激突したWTCの北側のビル（ノースタワー）の上層階にオフィスを構えていた米国系証券投資会社，カンターフィッツジェラルド社は，商売柄多くの社員が既に出社してきていたため，数百人単位の社員を一気に失った．

普通であれば，組織は機能不全に陥り，会社の存続すら定かではない状況で

6.1 BCMが機能した事例とポイント

あったにもかかわらず，この企業は英国ロンドンのオフィスが米国の業務を引き継ぎ，顧客対応や市場取引も遠隔対応することで事業を継続し，今日も存続している．

このようなことが可能となった背景には，遠隔地間の業務の相互バックアップ体制を導入していたことが挙げられる．

これは，図6.1に示したように，通常時から遠隔地（この事例の場合はニューヨークとロンドン）でお互い業務の一部を相互に持ち合うことで，片方に何らかの災害等が発生し機能不全に陥った場合に，もう片方のオフィスが業務を引き継ぐという体制である．

バックアップサイトやオフィスを特別に設けて，災害発生時にはそこを立ち上げて対応するということは，すでに一般的に行われているが，これは，通常時から遠隔地の拠点間で業務を持ち合うことの実効性が示された事例である．

また，この体制でのポイントは，図でも示したように，全体の業務パフォーマンスは半減するものの，一つの拠点業務が全滅することが回避され，全体としては業務継続が実現できるという点である．

A : 30%　　B : 30%

B

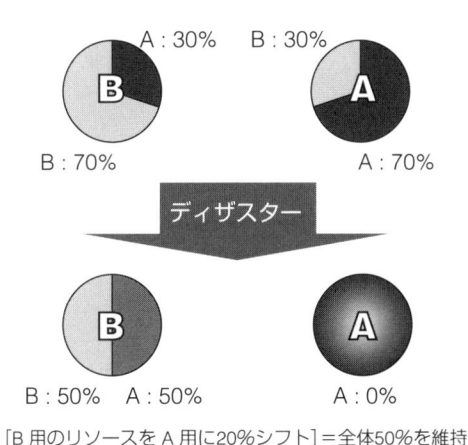

B : 70%　　　　A : 70%

ディザスター

B　　　　　A

B : 50%　A : 50%　　A : 0%

[B用のリソースをA用に20%シフト]＝全体50%を維持

図6.1　拠点間業務相互バックアップの概念図

(2) 欧州系グローバル銀行

事業継続の先進企業としてよく引用されるドイツ銀行は，その訓練シナリオにおいても，できるだけ「想定外」の事象を少なくするための努力を，常日ごろより行っている．

ドイツ銀行では，米国同時多発テロが発生する以前に，民間航空機がハイジャックされて，WTCに激突するような想定シナリオで訓練を実施しており，その成果として，実際の事件の際にも他社と比較してかなり早い時間で業務の復旧を実現した．

このような想像力豊かな訓練シナリオ策定とそれを組織で実際に訓練するという企業文化はその後も継続され，後の2005年7月に発生したロンドン同時多発テロの際にも類似のシナリオでロンドン市や市警も招いた訓練を実施，実際の地域コミュニティとしての被害を最小限にとどめることで，企業の社会的責任以上の貢献を行っている．

ドイツ銀行にとって，昨今の様々な事象によって事業が中断されるようなケースの多くが"imagination failure"（想定の失敗）であり，過去の事故やニアミスに関する断片的な経験則に想像力を働かせて，「想定外」領域を縮小させるようなシナリオを創作，それに基づき訓練を重ねることが肝要なのである．

彼らの言葉を借りるとすれば，"connect the dots"（断片的な情報をつなぎ合わせて知力とする）ことが，BCM体制には不可欠で基本的な考え方なのかもしれない．

(3) 日系中小企業（高級海苔・乾物卸業）

米国同時多発テロに関して，あまり中小企業の事例が見当たらないが，（独）中小企業基盤整備機構の海外調査によると，ニューヨーク州の中小企業育成センター（SBDC）のデータは，この事件による中小企業の直接被害は約16,000事業所，間接被害は4万事業所，また，当初1週間の経済的損失は14億ドルということを示しているようである．

6.1 BCMが機能した事例とポイント　　　　171

また，この調査報告には日本の高級海苔・乾物卸業の具体的対応が事例として挙げられているので，詳細は下記を参照されたい．

http://www.smrj.go.jp/keiei/kokusai/report/chosa/ny/002395.html

(4) その後の動向

米国同時多発テロ事件を経て，米国全体，特にニューヨークのマンハッタン地区を中心に，地域コミュニティとしての事業継続を官民連携で取り組むような動向が見られる．

特にマンハッタン地区は多くの主要金融機関の機能が集中していることから，金融ビジネスは地域で守るべき産業として位置付けられ，後述のBNetといった実効性の高い仕組みに，官民とNPOが共同で取り組むようなケースも実際に出てきている．

このBNetは，企業が緊急時に優先的に事業継続に必要な人員や車両を配備できるような仕組みで，あらかじめ登録された人員・車両が，緊急時に封鎖された地域にも市の判断で優先的に入ることができる仕組みを提供するNPOである．ニューヨーク市が管理する登録社員・車両のデータは毎月更新され，緊急車両搭載のバーコードリーダーで読み取れるような専用カードを発行している（写真6.2参照）．

ボストン，アトランタといった他都市にも展開中で，詳細は，http://www.bnetinc.org/home.html を参照するとよい．

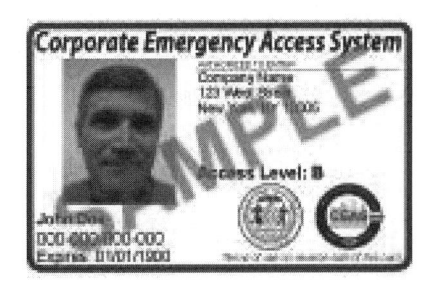

写真 6.2　NPO (BNet) が発行する緊急時アクセスカード

日本においては，事業継続の分野で地域コミュニティレベルでの官民連携の具体的な動きはまだ見られないが，特に広域災害が発生する頻度の高い状況を勘案すると，ISOでの議論でも日本が主張を始めたような，企業のBCPと地域の防災計画などとの事前調整の取組みは喫緊の課題であるといえる．

また，通常時のデータセンターやオペレーションセンターを，マンハッタンからハドソン川を挟んだ対岸のジャージーシティ周辺に移設した金融機関も多い．このジャージーシティには，WTC跡地の地下の駅を基点とする列車を利用すれば5分程度で到着できる．

写真6.3 米系大手投資銀行のデータセンターが入居するジャージーシティのビル

WTCの跡地は「グランドゼロ（爆心地）」と呼ばれ，その後，跡地への建造物の設計コンペなども実施されたが，実際の施工については遺族の想いと行政，民間の意向のすれ違いの調整が決着せずに，なかなか進まない状況が続いている．

写真 6.4 復興をためらう WTC 跡地

6.1.2 2004 年新潟県中越地震

2004 年 10 月 23 日の夕刻に新潟県小千谷市を震源として発生したマグニチュード 6.8 の直下型地震では，高齢者や子供を中心に 60 名超が死亡，5,000 名近い負傷者と約 10 万人の避難住民が被災者となった．経済的損失も中小企業関係の被害推計報告額は 353 億円を超え，激甚災害に指定された．

この地震の被害を受けた地域は，1995 年に発生した阪神・淡路大震災（兵庫県南部地震）で被災した都市地域と比較して，中山間地域であったために，人命や家屋に関する被害ははるかに少なかったと分析されているが，製造業のサプライチェーンにおける事業継続の観点からは，多くの特記すべき事例が見られた．

この背景には，新潟県中越地区は関越自動車道や上越新幹線をはじめとする鉄道網といった流通・ロジスティクスのインフラが整っていたことから，関東圏とのサプライチェーンに大きく組み込まれていたということがある．

本項では，今後の中小企業の BCM に活用できるような幾つかの事例を概説

写真 6.5　地震による土砂崩れにより流された家屋と車両

したい．

(1)　電機メーカーの拠点間相互バックアップ体制

　国内に工場拠点を展開する電機メーカーの小千谷工場は，通常時より半日弱で移動可能な距離にある長野県内の工場と，製造ラインと工具の相互バックアップ体制を導入していた．片方の工場の製造ラインに何らかの障害が発生した場合には，工具がもう一方の工場に移動し，製造シフトを組み替えることで対応し，また，片方の工場の工具が何らかの支障が生じた場合には，もう一方の工場から工具の一部が移動することで，製造を再開するという仕組みである．

　実際の移動には予想以上に時間がかかったようであるが，製造工程の中断を最小限にとどめることができた．これは，前述の米国同時多発テロの事例にも見られたように，遠隔地の拠点間の相互バックアップが有効であったことを示す事例である．

(2)　地域金融機関支店の自家発電装置配備

　新潟県中越地域は豪雪地帯も抱えることから，真冬の夜中に落雷による停電が発生することがままあるため，中堅の地方銀行でも各支店に自家発電装置を

配備している．そのため，地震で電力供給が停止した際にも自家発電装置を稼働させ，ATMが止まるような状況は最小限にとどめることができた．このような事例を聞きつけ，大地震への備えを強化しつつある東南海地域の金融機関がこぞって見学に来ていた時期もあったようであるが，東京等に拠点を置く大手金融機関もこれらを見習って，支店レベルへの自家発電装置導入の必要性について真剣に議論する必要があると思われる．

本事例は，落雷停電に備えた装置を運よく地震停電に活用できたという点で，結果論といえなくもないが，社会インフラの供給は事由を問わず突然停止することがあり，その復旧は利用者が期待するほど早期になされることが少なくなってきている現状は十分に認識しなければならない．その上で，どこまで自助努力として投資するのか，といった経営判断が求められる．

(3) 米菓メーカーの事前対策と事後対応

新潟県中越地区に複数の工場を構える米菓メーカーは，上記の地域金融機関と同様の事由に加え，秋から冬にかけての製造ピーク時を迎える電力需要について東北電力からの購買分を平準化し契約金額を節約するために，自家発電設備を導入済みであった．その結果として，地震発生後もかなり早い段階から電力を確保することができ，操業停止を免れた．また，一部の工場の製造ラインはプロパンガスで賄っていたため，復旧までに時間のかかった都市ガスを待たずに再開できた．

この操業停止の回避については，工場長の強いこだわりがあった．一つは，商品提供が途絶えることで，これまで多大な営業努力で確保してきた小売・スーパーでの棚位置の放棄や市場シェアの低下を回避したいということ．そして，もう一つは，商品を提供し続け，売上げによるキャッシュフローの流入を途切れないようにすることで，従業員の給与をできるだけ確保したい，ということである．特に後者については，従業員の多くが同時被災した地域住民である工場としては，一種の社会的責任であり，これを全うするために，この工場ではさらに，被災した工員向けに臨時の託児所を工場内に設置したり，他の被

災しなかった工場からの救援物資を配給するなど，事業継続のために従業員を立派に保護したのである．

(4) その後の動向

具体的な事例としては紹介しなかったが，自動二輪車のメーターパネルを製造する部品メーカーは，操業停止によりサプライチェーン上の納入業者である最終製品メーカー複数社の製造ラインを数日間止めることになった．

この際には，サプライチェーンの納入側・調達側から多くの支援者が応援に駆けつけ，何とか操業停止を最低限に食いとどめたが，この「火事場の底力」の対応の限界を感じた企業群は，サプライチェーン全体としてどのように事業継続性を確保するかについての議論を開始した．

また，新潟県や長岡市においても被災・復旧経験に基づき，地域という観点から官民の共助体制がどのように構築できるかの議論を開始している．

6.2 BCMの取組み事例の紹介

6.2.1 米 国

(1) 米国の概況

米国では従来のDRP（Disaster Recovery Plan，災害復旧計画）から，対象範囲を業務プロセスや人的手配にまで広げ，また災害や障害・事故が起こる前の段階も対象とするBCMが官民を問わず浸透・定着しつつある．この背景には，これまで米国が経験したテロ攻撃，地震・ハリケーンなどの自然災害，大規模停電での教訓が，個別企業のみならず，自治体や政府にまで浸透しているということがある．

(2) BCPの導入状況

日本と比較すると，既に多くの企業がBCPを導入済み，もしくは導入中であるが，この個別企業におけるBCPのインセンティブとして，まずは取引先

から要求される場合，次に監督当局などから要求されている場合，そして業界としてBCPのガイドラインを制定している場合などに分類できるが，半導体製造業や金融業など業界全体でBCMに関するレベルを向上させないと，ビジネス機会が国外に流出してしまうという危機感から取り組んでいるケースも見られる．

　BCPにかかわる標準・ガイドラインとして後述のNFPA 1600が公開されているが，実際には上述の，主要取引先が要求してきているガイドラインや，コンサルティング会社が提供する方法論に沿った取組みを行っており，全般的にはNFPA 1600というよりも，米国DRIIや英国BCIの方法論やガイドラインを参照している．各規格やガイドラインについては第7章で述べる．実際の事業継続性についての認証は，監査法人も高リスクと判断しており，現段階では認証を行う制度やシステムは存在していない．

　行政・自治体においてもさまざまな取組みが見られるが，中でも特にニューヨークをはじめとする都市型の自治体におけるBCMは，行政サービスの事業継続性の維持に対する高い意識と，地元企業との協調という観点から，日本の自治体も学ぶべきところは多いと考える．行政として地域のレジリエンシー（回復力）を保持・向上するためには地元企業との連携は不可欠であると位置付け，通常の連絡や訓練・ドリルへの相互参加などを通じて，BCPやBCMの共有化を図ろうとしている．例えばニューヨーク市では，"READY NEW YORK"といった中小企業向けの緊急時対応計画のハンドブックを公開するなど，行政からも積極的に地域のレジリエンシーを向上させる働きかけをしている．

(3) BCMを支える仕組み①（BC/DRサービス）

　米国における事業継続関連の商品・サービスのうち，データセンターやワーク・スペースワーク・スペースの提供の約60％をSUNGARD社，IBM社，HP社が占めるといわれているが，その中でもNECと業務提携しているSUNGARD社は"information availability services"と自らのサービスを位置付け，顧客企業のビジネスの可用性を上げると同時に，その分野におけるア

ウトソーシングの投資対効果の向上に努めようとしている．米国と欧州に約60のデータセンターを保有，従業員用ワーク・スペースも2万座席以上，ネットワークも総計約25,000マイル，また移動式データ・リカバリーセンターも50台以上保有するなど，継続的な投資をしながら積極的にビジネスを展開している．

SUNGARD社はサービスラインを
① システム・リカバリー
② エンドユーザー・リカバリー
③ モバイル・リカバリー

の3分野に分けてサービスを強化しており，特に②については，通常の業務やコールセンターなど，従来のシステム部門やデータセンター以外の業務や電子メールシステムといった通常業務の継続には欠かせない機能の可用性強化を主眼としている．

(4) BCMを支える仕組み②（規格・ツール・教育）

(a) ARMA（American Record Management Association，米国記録マネジメント協会）

米国規格協会（ANSI: American National Standard Institute）と2003年にバイタル・レコード・マネジメント（VRM: Vital Record Management）を公開，企業活動におけるレコードマネジメントに事業継続の観点を盛り込み，さらにBCPの中でのバイタル・レコード・マネジメントの位置付けを定義している．現時点では，各業界別の個別基準やテンプレートは定義していないものの，ARMA会員間では業界別にディスカッション・グループをWeb上で形成し，活発に議論を行っている．

(b) Paragon

前述のSUNGARD社は，Paragonという事業継続のプランニング，統合マネジメントツールの販売も行っており，その操作の容易性から顧客が直接購入する場合もあるが，中長期的なメンテナンスの観点から，コンサルティング会

社などを通じた販売にも力を入れている（図 6.2 参照）．

この Paragon がカバーする五つの領域の根底に流れる概念は，IA ライフサイクル（IA: Information Availability）と定義され，企業の可用性（取引先や商品・サービスのユーザーから見た）を確保するためのフレームワークであると位置付けられている．

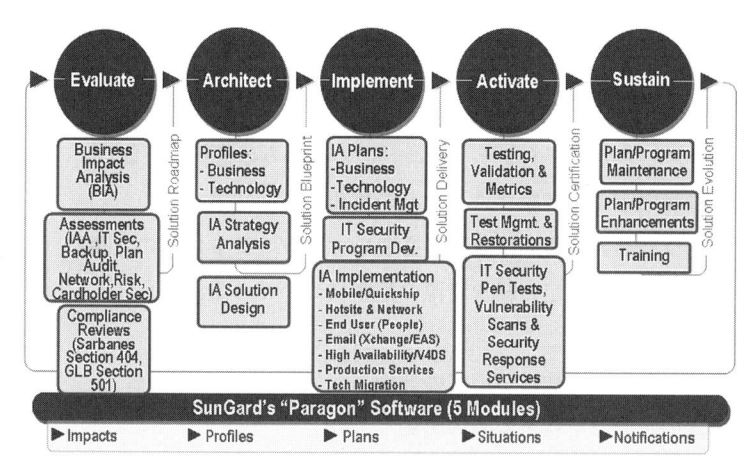

図 6.2 SUNGARD 社が提供する BCP・統合マネジメントツール

(c) Strohl System

Paragon と同じく BCP 策定・運用支援ツールとしては，Strohl Systems 社（http://www.strohlsystems.com/）の製品がよく使われているが，筆者がヒアリングを行った米国投資銀行では使用しているものの，かなり内容をカスタマイズしているようである．この銀行は Strohl Systems 社の製品を利用しているユーザー会のリーダーでもあり，また，BCM のレベルは金融機関の中でもかなり高い位置にあるため，ユーザー側に知識と経験があれば使い勝手が良い，との評価であった．

(d) ニューヨーク大学/INTERCEP

ニューヨーク大学は，国土安全保障省（DHS）からの資金援助を受け，企業

の緊急時対応や事業継続に関する調査・研究及び教育を行う目的で INTER CEP（International Center for Enterprise Preparedness）を設立した．詳細は http://www.nyu.edu/intercep/ で分かる．現時点では，全米の主要都市を巡回しながら，2日間で NFPA 1600 の解説と組織への導入に関する普及・啓発を行っているが，2007 年を目標として修士課程を創設すべく準備を進めている．

現在，INTERCEP が展開しているセミナーの内容は下記のとおり，NFPA 1600 の内容を中心に据えている．

1日目：エグゼクティブ・フォーラム（この日のみの選択も可能）
　―緊急時対応と事業継続プログラムの重要要素の認識
　―プログラム導入あるいは更新に必要なマネジメント体制の定義
　―リスクの優先度決定と経営資源の配賦についての議論

2日目：監査と評価
　―効果的な監査の方法についての評価
　―各要素の正確な解釈と監査の実施
　―他の監査項目と NFPA 1600 に関する項目との統合
　― BCP 改善のための評価結果の経営陣へのコミュニケーション
　―効果的な NFPA 1600 導入評価によるビジネス上の価値認識

INTERCEP は，国内外の BC 関係者を集めた Round Table 会議（円卓会議）を主催したり，また，ISO 化の動きの中でも，米国規格協会（ANSI）が主催した会議の事務局を引き受けるなど，既存の大学機関では対応できなかったような役割を積極的に展開している．これは，設立にかかわった国土安全保障省の意向を超えた，民間企業のニーズを感じ取っての動きと考えられる．

6.2.2　欧州の状況

米国よりも早い時期から IRA などのテロ攻撃を受けてきた経験のある英国でも，やはり 2001 年の米国同時多発テロを機に，各組織の BCP への取組みは更に促進された．また，これは英国に限ったわけではないものの，英国では

特に企業たるものゴーイング・コンサーンとして，成長を続けなければならないという経営者の意識と，企業に投資する投資家や取引を行う取引先や就職する従業員がより長期的な継続性を求めているという背景が強いという観察もある．

BCP の導入状況は官民共に積極的に取り組んでおり，特に英国においては，民間企業は BS 25999 や BCI のガイドライン（共に後述），自治体は Civil Contingency Act などをベースに BCM 体制構築を展開している．

BCM を支える仕組みとして，BC/DR サービス関連は米国と同様，IBM, HP, SUNGARD 社といった大手プロバイダーを中心とした構図のようである．また，ツールに関しては，前述の Paragon と Strohl System 社製品のみではなく，欧州系の専門ベンダーの製品数種類も検討した結果，できるだけユーザーが使いやすく，メンテナンスが簡単である，という事由で欧州系の専門ベンダーの製品を採択しているといった欧州系グローバル銀行（オランダ）のような事例も見られる．TwelveCubes/IBM による CPro, Office-Shadow による Shadow-Planner などが，その一例である．

6.2.3 金融業界の取組み

ここでは，BCM に積極的に取り組んでいる金融業界の動向を，個別金融機関，業界全体，監督当局との協業という三つの分野での国内外事例を用いながら紹介する．

欧米の先進金融機関の動向に関しては，特に米国の投資銀行数行と欧州の銀行及び監督当局の事例に触れてきたが，概して欧米の先進金融機関の BCM 体制は，もはや標準化・当局対応の域を超えようとしている．もちろん，業界内の個別金融機関の間での温度差や，監督当局との牽制関係におけるバランスなど，一筋縄ではコントロールできない要素はあるものの，少なくとも重要な経営課題の一つとして位置付け，主体的かつ積極的に（proactive）取り組んでいる．

(1) 個別金融機関の動向
(a) 米国系投資銀行A行

常に競合他行，監督当局からの要求の先を行くポリシーを全世界の拠点で貫こうとしている．事業継続の責任者は，主要マーケット国の拠点へ，グローバルで事業継続体制の一貫性を維持するために頻繁に出張し，コーディネーションを行っている．また，取引を始める投資家に対しても，事業継続への取組みを説明する資料を前面に出してアピールしている（営業部門も事業継続への取組みを顧客に説明できるレベルにまで教育済み）．従業員は緊急時の連絡リストや対応ステップの書かれたカードを常に携帯しており，緊急時にも必要なコンタクトを素早く試みることができる．

(b) 欧州系グローバル銀行B行

行内におけるBCM体制の構築に関しては，簡略化することで世界各地の拠点に展開しやすい工夫を凝らしているが，各拠点においては逆に各国の法規制や商習慣に合わせてより詳細レベルでのBCM体制を個別に構築している．また，現在進行中の基幹業務のインドへのアウトソーシングによる移管については，BCM体制の大幅な見直しが必要であることを認識し，積極的かつ慎重にプロジェクトを遂行中である．また，関係する保険会社では，世界の約50拠点の拠点長の2004年度のパフォーマンス評価のうち50％をBCP策定としたため，一気にBCPの導入が完了し，2005年度からは実際の運用段階に入りつつある．

(c) 米国系投資銀行（JPモルガン・チェイス）

約50か国，9,700名のオペレーションのICTインフラを統括する部門では，ビジネス部門を「社内顧客」として位置付け，提供するサービスのレジリエンシーを効率よく確保すべくプログラムを展開している．このプログラムでは，法規制の変化，合併，イン・ソーシングといった多様な経営環境の変化にも対応できることも視野に入れた戦略的な位置付けとなっている．また，RMM（Resiliency Maturity Model，レジリエンシー成熟度モデル）を米国カーネギーメロン大学と共同開発，ICT分野での事業継続にかかわる投資のROI

(Return on Investment, 投資利益率) について, リカバリー効率を軸に測る仕組みを試行中である. 試行のフェーズ1は2005年9月に終了, 2007年3月にはモデルの完成を目指している.

(d) 日系大手証券会社C社米国法人

米国同時多発テロ事件で大変な苦労を強いられたC社のNYデータセンターでは, 事業継続の訓練を不定期に実施している. センター長がビジネスの繁閑を見極めながら, 日中のあるタイミングで「ディザスター宣言」を行い, 直後から職員はBCPに従いバックアップサイトやバックアップ設備を利用した業務に切り替わる. この事例でのポイントは, 顧客に気付かれないように通常日に訓練を行っているということで, あらかじめ決められたシナリオに沿って, 休日や夜間に行うのではないということである.

(e) 欧州系グローバル銀行D行

オランダに本部を置くD行は, グローバル事業継続ポリシーを全拠点に展開中である. オランダ国内での事業中断は, 土地柄, 水害系やそれに伴う浸水・停電などが多いようであるが, 欧米を中心に自然災害以外の事件・事故も幅広く対象としている. 現在, 行内の普及・啓発を主に展開中であるが, できるだけシンプルに準備・導入ができ, また, 緊急時にもすぐに実行できるように工夫をしている. あとは訓練, 訓練, また, 訓練といったスタンスで体力はかかるが, 各現場で意識が高まり安定するまでは普及・啓発活動を精力的に継続する予定である.

(2) 金融業界の動向

金融業界では, 提供する商品・サービスのネットワーク依存性が高いため, 個別金融機関のBCMだけではなく, 業界レベル, さらには監督当局も支援するような体制が組まれることが多くなってきた. 金融業界の場合, 電子的なネットワークだけではなく, 手形・小切手などによる資金決済, 商品・サービスの外部調達といった金融サプライチェーンや, 業務アウトソーシングなどの外部依存も含まれるのが特徴である.

(a) 米国証券業協会

米国市場に参加する証券会社，取引所，決済機関などが加盟する米国証券業協会（SIA: Security Industry Association）は，2005年の10月に，業界を挙げての事業継続訓練を実施した．この訓練には，監督当局は関与していなかった．内容的には，すべての参加者がバックアップサイトやバックアップシステムから接続して，証券取引のデータのやりとりが実施できるか，といった接続テストが主であったが，設定の違いや段取りの間違えのため接続すらできなかった参加会社もあったようである．そこには，前出の米国系投資銀行 A 行にも見られるとおり，証券取引はデータ交換などのコミュニケーションラインさえ確保できれば何とか復旧することができる，という割り切りがある．

なお，同様の訓練は 2006 年 10 月にも実施され，今後も行われる予定である．

(b) 英国決済業協会

英国の決済業務を担う金融機関［英国銀行（Bank of England）も含む］の業界団体である英国決済業協会（APACS: Association for Payment and Clearing Services）では，英国の決済システムの信用力，競争力向上のために，参加金融機関の決済状況をモニタリングして，月次で集計，決済遅延，送金先の相違・金額相違などのミス・オペレーション，決済モレなどの障害状況で評価している．評価がある基準を下回ると，APACS の上層機関で障害報告と改善案の提示を求められるなど，監督当局からの指示ではなく，業界で自主的に決済システムのレジリエンシー向上を図っている．この背景には，EU 内での決済システム間の競合という経営環境もあるが，業界主導の BCM 体制の一つであるともいえる．

(c) (財)金融情報システムセンター

金融庁検査や日本銀行考査でも正式に参照されている(財)金融情報システムセンター（FISC: Financial Information System Center）の「コンティンジェンシープラン策定の手引書」の改訂が，金融機関，日本銀行，ICT ベンダーと有識者を加えて検討され 2006 年 2 月に終了，事業継続の概念を取り入れた形で 2006 年 3 月より全国の金融機関に展開されている．金融庁検査や日本

銀行考査にも反映されることから，日本のレベルより先行しているとの自負を持つ欧米系投資銀行も，その改訂内容が現行 BCP や BCM 体制のどう関連するのか，検査・交差対応の観点から，極めて高い関心を示している．

(3) 金融監督当局の動向
(a) 英国金融サービス機構

英国の金融サービス機構（FSA: Financial Service Agency）は，英国におけるすべての金融サービス業務を監視・監督する機関である．2005 年には金融機関の BCM 体制にかかわるベンチマーキング調査を実施した．調査にはベンチマーキング専用の Web ツールが使用され，各金融機関が入力したデータは個別には FSA しか見ることができず，参加機関や集計をとりまとめた会計事務所は見ることができない仕組みになっている．FSA に自らの BCM 体制の状況を不十分な点も含めてさらけ出すインセンティブについて幾つかの参加金融機関に尋ねたところ，そこまでしてでも自分たちの業界内での位置を確認したいこと，また，FSA による検査の際にあわてふためくような事態にはなりたくないこと，などが確認された．この背景には，FSA の性格が日本の金融庁とは異なり，業界に対する日常的なアドバイザリー機能を持ち合わせているということがある．さらに，同年 12 月に公開された報告書によると，一方的なメリットだけでなく，FSA と参加機関双方にとって学ぶところは大きかったようである．その報告書では，各組織のオフィスやバックアップサイト全体がロンドン近郊に集中しているリスク，ITC ベンダーを中心とした IT，通信や各種アウトソーシング分野で依存している先への考慮不足，業界挙げての訓練・ドリルが更に必要であることなどが示されていると同時に，今後，またフォローアップのベンチマーキング調査が継続されることも表明されている．2006 年に入ると FSA は 10 月に鳥インフルエンザの業界演習を実施した．

(b) 日本銀行

日本銀行は 2006 年に入り，総裁を通じて金融界に対して，1) 画一的ではない新しい金融サービスの提供，2) リスクへの挑戦と説明責任，そして 3) 業務

の継続性が重要であると指摘している．特に CSR（企業の社会的責任）の観点からも，決済システムの担い手として，決済システム業務を遮断させず安全性・継続性を確保するため，必要な経営資源を投入することとしている．

(c) バーゼル委員会

バーゼル委員会を構成する主要国中央銀行，証券監督局，保険監督局が，2005年12月のジョイント・フォーラムにおいて，各国共通の業務継続原則の策定を目指すペーパー"Consultation paper on 'high-level principles for business continuity'"を発表し，その後のパブリックコメント期間を経て2006年9月に正式に公開された．この原則は，各国の金融機関のみならず，監督当局にも共通するもので，具体的な目標値を設定することが強く推奨されており，その点に関して内外からのモニタリング体制を構築することが主なポイントとなっている．事例分析の中には，2004年10月の新潟県中越地震も取り上げられている．

原則1：取締役会及び上級管理職の責任
業務継続に共同責任を有する．

原則2：重大な業務中断
監督当局の事業継続体制は，所管領域の重大な業務中断への対応も含む．

原則3：復旧目標
目標は監督当局と協議，又は当局によって設定されることもある．

原則4：連絡体制
金融機関と監督当局は組織内や関係外部との連絡体制を構築しておく．

原則5：国際間の連絡
国境を越えて影響が伝播するような業務中断の際の国際連絡体制を準備する．

原則6：訓練
金融機関と監督当局は業務継続計画に基づき訓練を実施，実効性を

検証する.
原則7：監督当局による業務継続体制の検証
監督当局は金融機関のモニター内容に業務継続体制の審査も含める.

6.3 人材育成の重要性

6.3.1 人材・プロフェッショナル育成の重要性

ここでは，BCM体制に必要なプロフェッショナル人材の要件について紹介する.

まず，現存するBCM関連の資格は主に前出の英国BCIと米国DRIIの二つの団体が提供しているが，これらは個人に与えられるプロフェッショナル資格である．一方，BCM関連のガイドラインやISOなどの標準化の動向に目をやると，こちらは企業や自治体などの組織が遵守・導入するものである．また，個人が取得するBCI，DRIIの資格は，フレームワーク（枠組み）を理解・習得しているということよりも，手順・手続きに精通していることを求められ，BCMを実践するコア人材として期待される.

BCM体制の構築には，もちろん組織が何らかのフレームワークを導入し，社内の手順や手続きを制定する必要があるが，それを実行するプロフェッショナル人材が不可欠であることはいうまでもない．このような人材は，社内外の過去の事故・障害事例や各部門や業界団体で記録・分析しているインシデント関連統計データなどを積み上げたBCP策定のアプローチ（ボトムアップ）と，重要業務の選定，複数箇所における複合事故・障害の同時・連鎖発生を想定したシナリオに基づくアプローチ（トップダウン）を，確かな知識と経験によって調整することも求められている.

なお，日本においては，2006月5月に認証を受け設立されたNPO法人「事業継続推進機構」でも資格試験制度を鋭意準備中であり，理事をBCI，DRIIからも招き入れるなど，先行する欧米の資格との整合性も考慮しながら

の取組みが開始された．

6.3.2 英国BCIの資格概要

1994年の設立以来，世界50か国に3,000名弱の会員を数えるが，会員資格については，BCMに関する実務経験の専門性と従事期間の長さ，及び後述の10のスキル・セット分野の経験範囲により，Fellow, Member, Specialist, Associate, Affiliate, Student, Corporate Partnerにランク付けされる．職場での評価や実務経験の査定なども行われ，Fellowについては面談も行われる．会員はBCMに関する専門家同士の情報交換や，研修・トレーニングといった啓発の機会，また会員向けの詳細情報を得る機会を提供される（図6.3参照）．

Category	Summary	Experience	Referees	Competence in BCI Standards	Entry Method
FELLOW FBCI Statutory member	Senior professional working practitioners.	5 years full time AND currently in a business continuity related profession	2 required, one of which must be from an appropriate manager.	Thorough knowledge of ALL 10 certification standards.	By scored assessment & structured interview by panel of Fellows.
MEMBER MBCI Statutory member	Professional working practitioners.	2 years full time & currently in a business continuity related profession	2 required, one of which must be from an appropriate manager.	Sound understanding of ALL 10 certification standards.	By scored assessment based upon evidence supplied by the applicant.
SPECIALIST SBCI Statutory member	Currently in a business continuity related profession.	2 years full time & currently in a business continuity related profession	2 required, one of which must be from an appropriate manager.	An understanding of AT LEAST 4 of the certification standards and having a specialist qualification.	By scored assessment based upon evidence supplied by the applicant.
ASSOCIATE ABCI	Currently a junior working practitioner or in business continuity related profession.	Having full or part time experience within the scope of the certification standards.	2 required, one of which must be from an appropriate manager.	Developing an understanding of ALL 10 certification standards.	By scored assessment based upon evidence supplied by the applicant.
AFFILIATE	An individual expressing an interest in BCM or who is a Member of an associated Institute	Not applicable but must demonstrate or declare support for BCI aims.	None required.	Not applicable	Submit an application form.
STUDENT	Students having an interest in the subject area.	Qualifying course or subject.	None required.	Not applicable.	Submit an application form.
CORPORATE PARTNER	Organisations subscribing to the BCI aims.	Not applicable, but must demonstrate or declare support for BCI aims	None required.	Not relevant	Submit an application form.

図6.3　BCIの会員資格レベル（http://www.thebci.org/ より）

6.3 人材育成の重要性

拠点は欧州（英国，オーストリア，ドイツなど），米国，カナダ，シンガポール，香港，タイ，オーストラリア，そして日本などである．

6.3.3 米国 DRII の資格概要

1998 年の設立以降，北米を中心に約 3,000 名の認定者を輩出している．BCI の資格と大きく異なるのは，資格試験を課すことである．研修・トレーニングを受講して受験するが，その専門度合いや専門領域によって資格がレベル分けされている．ここでも 10 のスキル・セット分野が基準となるが，これは BCI と共有されているものである（図 6.4 参照）．拠点は北米（米国，カナダ），シンガポール，オーストラリア，日本に展開している．

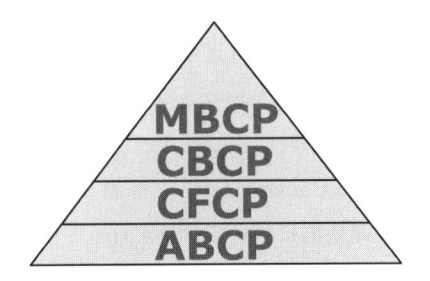

図 6.4 DRII の資格階層

① ABCP: Associate Business Continuity Professional
   実務経験 2 年以内の初任者．試験のみ．

② CFCP: Certified Functional Continuity Professional
   三つ以上の専門分野で 2 年以上の BCM 実務経験が必要．試験と評価委員会の審査が必要．

③ CBCP: Certified Business Continuity Professional
   五つ以上の専門分野で 2 年以上の BCM 実務経験，試験と評価委員会の審査が必要．

④ MBCP: Master Business Continuity Professional
   七つ以上の専門分野で 5 年以上の BCM 実務経験．試験と評価委員会の

審査が必要.

6.3.4 BCM に必要なスキル・セット分野

ここでは，英国 BCI と米国 DRII で共有されている，BCM に必要なスキル・セット分野について簡単に解説する．

① Initiation and Management（BCM の始動とマネジメント）

BCP の立案に際し，ぜい弱性の抽出，及び想定事象に関する対応・リカバリーの能力，継続オペレーションに必要な経営資源配賦にかかわる選択肢の提示などを，重要な機能として提供できること．

② Business Impact Analysis（ビジネスインパクト分析，BIA）

事業継続を脅かす諸要因のビジネス・オペレーション上の影響について定量的・定性的な分析・評価が行えること．またその過程において，強化対策の優先度の高い業務オペレーションの特定，さらに RTO（Recovery Time Objective，目標復旧時間）設定などが実施できること．

③ Risk Evaluation and Control（リスク評価とコントロール）

事業継続を脅かす諸要因について分析を行うと同時に，リスク対応策や選択肢に係る経済性分析が遂行できること．

④ Developing Business Continuity Management Strategies（BCM に係る戦略立案）

BCM に係る戦略立案において，RTO, RPO（Recovery Point Objective，目標復旧ポイント）を設定，重要オペレーションのレジリエンシー確保に貢献すること．

⑤ Emergency Response and Operations（緊急時対応と緊急措置の運用）

障害発生時とその後の復旧プロセスにおける段取りを，緊急時対応センターを中心とした体制で運用できるよう手配できること．

⑥ Developing and Implementing Business Continuity and Crisis Managements Plans（事業継続と危機管理に関する計画の策定と導入）

BCP 及び危機対応計画の立案，導入，定着を支援し，RTO の達成確保

を確実にできること．

⑦ Awareness and Training Programmes（啓発とトレーニングのプログラム）

BCM の社内浸透・定着のための研修や諸プログラムについて支援が行えること．

⑧ Maintaining and Exercising Business Continuity and Crisis Managements Plans（事業継続と危機管理に関する計画の更新と訓練の実施）

BCP の実効性を確保するための訓練の計画・実施に際し，必要となる機器・ファシリティの手配を行い，訓練後のフィードバックに対して必要な体制・組織の更改や新規導入の手配ができること．

⑨ Crisis Communications（クライシスコミュニケーション）

社内のみならず顧客も含めたステークホルダー（株主，ベンダー，納入業者，地域など）とのコミュニケーションを確実にし，BCP や DRP の発動を確実にすること．

⑩ Co-ordination with External Agencies（行政機関との調整）

監督当局や地方自治体などの行政とのコミュニケーション確保を通じて，BCM を確実にするための側面支援を得たり，コンプライアンス上の不必要な瑕疵発生を回避することに貢献できること．

以上，いずれの分野も BCM 体制の実効性を高めるには必要な専門分野であり，これに沿って BCI, DRII はそれぞれのアプローチでプロフェッショナル人材育成を推進している．日本からの資格取得者はまだ少ないようだが，外資系金融機関やコンサルティング会社を中心に増加しつつあるようである．外資系金融機関では，本国を中心にグローバルで BCM 体制を統一しようという意向が，特に米国同時多発テロ事件以降，強まっている．その一環として在日オフィスにも専門人材を配備，又は内製化に着手しているところもある．

6.3.5 事業継続に係る職種

参考までに，BCM 関連の求人情報から具体的な職種をピックアップして，下記に例示した．

① Business Continuity Relationship Manager

事業継続に係るポリシーや戦略立案，事業継続技術マネジャー及び，危機対応マネジャーの支援，顧客対応を担当．

② Business Continuity Technology Manager

事業継続に必要な情報システムリスクのマネジメント及び，事業継続や危機対応に必要な技術の導入・手配を行う．

③ IT Continuity Analyst

情報システム関連資産の統合分析や事業継続のための脆弱性分析を行い，対応策を発案する．

④ Disaster Recovery Coordinator

業務機能レベルのリスク分析を行い，ぜい弱性を抽出し，災害復旧における選択肢の提示やリスクマネジメントの戦略を立案する．現場のラインマネジャーに権限を委譲した上で，コーディネーターがその間をコントロールするという場合に設置される．

⑤ BCM Auditor

BCM に係る体制や実務について監査を実施する．

このような職種のプロフェッショナルとは国際会議やセミナーで議論をすることが多いが，10 年ほど前には IT 部門か軍隊出身者が多くを占めていた状況が，5 年前あたりでホワイトカラーにシフトしつつある状況があった．しかしながら，その後の米国同時多発テロ事件や英国ロンドン同時爆破事件などを経て，最近では軍隊出身者の割合が増加しているというような推移を考えると，事業継続分野に求められるプロフェッショナル人材のスキル要件は，その時々の社会・経済環境により変化し続けるものかもしれない．

以上，BCM の体制構築・運用に必要なスキル・セットの議論を展開したが，ここでは BCM 全体に係る今後の課題における重要性としてとりまとめを行う．

6.3.6 BCM体制構築におけるプロフェッショナル人材育成

BCMの分野で必要なスキル・能力を大きくBC計画力とBC実行力に大別すると，BC計画力のうち基礎的な部分は組織内のそれぞれの持ち場の状況を勘案して計画できる能力に加え，組織全体やサプライチェーン，業界，地域といった組織外との調整できる専門資格が要求されるようなレベルが設定できる．一方，BC実行力については，訓練・ドリルなどで「身体で覚える」レベルから事業継続が脅かされるような事態を直接経験したり，また間接的にシミュレーションや知識習得により体感することでより高いレベルの実行力を保持することができる．

このような分類の中で，組織においてBCMのプロフェッショナル育成を中心に置いたBCM体制構築のアプローチを例示した（図6.5参照）．

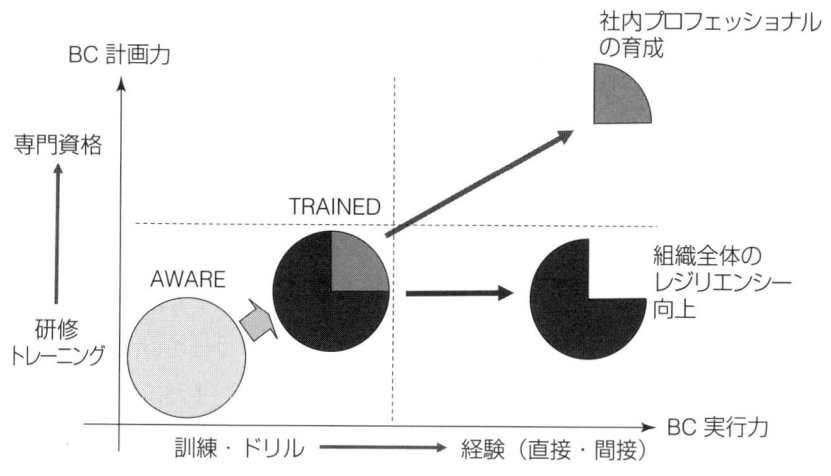

図6.5 プロフェッショナル育成を中心としたアプローチの例示

（1） 啓発ステージ

まず組織全体で研修・トレーニングを行うことで，BC計画力の基礎を定着させ，BC実行力においては訓練・ドリルの実施により，体感させることを開始する．欧米ではAwareness Program（啓発プログラム）と称して，とにか

く組織内の人間にBCMの重要性や各持ち場での対応について何らかの"気付き"をもたらすことを目的に普及・啓発活動を展開することが多い．この段階で組織全体が"AWARE（気づいている状態）"になる．この段階では，必要に応じて外部の専門家やコンサルタントの助けを得ることが効果的な場合もある．

(2) 訓練ステージ

"AWARE"の状態で引き続きBC計画力向上のための研修・トレーニング，BC実行力向上のための訓練・ドリルを重ねていくと，組織の状態は"TRAINED（訓練された状態）"になる．この段階で，組織内にBCMを率先するに値する資質とセンスを持ち合わせたような人材が浮上してきた場合，その人材を抽出し，人事・評価体系の調整や本人のキャリア・プラン策定も含めて組織内専門家育成の検討をすべきである．その背景には，国内外の多くの先進事例からBCMの推進には属人的な資質・スキル（BCM責任者がどのくらいリスクマネジメントに対してのセンスがあり，また，実際の災害復旧などの経験を持ち合わせているかなど）が不可欠であり，通常の企業経営に必要とされるスキルとは異なる，あるいは既存の経営陣がそれを持ち合わせていないことが多いという現実がある．

欧米でも初期段階ではBCM担当者は軍隊経験者が多いような時期もあったが，最近では企業経営活動の一環として，必ずしもそうではない．要は，リスクに対する感応度が高く，その影響度を幅広く想定でき，また，様々な経験を直接・間接的にすることでノウハウとして心身に持ち合わせているような人材である．

(3) 拡充ステージ

その後，専門家育成要員として抽出された人材は，前述の専門資格を取得させたり，業界団体などの外部との交流を推奨することでより専門性を高めると同時に，組織内のBCMにかかわる戦略一つのマネジメントサイクルとして率

6.3 人材育成の重要性

先して回る中心人物と位置付けられる．一方，組織全体については，引き続き研修・トレーニング，訓練・ドリルを続けることで，BC実行力をより高いレベルで向上させることができる．その際の重要なポイントは，組織内で発生した事業中断の事例やニアミスの分析に積極的に取り組み，また，他組織で発生したような事例であっても他山の石として自らのBIAに反映してみる，といった柔軟な体制が不可欠であるということである．

6.3.7 今後の事業継続分野における人材育成のあり方

ビジネスコミュニティにおけるBCM体制の共有化には，共通の方法論導入や標準化が多大な貢献をすることは間違いなく，共通言語として社外とコミュニケーションできるプロフェッショナル人材とその人的ネットワークが必要となる．例えば，弁護士，医師，研究者といったプロフェッショナルは所属する組織（事務所，病院，大学など）を超えた形態のネットワーク（例えば，弁護士会，医師会，学会などに加え個人的なつながり）を持っている．

このような専門家ネットワークが構築された場合，以下のような相乗的なメリットも期待できる．

　—経験の共有と知恵（インテリジェンス）の開発
　—プロフェッショナルとしての認知
　—モチベーションの向上
　—専門家育成体制の構築

BCMに係るプロフェッショナル人材育成の重要性を確認したが，実際の育成プロセスは企業単体では限界があり，かつ偏りが生じる可能性も否めないことから，先の弁護士，医師などと同様，可搬性（portability）のある客観的な資格として位置付けることを行政や業界団体が早急に検討すべき時期に来ているのではないだろうか．

なお，参考までに毎年，BC Management社が実施する事業継続にかかわる職種の給与調査によると，2005年の各地域の状況は下記のように分析されており，全般的には市場での認知度と給与レベルの向上が見られる（http://

www.bcmanagement.com/index.html）．

① 米　国
　―全体の給与水準は一人月当たり5%の増加．また個人コンサルタントにおいては12%の増加が見られた．
　―金融，製造，コンサルティング，小売，通信の各産業においては給与水準の幅の拡大が見られた（金融系の賞与を除いた給与分の最高値は，日本円で約3800万円）．
　―DRIIやBCIなどの資格取得者の給与水準が無資格者よりも高い傾向が確認された．
　―現場経験の長さによって給与水準は上がる傾向にあるが，26年以上の経験者については逆に減少している．
② 欧州，英国
　―全体の給与水準は一人月当たり4.2%の増加．また個人コンサルタントにおいては2.9%の増加が見られた．
　―金融業における給与水準の高さが確認できたが，一方でこのうちの60%が金融ビジネスのBC/DRの経験が6年以下であることも分かった．
　―BCIなどの資格取得者の給与水準が無資格者よりも高い傾向が確認された．

日本はこれらの調査では区分にも入らないほどデータがないようであるが，BC関連職種の社内評価を正当に行い，モチベーションを維持・向上させるための仕組みの一つとして，今後は必要な情報源となってくるであろう．

第7章　国内外の標準化動向

7.1　概　要

　事業継続の分野における標準化は，対象とする事業，業務，期間などに関してこれまで統一的な定義や方法論が不十分であったことから，国，業界，企業，自治体などの組織形態や，担当する個人によって捉え方が様々である．また，既存の防災計画・体制や DRP（Disaster Recovery Plan, 災害復旧計画）などとの連関や対象範囲の区分なども明確ではないため，全般的には言葉だけが先行している状況であるといっても過言ではない．

　言葉についても，「事業継続（BC: Business Continuity）」から「緊急時対応準備（EP: Emergency Preparedness）」と内容はほぼ同様にもかかわらず言い換えが始まっていたり，また同じ BCP でも「計画（Business Continuity Plan）」と「プログラム（Business Continuity Program）」と使い分ける場合も出てきている．

　このような状況下で，事業継続に関するガイドライン・標準についても，各国・各業界など様々なレベル・範囲で既存のものが存在するが，それぞれ定期的に改訂されたり，他のガイドライン・標準と統合されたりと，常に内容や対象が変化している．これは，BCP が対象とする事象や業務・オペレーションの範囲や深さが，経営環境の変化に順応し続ける必要があることを物語っている．ただ，大きな潮流として観察されたことは，古くは IRA のテロ攻撃によって英国ロンドンのシティ地域で事業中断を余儀なくされたころから，1993年の米国ニューヨークの WTC 爆破事件で，「想定外」の事故・事件が自然災

害よりも注目され始め，2001年の米国同時多発テロで一気に官民の事業継続の意識や取組みが底上げされたといえる．その後，2003年の北米大停電によって，重要な社会インフラのぜい弱性が露呈するような事故も経験し，さらに2005年のハリケーン・カトリーナによる被害で再度，自然災害対応の重要性も認識され，現段階では，自然災害，事故（意図的・非意図的）・事件といった原因にかかわらず，レジリエンシー（弾力性のある回復力）を確保するBCM体制の構築への取組みが始まっているという状況である．

また，上記期間の大きな出来事としてY2K（コンピュータ西暦2000年問題）対応があったが，米国が産官学挙げて情報通信技術（ICT）依存性が高まる現代社会・経済のぜい弱性克服の一つの取組みとして，Y2K以降も視野に入れて対応したことも，大きくBCM（事業継続管理）やBCPが急速に浸透した大きな要因であるともいわれている．一方，Y2Kを一過性のプログラムミス対応という認識で対応した国々は，普及・啓発や標準化の取組みにおいて米国に大きく水を空けられているとも考えられる．

7.2　各国の標準化の動向

7.2.1　日本国内の標準化動向

BCPの導入状況については，半導体部品製造業界など，サプライチェーンが海外にまで及び，また個々の部品が個別仕様のため，その供給継続が極めて重要となっているような業界では，仕入先からの要請によりBCPを既に導入しているケースも多く見られるようになった．また，金融機関のうち特に銀行においては従来型のDRPやコンティンジェンシープランを欧米先進金融機関に見習い，また，海外展開している場合には現地当局からの要請によりBCMへの体制拡張を進めている．政府・自治体においては，まだ事業継続の認識すら浸透していない状況ではあるが，歴史的に自然災害を中心とした広域災害に対応してきた我が国の政府・自治体は，既存の防災計画や体制を活用しながらBCPへと展開させる方法やアプローチを模索し始めている．

7.2 各国の標準化の動向

2006年1月に全国の主要自治体に対して実施されたBCMに関する実態調査［三井住友海上火災保険(株)による］によると，BCPを一部でも導入しているのはわずか3%にとどまり，検討していない自治体は86%（30自治体）にのぼる．これは，日本企業における導入状況の10%と比較しても低い数字となっているが，この背景には，自治体業務の復旧における優先順位の設定が難しいということもある．また，中断することにより影響の高いリスクとして，情報システム障害が高く意識されているにもかかわらず，実際の対策が遅れているという事実も確認されている．

BCPに関するガイドラインや指針が政府から出始めたのは2005年に入ってからのことである．図7.1に見られるとおり，社会・経済を構成する要素を，地域社会，重要社会インフラ，中小企業，大・中堅企業とした場合，それぞれの領域において，所管省庁が何らかのガイドラインや指針を既に公開したり，現在，策定中といった状況である．

また，業界で取り組んでいる例としては，半導体製造業の工業会組織であるSEMIジャパンでも事業継続のガイドラインを公開したり，また，金融業界で

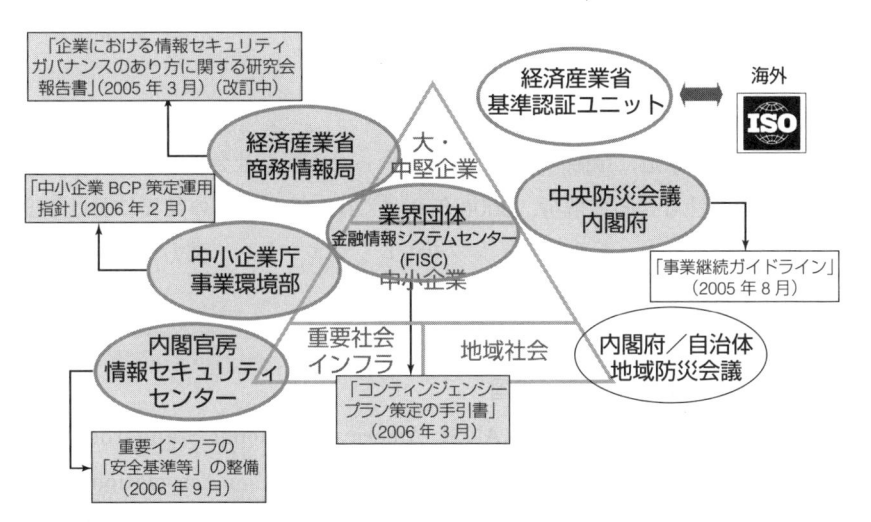

図7.1 BCPをめぐる行政機関の関連動向
（2007年2月現在）

も(財)金融情報システムセンターが，既刊のシステム安全基準と，コンティンジェンシープラン策定の手引書を，事業継続の観点も踏まえて改訂，後者は2006年3月に公開済みである．

以下，主なガイドラインについて紹介する．

(1) 経済産業省情報セキュリティ政策室

2005年3月に「企業における情報セキュリティ・ガバナンスのあり方に関する研究会報告書」においてBCP策定ガイドラインを公開．情報セキュリティの観点ではあるが，業務オペレーションや人員の確保といった，幅広い範囲で事業継続を捉えている．現在，その後の状況変化を受けて改訂作業中．

(2) 中小企業庁経営安定対策室

第2章で解説されているように，2006年2月に「中小企業BCP策定運用指針」をWeb上で公開．中小企業であっても事業継続を確保できるよう，自己診断や計画策定を支援するようなツールをWeb経由で利用できるように設計されている．

(3) 内閣官房情報セキュリティセンター

電気，ガス，水道，金融，通信，運輸といった重要な社会インフラのぜい弱性を相互依存性も含めて解析，2006年9月には，それぞれの業界における安全基準が策定された．重要社会インフラのレジリエンシー（弾力性のある回復力）確保を目指す（図7.2参照）．

7.2.2 海外の標準化動向―米国

NFPA 1600は米国規格協会（ANSI: American National Standards Institute）と米国防火協会（NFPA: National Fire Protection Association）が制定したものであり（写真7.1参照），標準化の中心となる標準フレームワークと位置付けられている．オリジナルは1995年の"Recommended Practice

重要インフラの「安全基準等」の指針

○証券取引や航空関連の情報システムの停止，重要情報の漏えいなど，国民生活・社会経済活動の基盤となる重要インフラ[※1]のIT障害[※2]が昨今多発．
○IT障害から重要インフラを防護するための全体計画として「重要インフラの情報セキュリティ対策に係る行動計画」を策定（2005年12月13日情報セキュリティ政策会議決定）．
○このうち，まず喫緊に対応すべきものとして，重要インフラ分野ごとの規範となる「安全基準等」を策定するにあたり，規定が望まれる事項（対策を行うべき事項）について，横断的に示した「重要インフラにおける情報セキュリティ確保に係る『安全基準等』策定にあたっての指針」を今般策定．

[※1] 重要インフラ10分野：情報通信，金融，航空，鉄道，電力，ガス，政府・行政サービス，医療，水道，物流
[※2] 重要インフラの各事業において発生する障害（サービスの停止や機能の低下等）のうちITの機能不全が引き起こすものを「IT障害」という．

重要インフラの情報セキュリティ対策に係る行動計画
（2005年12月13日 情報セキュリティ政策会議決定）

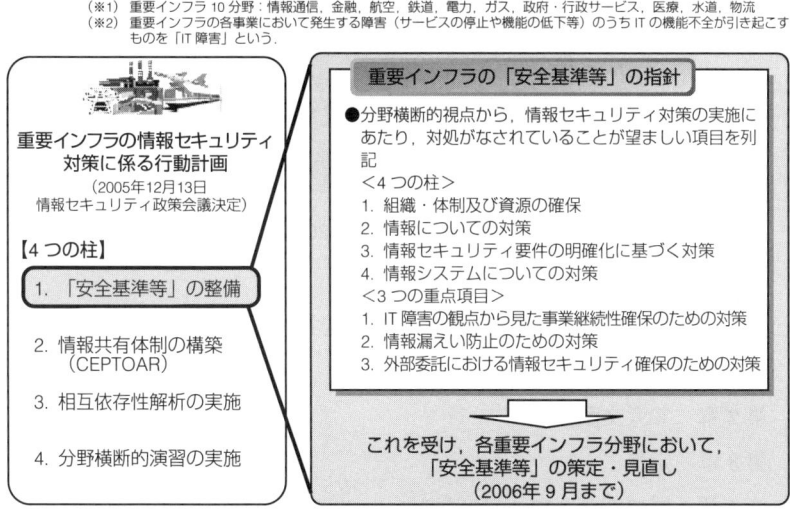

【4つの柱】
1. 「安全基準等」の整備
2. 情報共有体制の構築（CEPTOAR）
3. 相互依存性解析の実施
4. 分野横断的演習の実施

重要インフラの「安全基準等」の指針
●分野横断的視点から，情報セキュリティ対策の実施にあたり，対処がなされていることが望ましい項目を列記
＜4つの柱＞
1. 組織・体制及び資源の確保
2. 情報についての対策
3. 情報セキュリティ要件の明確化に基づく対策
4. 情報システムについての対策
＜3つの重点項目＞
1. IT障害の観点から見た事業継続性確保のための対策
2. 情報漏えい防止のための対策
3. 外部委託における情報セキュリティ確保のための対策

これを受け，各重要インフラ分野において，「安全基準等」の策定・見直し（2006年9月まで）

図7.2 内閣官房情報セキュリティセンター「第1次情報セキュリティ基本計画」より

for Disaster Management"で，その後2000年の改訂を経て，現行"Standard on Disaster/Emergency Management and Business Continuity Programs"が2004年に発行された．2007年に再度改訂される予定である．また，このNFPA 1600は，BCMの国際標準化のベースとして持ち込まれようとしている．内容は下記のとおり大きく5章に分かれるが，全体の構成として別添資料の方が本体部分よりページ数もかなり多い．すなわち本体ではフレームワークだけを示して，別添資料で詳細を参考として提示するというアプローチを採用し，NFPA 1600の導入を検討する組織の形態や業態などによって

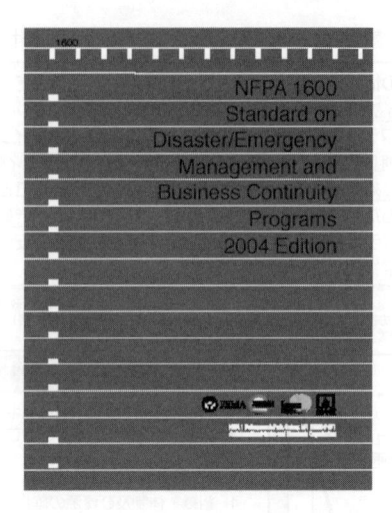

写真 7.1 NFPA 1600 2004 年版

自己判断の部分を多くし，柔軟性を持たせる意図が確認できる．

　第 1 章　運営
　第 2 章　参考文献
　第 3 章　定義
　第 4 章　プログラムマネジメント
　第 5 章　プログラム要素（エレメント）
　添付資料　A, B, C, D, E

7.2.3　海外の標準化動向―英国

英国 BCI（Business Continuity Institute）と英国規格協会（BSI: British Standard Institution）が 2003 年に公開した BCM にかかわるガイドラインである PAS 56 が標準化の中心となってきた．PAS とは，Publicly Available Specification（一般仕様書）のことで，パブリックコメントの期間を経て，英国規格（BS: British Standard）となった段階で消滅し，主要産業界からのフィードバックを反映した BS 25999-1 が，2006 年 11 月に発行された．対象

は行政・自治体といった公的機関と民間企業であることが明記されており，さらに下記のような分野と統合的に連関するものであると位置付けられている．

―リスクマネジメント
― DR（災害復旧）
―ファシリティマネジメント（施設管理）
―サプライチェーンマネジメント（SCM）
―品質マネジメント
―健康と安全
―ナレッジマネジメント
―緊急事態管理
―セキュリティ
―緊急時コミュニケーションと広報

また，内容構成としては下記のとおり，BCM 体制を構築・運営する手順がとりまとめられている．

―適用範囲
―用語の定義
―略語の解説
―概要（原則，BCM ライフサイクル）
― BCM プログラムマネジメント（マネジメント，方針，BCM への確信）
―現行ビジネスの認識（ビジネスインパクト分析，リスク評価）
― BCM 戦略（組織横断的な戦略，業務レベルの戦略，経営資源再確保のための戦略）
― BCM プランの策定と導入（BCP，経営資源再確保と手順計画，緊急事態管理計画）
― BCM 文化の構築と定着（普及・啓発，トレーニングと組織文化）
― BCM の演習，維持・管理と監査（演習，メンテナンス，監査）
―添付資料 A，B

なお，BS 25999 は二つのパートに分かれており，パート 1 が自己認証用，

パート2が第三者認証用になる．

また，BS 25999とは別に，英国BCIが2002年に公開したBCPガイドラインを2005年に改訂した「BCI Good Practice Guide」も，多くの欧米企業が参照している．BCIが提唱するプログラムマネジメントの流れを図7.3に示したが，まず自らの組織の業務やビジネスの可視化から始まり，中長期的にプログラムとして回すことを主張している．

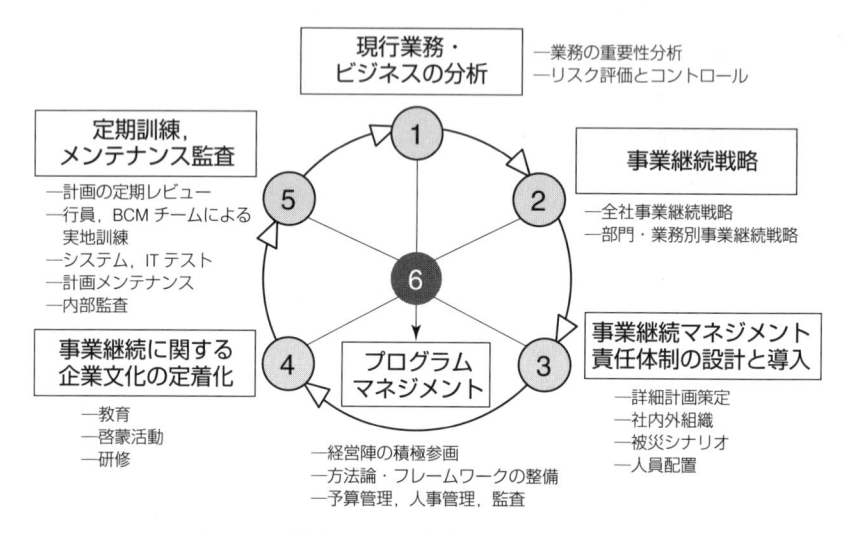

図7.3 英国BCIが提唱する事業継続のプログラムマネジメント

また，BCIの教育部門では，ここに来て急増した大学などの高等教育機関からの要請に応えるべく，BCMに関するシラバス（講義要綱）の雛形を公開している．図7.4はその概要を示しているが，基礎入門レベル（Foundation），検定レベル（Certificate）と学位レベル（Diploma）の3段階で構成され，特に学位レベルでは実際の現場での適用経験が単位として勘案されるなど，実践重視の設計となっている．

Module title 1 unit = c.6hrs teaching time	Foundation 6 Units	Certificate 10 Units	Diploma 20 Units
Introduction to BCM	1	1	3
1　Initiation and Management	0.5	1	2
2　Business Impact Analysis	0.5	1	2
3　Risk Evaluation and Control	0.5	1	1
4　Developing Business Continuity Management Strategies	1	2	2
5　Emergency Response and Operations	0.5	1	2
6　Developing and Implementing Business Continuity and Crisis Management Plans	0.5	1	2
7　Awareness and Training Programmes	0.5	1	1
8　Maintaining and Exercising Business Continuity and Crisis Management Plans	1	1	2
9　Crisis Communications		0.5	1
10　Coordination with External Agencies		0.5	1
BCM Activity Logbook			2
Assignment			5
UNITS	6	10	20
TEACHING HOURS	36	60	90

注）単位数は原文のまま．

図 7.4　BCI が提供する BCM にかかわるシラバス（講義要綱）の雛形
（The Business Coninuity institute, Academic Syllabus 2005）

7.2.4　海外の標準化動向—オーストラリア

2004 年に改訂された HB 221:2004 が BCM に特化したハンドブックとしてあるが，これとは別にリスクマネジメントの規格である，AS/NZS 4360:2004 でも障害・事故発生直後を対象とした危機・緊急時計画（Crisis and Emergency Plans）の後に続くフェーズとして，BCP を AS/NZS HB 221:2004 "Business Continuity Management" で定義している［BCP の後のフェーズについては，復旧計画（Recovery Plan）の範囲と定義している］．この AS/NZS 4360 は，もともと 1995 年にリスクマネジメントの規格として世界に先駆ける形で制定された．その後 1999 年の改訂を経て，現在の 2004 年版となっている．

また，HB 221:2004 は BCM 導入を支援するワークブックとして位置付けられ，下記のとおり，BCM 導入の必要性や位置付けの解説から，ステップを追った説明，さらに実際の BCM 体制構築に必要な様式が盛り込まれており，

第5章で述べた上級コース用の参考になる．

パート1：BCMとは？
　―BCMの進化
　―リスクとBCMの関係
　―BCMとコーポレートガバナンスの関係
　―BCMのアプローチ
　―リスクの認識とBCM
　―組織活動における重要な相互依存性
　―組織環境の例示
　―BCMの改善

パート2：BCMマニュアル
　―BCMプログラムの策定と始動（ステップ1～9）
　―BCMワークブック（様式1～11）

添付資料A, B

7.2.5　海外の標準化動向―シンガポール

(1) TR 19

シンガポール規格協会（SPRING）が2005年9月に公開した，BCMに関するガイドライン．約2年間のパブリックコメント期間を経てシンガポール規格（SS: Singapore Standard）化を目指す．既存の事業継続にかかわるガイドラインや標準を参考しながら，かつ，環境にかかわる領域はISO 14000シリーズを参照させるなど，他の内容と重複しないような方針がとられている．具体的内容は網羅性が重んじられ，表7.1のようなマトリックスの各領域について簡潔にとりまとめられている．

この中には，リスクコミュニケーション，サプライチェーンマネジメント，官民協業といった，最近の事業継続の分野で活発に議論されている諸点も取り込まれており，実効性の高い規格を目指している．

表記形式はISO/IECの国際規格の草案作成ルールを適用したり，巻末には

表7.1 TR 19におけるBCMのフレームワーク

BCMのフレームワーク		BCM構成要素			
		方針	プロセス	人員	インフラ
BCMの領域	リスク分析とレビュー				
	BIA（ビジネスインパクト分析）				
	BC戦略策定				
	BC計画策定				
	テストと訓練				
	プログラム・マネジメント				

パブリックコメントをそのままFAXできるような様式が含まれていたり，広く産官学などの市中からの意見を取り込み，実効性を確保し，最後には国際規格化との整合性も確保することで，シンガポールの国際的市場競争性を向上させようという意向も垣間見ることができる．

(2) SS 507

シンガポール情報通信開発庁（IDA: Infocomm Development Authority of Singapore）が2004年に策定した，事業継続や災害復旧に関する業界の標準（資格制度）．シンガポール政府のバックアップにより国内の事業継続や災害復旧に関する業界の競争優位性の確保を目的とするもの．これまでシンガポールは近隣諸国の企業を相手に，BC/DR関連のサービスを積極的に展開してきたが，業者間の品質格差が広がり，業界全体の信用力が落ち始めたことを懸念した政府が，産官学で連携した形で規格を制定した．実際にこの規格をクリアした業者は政府系や大手の7社程度だが，積極的に政府とタッグを組んでマレーシア，インド，中国，台湾といった近隣諸国に売込みを展開している（図7.5）．

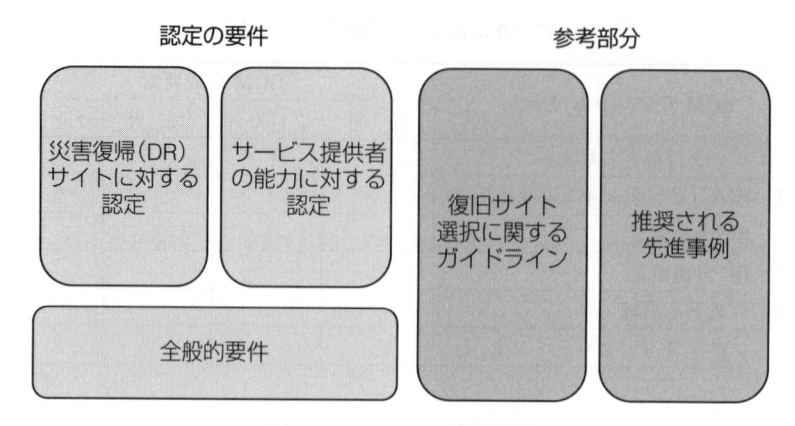

図 7.5　SS 507 の構成概要

7.3　国際標準化の動向

7.3.1　ISO 化の概要とスケジュール

　企業や自治体などの危機管理体制（Emergency Preparedness）に関する国際規格化を議論する国際会議を 2006 年 4 月に開催，13 か国からの出席者により様々な視点・観点から意見が提示された．会議に先立ち，議論のための原案として米国，カナダ，英国，オーストラリア，イスラエルと日本からそれぞれのドラフトが提出された．日本からは既存のガイドライン（経済産業省，内閣府など）を参考にし，また産業界からも意見を取り込んだ原案を提出した（図 7.6 参照）．

7.3.2　日本の対応

日本原案の概要と主な論点は以下のとおり．
① 　経済産業省，中央防災会議／内閣府のガイドラインの統合をベースに必要に応じて内容を補記．
② 　第三者による認証制度を採用しない．
③ 　災害発生直後における公的組織が第一義的行う活動は対象外．

7.3 国際標準化の動向　　209

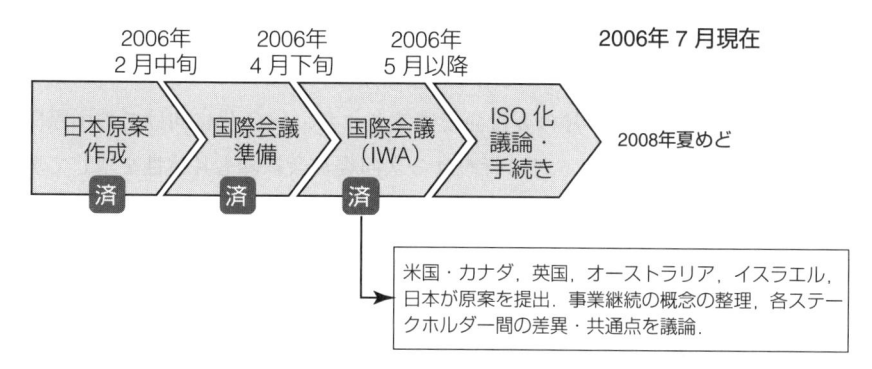

```
2006年       2006年       2006年                 2006年 7 月現在
2 月中旬     4 月下旬     5 月以降
[日本原案    [国際会議    [国際会議   [ISO 化
 作成]       準備]        (IWA)]     議論・
  済          済           済        手続き]    2008年夏めど
```

米国・カナダ，英国，オーストラリア，イスラエル，日本が原案を提出．事業継続の概念の整理，各ステークホルダー間の差異・共通点を議論．

図 7.6　事業継続関連基準の ISO 化に向けたスケジュール

④　対象とするリスクは各組織が合理的な基準に基づき自主的に選択するものとする．

⑤　広域災害においては，被災した地域の復旧計画との連携・調整に留意する．

7.3.3　今後の進み方

ISO では，正式に TC 223 委員会を立ち上げ，図 7.7 で示したような体制が

```
          TC 223
     Societal Secutity
    ┌──────┼──────┐
  WG 1      WG 2      WG 3
マネジメント・ 用語定義  コマンド, コントロール,
フレームワーク            コーディネーション
    │
  TG 1
 Emergency
Preparedness
```

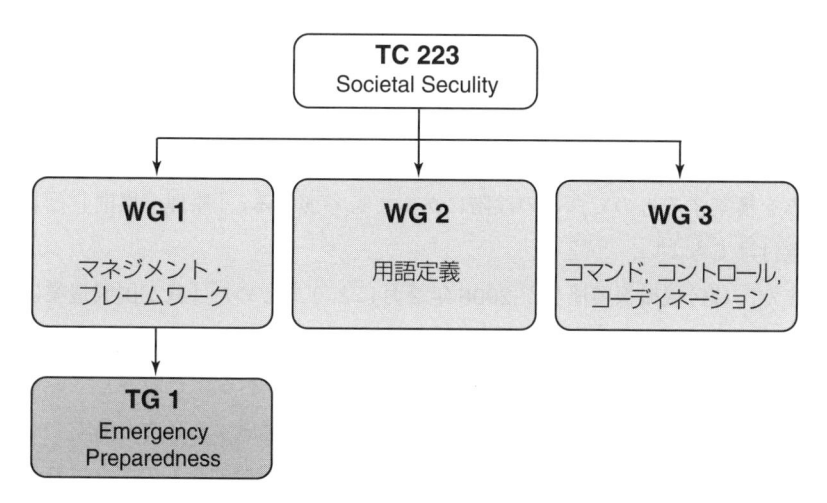

図 7.7　ISO における今後の検討体制

組まれ,特に WG 1（ワーキンググループ 1）の傘下に置かれる TG 1（タスクグループ 1）では 5 か国から提出された原案を統合したものをベースに最終原案を策定,2006 年 11 月の委員会で審議された.ISO 化に向けての国際間の議論・調整は,2007 年 5 月に行われる次回委員会以降も具体性を増して展開されるが,世界的にサプライチェーンを張り巡らす企業群を配し,また,地震などの広域災害の経験を豊富に持つ日本は,その立場・経験に基づき官民を問わず組織や地域がレジリエンシーを確立できるよう,また,発展途上国においてもそれが実現できるよう,議論・調整に貢献する.

7.4 指針・規格類の活用方法

前節では各種指針・規格等の特徴を概説したが,本節では実際の企業における活用方法を,中小企業における BCM（事業継続管理）体制の構築の段階を想定しながら考察する.

7.4.1 BCM 体制導入初期

まず,個別企業における BCM 体制の導入初期については,第 2 章で解説した「中小企業 BCP 策定運用指針」を用い,経営者・担当者の認識レベルに合わせて,BCM 導入の必要性や具体的なステップの確認に着手することが出発点として望ましい.この指針は図 7.8 で示すような,以後の各段階の大きな骨組みを構築するもので,どの段階にあっても参照する,「原理・原則」として位置付けてもよい.

また,(財)機械振興協会が 2006 年 2 月にとりまとめた「我が国製造業における SCM 及び BCP の実態調査」によると,BCP を策定済みという企業のうちの約 4 割が導入のきっかけは取引先からの要請である,と回答している実態を勘案すると,取引先による BCM 体制の要件も考慮する必要も出てくる.

しかしながら,事業継続の取組みは,最終的には自発的なものでなければその実効性は確保されないため,取引先からの要件も考慮しながら,実際の

7.4 指針・規格類の活用方法　211

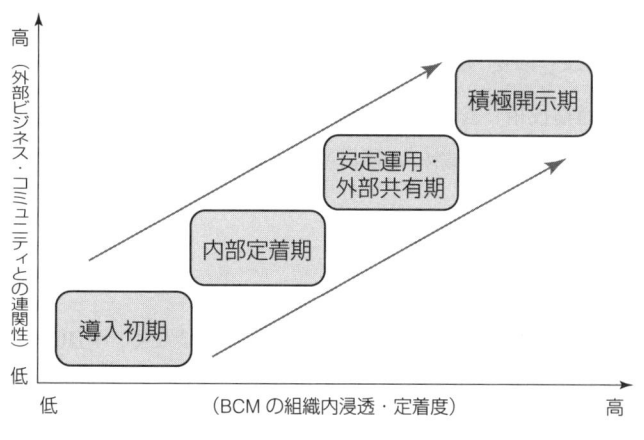

図 7.8　BCM 体制の構築の段階

BCM 体制の構築は指針などをベースに中小企業自らが愚直に取り組み始めることが肝要である．

7.4.2　BCM 体制内部定着期

社内への導入が行われた後は，訓練や研修・トレーニングの繰り返しを中心とした内部定着の努力が必要となる．この段階で力尽きると，その後の BCM 体制の構築は危ぶまれ，BCP そのものは，まさに「絵に描いた餅」となってしまう．

この段階で必要なのは，継続的な社内の普及・啓発活動であり，経営陣のコミットメントの継続が不可欠である．6.3.6「BCM 体制構築におけるプロフェッショナル人材育成」でも概説したように，BC 計画力は研修・トレーニングにより，また，BC 実行力は訓練を繰り返すことで身をもって覚えてもらう取組みを定着させることが重要なポイントである．この部分については，普及・啓蒙活動におけるモチベーションの向上やインセンティブの付与に関してのノウハウ蓄積において先行する欧米の指針・規格を参照することが有用と考える．

また，この段階あたりから，図 7.8 にも示したように外部のビジネスコミュ

ニティを意識し始める必要が出てくる．具体的には，ネットワークやSCM（サプライチェーンマネジメント）などを介して外部と情報のやりとりについてICT（情報通信技術）を用いて実施しているような部分についてもBCMを強化する必要があり，その際には経済産業省の事業継続策定ガイドラインが参考となる．

7.4.3　BCM体制安定運用・外部共有期

BCM体制が社内に定着すれば完了ということではなく，PDCAサイクルと同様に，マネジメントプログラムとして継続的に運用していく必要がある．その背景には，中小企業の経営を取り巻く環境や，ビジネス・業務オペレーションのやり方は常に変化し続けているという現実があることを忘れてはならない．

この段階では経営陣はBCMを日常的な経営のミッションの一部として自らの時間を割き，経常的に予算を配賦し，そして中長期的な人材育成を既にスタートしている必要がある．

また，BCMが個別企業のみの取組みだけでは不十分な現実を考えると，中小企業が属するサプライチェーン内での整合性の確保，同業他社を含めた業界全体としての事業継続の取組みの中で，自らのBCM体制の位置付けを調整することが必要不可欠となる．この段階は図7.8で示したように，外部のビジネスコミュニティとの連関性を強く求められる段階であり，各業界内で策定する指針・規格類との整合性を確保することが肝要である．

7.4.4　BCM体制積極開示期

BCM体制が安定運用期に入り，外部との共有体制も構築し，マネジメントプロセスとして回り始めた後は，IR活動も含め，外部に積極的に開示していく段階を迎える．

強い問題意識の下で試行錯誤を経て成熟したBCM体制を外部に積極的に開示することは，企業のゴーイング・コンサーン（存続し続ける存在）としての

継続性を示唆するもので，取引先や投資家からの信頼を向上させ，ひいては企業価値を増強するものである．

また，このような競争優位性を向上させるという効用のほかにも，自らが属するサプライチェーン，業界，また所在する地域コミュニティのレジリエンシー（弾力性のある回復力）を強化に貢献することにもつながり，企業の社会的責任（CSR）の観点からも，今後は経営的にも重要な取組みと位置付けられるようになるはずである．

この段階まで到達すれば，もはや指針・規格類を活用するというよりも，逆に指針・規格類に影響を及ぼすような先進企業としての位置付けとなる．

資 料 編

1. 事前対策メニュー一覧
2. BCP 様式類（記入シート）
3. BCP 関連資料
4. 中小企業向け施策の概要
5. 財務診断モデルに関する資料

（注）ここに掲載した資料の多くは、「中小企業 BCP 策定運用指針」に収録されているもの（一部編集）であり、中小企業庁のホームページ（http://www.chusho.meti.go.jp/bcp/index.html）からダウンロードすることができる．

資料1　事前対策メニュー一覧

購入コスト		実施内容	対象災害	対策の対象(注1)				備考(注2)	価格目安(万円)
				人的資源	物的資源		事業継続		
					モノ	金	情報		
購入コスト不要の対策	1	火災や津波，水害等に対して，避難計画（避難場所，手順など）を作成する．		A				（※避難場所については，[様式10]が利用できる．）	
	2	ライフライン（電力，ガス，水道）の代替手段を特定する．		A				一例として，必要最低限の電力の代替手段には自家用発電機，非常食の調理に必要な程度のガスであればアウトドア用ガスコンロ，飲用の水であればペットボトルなどが考えられる．	
	3	非常時に従業員と連絡を取るための連絡先リストを作成する．また，一般電話回線が寸断された場合の，従業員への連絡手段を特定する．		A				（※従業員連絡先リストの作成には，[様式12-1]が利用できる．）一般電話回線が不通となった場合のために，連絡が取れた近隣の従業員に，自転車やバイク等で見に行かせる等の計画を立てておくとよい．その際，日常業務や従業員の趣味を兼ねて，緊急時に自転車やバイクが使える状態にしておくことが望ましい．	
	4	非常時における従業員安否確認のため，災害用伝言ダイヤル「171」や，「災害用伝言板」（携帯電話向け）の利用方法を従業員に確認させる．		A				【参考】■NTT東日本「災害用伝言ダイヤル」http://www.ntt-east.co.jp/saigai/ ■NTT西日本「災害用伝言ダイヤル」http://www.ntt-west.co.jp/dengon/ ■（社）電気通信事業者協会「災害時の電話利用方法」http://www.tca.or.jp/infomation/disaster/	
	5	市町村が風水害時等に避難勧告・指示を発令した際にその情報を入手するルートを確認しておく．		A				不明の場合は，市区町村の防災部署に尋ねる．	
	6	非常時に警察，消防，各種指定公共機関（電力，ガス，水道など）に問い合わせるための緊急時用連絡リストを作成する．		A	A			（※連絡先リストの作成には，[様式11]が利用できる．）	
	7	水害の際，会社付近が浸水や土砂災害の被害を受ける危険性について，地元の役所の建設課などに問い合わせる．	洪水		A			（社）日本損害保険協会が「洪水ハザードマップ集」として全国の自治体に配布したものがあるので，地元の役所などに問い合わせるとよい．また，1級河川の氾濫洪水危険度は，国土交通省地方整備局の各事務所において公開されている．各自治体での洪水ハザードマップの公開状況については，下記のサイトを参照するのがよい．【参考】■国土交通省洪水ハザードマップ http://www.mlit.go.jp/river/saigai/tisiki/syozaiti/syozaiti.html	
	8	大型地震時における，自分の会社所在地の地震災害危険度，津波危険度について，地元の役所の建設課など	地震		A			※多くの各自治体が独自に「地震ハザードマップ」や「火災延焼危険度」を作成しているため，地元の役所に	

1．事前対策メニュー一覧　　　　　　　　　　217

購入コスト		実施内容	対象災害	対策の対象(注1)					備考(注2)	価格目安(万円)
				人的資源	物的資源			事業継続		
					モノ	金	情報			
購入コスト不要の対策（つづき）		に問い合わせる．また，自分の会社周辺の火災危険地域について，地元の役所などで公開している「火災延焼危険度」などを参照する．							問い合わせて確認するとよい．【参考】■内閣府地震危険度マップhttp://www.bousai.go.jp/oshirase/h17/050106_kouhyou/kouhyou.html■東京都地震危険度マップhttp://www.toshiseibi.metro.tokyo.jp/bosai/chousa_5/home.htm■東京消防庁地域別延焼危険度測定http://www.tfd.metro.tokyo.jp/lfe/bou_topic/bou_tp01.htm	
	9	洪水に備えて，棚にある貴重品や重要書類，電化製品などを高い位置に上げておく．また，日頃から，ビルの排水設備内の残骸や障害物を除去しておく．	洪水	A			B		【参考】■関東地方整備局河川部「大洪水に備えて」http://www.ktr.mlit.go.jp/kyoku/river/hanran/simu_01.htm	
	10	会社にとって継続が必要となる（中断が許されない）事業を把握する．						A	(※［様式06］が利用できる．)	
	11	保険のために，機械設備，コンピュータ（ソフトウェア，周辺機器を含む）等のリストを作成する．また，保険会社とコンタクトを取り，方針適用範囲と価格に関して確認し，必要であれば，現在の適用範囲を見直す．			A			A	(※［様式16-1］［様式16-2］［様式16-3］が利用できる．)(※［様式18］が利用できる．)	
	12	事業上の重要顧客，契約業者，供給業者などと連絡を取るための緊急時用連絡リストを作成する．また，相互のBCPについて話し合い，緊急時の協力体制等を構築しておく．						A	(※連絡先リストの作成には，［様式15］及び［様式17-2］が利用できる．)	
	13	会社の内部又は外部に影響する可能性のある非常事態の種類を把握しておく．						A		
	14	1週間，1か月間，及び6か月間，事業を中断した際の損失を計算する．また，事前の安全対策や緊急時に受けられる融資制度等を把握しておく．						A	(※「財務分析モデル」が利用できる．)	
	15	事業を早期に回復するための活動項目リストを作成する．また，事業継続に必要な項目類について把握しておく．						A	(※事業継続に必要な項目の整理には，［様式07］が利用できる．)特に，各種警報が発令された場合の対応項目や初動時対応項目については，カード形式にして常時携行できるようにしておくことが望ましい．【参考】■静岡県地震防災センター地震発生時用携帯カードの例http://www.e-quakes.pref.shizuoka.jp/hondana/pdf/a17-2001/a17-2001-1-1d.pdf	
	16	緊急時の地域貢献活動について何ができるかを検討しておく．同業者組合や地域コミュニティの活動に参加し，組合や地域のあり方等について日頃から話し合っておく．						A		
	17	役所，顧客，協力会社，同業者組合，地域コミュニティ等との日頃の付き						A		

購入コスト		実施内容	対象災害	対策の対象(注1)					備考(注2)	価格目安(万円)
				人的資源	物的資源			事業継続		
					モノ	金	情報			
購入コスト不要の対策(つづき)		合いを通じて，緊急時に有益な情報を入手できる人的ネットワークを構築しておく．								
	18	避難訓練実施や，社員ミーティング，会社のイントラネット，定期的な従業員へのeメール，及びその他の内部コミュニケーションに非常時の準備情報を含めることにより，会社の緊急対策計画に対する啓発・指導を行う．併せて，従業員家族向け小冊子などを作成し，家族を含めた従業員の災害時の心構えを促しておく．						A	【参考】■静岡県県地震防災センター家庭用カードの例 http://www.e-quakes.pref.shizuoka.jp/hondana/pdf/a17-2001/a17-2001-2-2b.pdf	
	19	日頃の業務を通じ，緊急時に社長のサポートや社長不在時の代行を担うことができる従業員を育成する．						A		
	20	地震，津波，洪水，停電その他の危機の発生を模擬した訓練を行う．機会があれば，市町村や自治会等が主催する防災訓練等に参加する．						A		
	21	建物が使用不可能の場合に何をすべきかについて，前もって決めておく．また，停電になった場合に各機器類が使用不能となるかを確認しておく．						A	(※建物が使用不可能となった場合の検討には，[様式08]が利用できる．)	
10万円未満程度の対策	22	災害対応の要となる従業員を対象に，応急措置と心肺蘇生法訓練を受講させる．		A					各自治体の消防署や救急関連団体などにより定期的に講習会が開催されていることがあるため，消防署などに問い合わせて確認するとよい．(ここでは，1人当たりの講習費を1万円程度と仮定している．)【参考】■(財)東京救命協会応急手当講習案内の例 http://www.teate.jp/teate.htm	
	23	地震に備えて，キャビネット，コンピュータ等の設備什器を壁や他の安定した設備に取り付ける．重い，又は壊れやすい物は棚の低い位置に置いておく．	地震	A	A		B		【参考】■滋賀県県民文化生活部総合防災課地震対策室 http://www.pref.shiga.jp/c/jishin/050523_shobo01/05.html 【関連商品製造／販売元の一例】■(株)ライオン事務器 http://www.lion-jimuki.co.jp/ ■(株)リンテック21 http://www.lintec21.co.jp/ ■(株)スリーサンズ http://www.3sons.co.jp/ ■(株)エクシールコーポレーション http://www.exseal.co.jp/	0.08〜0.5
	24	照明器具を購入する．			A				【関連商品製造／販売元の一例】■相日防災(株) http://www.sojitsu.com/ ■ユニバーサルトレーディング(株) http://www.epigas.co.jp/	0.03〜1.3
	25	保温シートを購入する．			B				【関連商品製造／販売元の一例】■(株)ハイマウント http://www.highmount.co.jp/ ■(有)エミリア http://www.emiliacom.jp/	0.05〜0.7

1. 事前対策メニュー一覧

購入コスト		実施内容	対象災害	対策の対象(注1)					備考 (注2)	価格目安 (万円)
				人的資源	モノ	金	情報	事業継続		
10万円未満程度の対策(つづき)	26	外壁，屋根，及び屋根裏の穴の周囲をコーキング，又は絶縁する．また，非常時の窓覆いや屋根覆いのため，ベニヤ板やブルーシートを確保しておく．	暴風		A				【関連商品製造／販売元の一例】 ■萩原工業 http://www.hagihara.co.jp/ ■住商グレンジャー株式会社 http://www.monotaro.com/	0.3～10
	27	重要な記録や書類をコピーし，安全な地区にある施設に保管する．					A			
	28	社内のパソコンについて，アンチウィルスソフトとファイアウォールをインストールし，定期的にアップデートする．					B		【参考】 ■情報処理推進機構「ウィルス対策スクール」 http://www.ipa.go.jp/security/y2k/virus/cdrom/index.html	
	29	持出袋を購入する．		A					【関連商品製造／販売元の一例】 ■相日防災(株) http://www.sojitsu.com/	0.2 ～0.6
	30	食料品を購入する． (1. セット)		A					【関連商品製造／販売元の一例】 ■相日防災(株) http://www.sojitsu.com/	0.2 ～0.9
	31	カセットコンロやカセットボンベを購入する		A						0.3 ～1.5
	32	多機能ラジオライト充電器を購入する．		A					【関連商品製造／販売元の一例】 ■(株)スターリング (旧ヤマタニ) http://www.sterling.jp/ ■相日防災(株) http://www.sojitsu.com/	0.2～1
	33	(※1人当たりの予算として) 災害用具リストに記載のある，全アイテムを購入する． その他，個人携帯用の用具一式に入れておくべき用具があれば，従業員と検討しておく．		A	A				災害用具の購入に充てることができる予算の範囲内で，[様式19]や下記ホームページにリストアップされている項目の中から優先的に必要と考えられるものを適宜選択して購入する． 特に携帯用ラジオ，懐中電灯，公衆電話用の硬貨，予備電池は必需品である． また，適当な額の現金，キャッシュカード，クレジットカードを手元に保管する． 【参考】 ■消防庁「防災グッズの紹介」 http://www.fdma.go.jp/html/life/sack.html	
	34	小規模企業共済制度への加入（災害時に即日融資を受けられる）				B	A		【参考】 ■中小企業基盤整備機構 http://www.smrj.go.jp/skyosai/index.html	
	35	テントを購入する． (2. プライベートテント：更衣室，シャワールーム，トイレ用)		B					【関連商品製造／販売元の一例】 ■(株)ケンユー http://www.kenyuu.co.jp/ ■(株)小川キャンパル http://www.ogawa-campal.co.jp/ ■(株)初田製作所 http://www.hatsuta.co.jp/	0.8 ～3.7
	36	防災セットを購入する．		A					【関連商品製造／販売元の一例】 ■相日防災(株) http://www.sojitsu.com/ ■旭電機化成(株) http://www.smile-asahi.co.jp/ ■(株)初田製作所 http://www.hatsuta.co.jp/	0.09～1

購入コスト	#	実施内容	対象災害	人的資源	モノ	金	情報	事業継続	備考(注2)	価格目安(万円)
10万円未満程度の対策(つづき)	37	救急セット（ファーストエイド）を購入する．		A					【関連商品製造／販売元の一例】 ■相日防災（株） http://www.sojitsu.com/ ■ユニバーサルトレーディング（株） http://www.epigas.com/	0.05～7
	38	食料品を購入する． (2. 主食)		A					【関連商品製造／販売元の一例】 ■尾西食品（株） http://www.onishifoods.com/ ■（株）セックコーポレーション http://www.cec-corp.co.jp/ ■相日防災（株） http://www.sojitsu.com/	0.03～2
	39	消火器と火災報知器を購入・設置する．	火災	A	A				【参考】 ■(社)横浜市火災予防協会 http://www.yfp.or.jp/contents5/index.html 【関連商品製造／販売元の一例】 ■相日防災（株） http://www.sojitsu.com/ ■能美防災（株） http://www.nohmi.co.jp/ ■（株）初田製作所 http://www.hatsuta.co.jp/	0.2～9.5
	40	簡易式風呂を購入する．			B				【関連商品製造／販売元の一例】 ■(株)東亜ステンレス http://www.interq.or.jp/cool/toa/framepage1.html ■アウベルクラフト（株） http://www.auvelcraft.co.jp/	10
	41	洪水に備えて，排水ポンプを維持，又は購入する．	洪水		B					
	42	重要なデータをバックアップするためのコンピュータ記憶装置（ポータブルハードディスク等）を購入し，安全な地区にある施設に格納する．					A		【参考】 ■(財)千葉県産業振興センター「ファイルのバックアップ」 http://www.ccjc-net.or.jp/~it-faq/sys/sb06.html	
10万円以上の対策	43	可能な限り多くの従業員を対象に，応急措置と心肺蘇生法訓練を受講させる．		B						
	44	専門のエンジニアに依頼して，ビルの耐風，耐火，耐震性能を評価してもらう．その上で，必要に応じて建物の補強工事を行う．			B				【参考】 ■(社)日本損害保険協会「風害に備えて」 http://www.sonpo.or.jp/disaster/typhoon/typhoon_02.html ■横浜市まちづくり調整局住宅部無料耐震診断の紹介 http://www.city.yokohama.jp/me/machi/housing/minju/mokukin/kou.html ■静岡県都市住宅部建築安全推進室「耐震ナビ」 http://www.taishinnavi.pref.shizuoka.jp/ ■(財)日本建築防災協会「わが家の耐震診断相談・支援コーナー」 http://www.kenchiku-bosai.or.jp/sindan/sindanNEWS.htm ■(社)東京建設業協会「耐震診断費用」	

1．事前対策メニュー一覧

購入コスト		実施内容	対象災害	対策の対象(注1)				備考 (注2)	価格目安 (万円)
				人的資源	物的資源		事業継続		
					モノ	金	情報			
10万円以上の対策 (つづき)								http://www.token.or.jp/taishin/cost1.htm ■横浜市まちづくり調整局住宅部耐震改修工事費用補助制度の紹介 http://www.city.yokohama.jp/me/machi/housing/minju/mokukin/mokukin0.html	
	45	自動スプリンクラ消火装置、消火ホース、耐火ドア・耐火壁を設置する。	火災		B			【参考】 ■(社)日本シヤッター・ドア協会 http://www.jsd-a.or.jp/	
	46	落雷防護システムを設置する。	落雷		B				
	47	業者が提供するデータバックアップサービスを導入する。					B		
	48	複数社の携帯電話、PHS、IP電話など複数の通信手段を確保する。また、非常時対応のための音声通信網（例えば、電話会議機能など）を確立しておく。					A		(※通信手段の取りまとめについては、［様式13］が利用できる。)	
	49	非常時用の発電機などを購入し、燃料を維持する。					A		一般的な小型発動発電機であれば、10万円程度から市販されている。大型機で数百万かかるものもある。【関連商品製造／販売元の一例】■本田技研工業(株) http://www.honda.co.jp/	
	50	付加的な保険（事業中断、所得喪失、特別な出費、洪水、地震）に加入する。					B		【参考】 ■(社)日本損害保険協会「水害への保険対策」 http://www.sonpo.or.jp/disaster/flood/flood_03.html ■(社)日本損害保険協会「風災害への保険対策」 http://www.sonpo.or.jp/disaster/typhoon/typhoon_03.html	
	51	非常時対応の要となる従業員に数日間のBCP研修を受講させる。					A			
	52	専門家に、防災準備とBCPの評価又は作成の依頼を検討する。					B		■NTT西日本 http://www.ntt-west.co.jp/	
	53	レスキューセットを購入する。		A					【関連商品製造／販売元の一例】■(株)明宏 http://www.meiko.ne.jp/ ■相日防災(株) http://www.sojitsu.com/ ■フジワラ産業(株) http://www.fj-i.co.jp/	0.4～23
	54	脱出用ツールを購入する。		B					【関連商品製造／販売元の一例】■(株)ビッグウイング http://www.bigwing.co.jp/ ■(株)HAMADAテクノマシン http://www.hamada-techno.com/	5～26
	55	トイレを購入する。		B					【関連商品製造／販売元の一例】■(株)ケンユー http://www.kenyuu.co.jp/ ■(株)初田製作所 http://www.hatsuta.co.jp/ ■神栄(株) http://www.shinyei.co.jp/	0.05～37
	56	テントを購入する。 (1. 大型テント：4人以上)		B					【関連商品製造／販売元の一例】■(有)エミリア	2.4～58

購入コスト		実施内容	対象災害	対策の対象(注1)				備考(注2)	価格目安(万円)
				人的資源	物的資源		事業継続		
					モノ	金	情報			
10万円以上の対策（つづき）								http://www.emiliacom.jp/ ■(株)小川キャンパル http://www.ogawa-campal.co.jp/	
	57	浄水器を購入する.	A					【関連商品製造／販売元の一例】 ■(有)アント http://ant.f-dora.com/ ■(株)エィアンドエイティー http://www.a-and-at.com/ ■ニューメディカ・テック(株) http://www.nmt.or.jp/	0.1 ～263
	58	飛散防止フィルムを購入しガラスに設置する.		A				【関連商品製造／販売元の一例】 ■住友スリーエム(株) http://www.mmm.co.jp/ ■(株)ニトムズ http://www.nitoms.com/	0.9～ 数十
	59	建物の耐震補強		A	A			住宅に関する補強工事費用はおおよそ数十万円以上，平均で約120万円となっている．木造の住宅兼店舗の場合は同程度，規模の大きな店舗の場合にはそれ以上の費用がかかると思われる．自治体が費用の一部を支援してくれる場合があるため，有効に活用することが期待される．	数十～

注1) 優先度は右のとおり．A>B>C
注2)「備考」に示した各企業はあくまで一例である．採用・購入にあたっては自社の責任で判断されたい．

資料2　BCP様式類（記入シート）

様式01	BCP表紙・目次	
様式02	BCPの基本方針	
様式03	BCPの策定・運用体制	
様式04	従業員携帯カード	
様式05	複数企業連携によるBCPの策定・運用体制	
様式06	中核事業に係る情報	
様式07	中核事業影響度評価フォーム	
様式08	事業継続に係る各種資源の代替の情報	
様式09	事前対策のための投資計画	
様式10	避難計画シート【屋外避難用】	
様式11	主要組織の連絡先	
様式12-1	従業員連絡先リスト【従業員一覧】	
様式12-2	従業員連絡先リスト【従業員個別用】	
様式12-3	従業員連絡先リスト【基本情報整理用】	
様式13	情報通信手段の情報	
様式14	電話/FAX番号シート【自社用】	
様式15	主要顧客情報	
様式16-1	中核事業に係るボトルネック資源【設備／機械／車両など】	
様式16-2	中核事業に係るボトルネック資源【コンピュータ機器とソフトウェア】	
様式16-3	中核事業に係るボトルネック資源【その他の器具類】	
様式17-1	中核事業に必要な供給品目情報	
様式17-2	主要供給者／業者情報【供給品目別】	
様式18	保険情報リスト【損害補償の範囲検討用】	
様式19	災害対応用具チェックリスト	
様式20	地域貢献活動	

注）同一様式の帳票が複数ページにわたる場合は，当該ページ上部の（　　／　　）に，（現在のページ数／全ページ数）を記入しておくとよいでしょう．

[様式 01]

BCP 表紙 & 目次

　記入した本様式集は，次ページの表紙及び目次を用いて，束ねて保管するのがよいでしょう．その際，次ページの上部にある下線部には，貴社名を記入して下さい．

事業継続計画

平成　年　月　日 作成

平成　年　月　日 改訂（第　版）

資 料 編

目 次 構 成

目　次	様式類	頁
1. 基本方針		
2. BCPの運用体制		
3. 中核事業と復旧目標		
4. 財務診断と事前対策計画		
5. 緊急時におけるBCP発動		
(1) 発動フロー		
(2) 避難		
(3) 情報連絡		
(4) 資源		
(5) 地域貢献		
6. 自己診断結果		

注) 様式類の欄に組み込む様式や資料等を記入. また, 頁を記入.

[様式02]

BCP の基本方針

- 当社においてBCP（事業継続計画）を策定・運用する目的とともに，当社の特性を踏まえ，緊急時に事業継続を図る上で要点となり得る事項は以下のとおりである．

1. BCP策定・運用の目的：
　①顧客にとって
　_____

　②従業員にとって
　_____

　③地域にとって
　_____

　④その他
　_____

2. 緊急時に事業継続を図る上での要点：
　①企業同士の助け合い
　_____

　②商取引上のモラル
　_____

　③地域への貢献
　_____

　④公的支援制度の活用
　_____

　⑤その他
　_____

3. BCP及び災害計画の更新時期：毎年_____月（年_____回更新）

[様式 03]

BCP の策定・運用体制

- 当社において，BCP（事業継続計画）を策定する体制，平常時に BCP の運用を推進する体制，及び緊急時に BCP を発動し継続対策を推進する体制は以下のとおりである．
- 各責任者は，経営者自らがあたるべきである．なお，サブリーダー，緊急時の体制におけるそれぞれの代行者について，以下のように定めることとする．

1. BCP の策定体制：

　①責任者

　②サブリーダー（必要に応じて複数名）

2. 平常時における BCP の運用推進体制：

　①責任者

　②サブリーダー（必要に応じて複数名）

　③連携する取引先企業や協力会社

　④一緒に取組む組合等の組織

　⑤BCP 運用の対象者　　　　　　　　　　従業員全員で運用する．

3. 緊急時における BCP の発動体制：

　①責任者　　　　　　　　　　　　　　〔代行者〕

　②顧客・協力会社担当サブリーダー　　〔代行者〕

　③事業資源担当サブリーダー　　　　　〔代行者〕

　④財務担当サブリーダー　　　　　　　〔代行者〕

　⑤従業員支援担当サブリーダー　　　　〔代行者〕

2．BCP様式類（記入シート）

[様式04]

従業員携帯カード

● 緊急事態に迅速な初動対応ができるよう，必要事項を記入の上，すべての従業員に携帯させるとよいでしょう．

〔表面〕

会社名＿＿＿＿＿＿＿＿＿＿＿＿＿．

携行カード

お願い：このカードを拾得された方は下記までご連絡下さい．
所在地〒＿＿＿＿＿＿＿＿＿＿＿＿＿
電　話＿＿＿＿＿＿．FAX＿＿＿＿＿＿

緊急時の行動	
地震	①火の元を始末 ②海岸近く，大きく揺れたら高台に逃げる ③震度5強で会社に自動参集
風水害	①気象情報に注意 ②書類や資機材を2階へ移動 ③警報が出たら避難の準備
火災	①大声で周囲に知らせ119番 ②初期消火，火が天井まで回ったら退避 ③煙に注意，口に濡タオル，姿勢低く

本人情報	
氏　名	
血液型	
持病・アレルギー	
かかり付け医師	
就業時の避難場所	
自宅近くの避難所	

〔裏面〕

連絡先 （電話番号，携帯電話，携帯メール）	
自宅電話番号	
家　族①	通勤通学先 携帯
家　族②	通勤通学先 携帯
家　族③	通勤通学先 携帯
地域外に住む親戚	（電話輻輳時に家族全員が連絡）
社　長	
上　司	
社内緊急連絡網の連絡相手	
社内緊急連絡網上記不在時の相手	
重要取引先①	
重要取引先②	
重要取引先③	
重要取引先④	
災害伝言ダイヤル	171

切り取って3つ折にし，定期入れや財布に納めて下さい．

[様式05]

複数企業連携によるBCPの策定・運用体制

● 複数企業で連携して取り組む際の体制及び連携内容は以下のとおりである．
（該当項目（□内）をチェックし，具体的内容を記載すること．［上級コース］）

1. 連携企業：

①種類	□サプライチェーン形成企業　□同業者の協同組合等　□地域的な協同組合等
②企業名	幹事会社名と連絡先： 構成企業：

2. 連携内容：

チェック	種　類	補　足
□	目標復旧時間の目処を予め調整の上，企業間で共通認識を持っておく．	
□	共同でBCPに関する勉強会を開催したり，訓練を行ったりする．	
□	緊急時対策のための施設や資機材を共同で設置・備蓄する．	共同施設・資機材：
□	緊急時に操業停止した場合，他の企業が製造や納品を代替する．	代替業務の内容例：
□	緊急時に被災企業に対して要員応援を行う．	要員応援の主な業務例：
□	その他	

3. その他：

・連携活動によって発生する費用は，_____
_____とする（構成企業で等配分／応援を受ける企業が負担など）．

・幹事会社は，_____（少なくとも年に1回）頃に全ての構成企業の担当幹部が出席する連絡会を開催し，情報交換を行うとともに，必要に応じて連携内容を見直す．

[様式06] (　　／　　)

中核事業に係る情報

● 当社における中核事業及びそれに係る情報は以下のとおりである．

中核事業		
中核事業の 社内責任者		
中核事業中断の 場合の損失額 (含む違約金等)		
中核事業による製品等 の納入・提供先 (複数ある場合は すべてを記載)	会社名	
	主要連絡先 (電話番号 等)	
	社内担当者	
中核事業に必要な原材 料等の入手先 (複数ある場合は すべてを記載)	会社名	
	主要連絡先 (電話番号 等)	
	社内担当者	
目標復旧時間 (括弧内の適当な 時間単位に○を付ける)	(時間・日・週間　程度)	
中核事業中断の 可能性がある災害等		
備考		

資料編

[様式06] (　／　)

中核事業に係る情報

○中核事業【　　　】の継続に必要な資源

○重要業務（該当するものすべてを記載）

重要業務	重要業務に必要な資源		重要業務の責任者	責任者連絡先	備考
	入手による一部代替が不可能な資源	入手による一部代替が可能な資源			

(※「重要業務」の枠数が足りない場合は、本ページを必要分コピーして利用すること。)

[様式07] (　　／　　)

中核事業影響度評価フォーム

【(_____) の災害の場合】

①中核事業の継続に必要な資源 (ボトルネック資源)	②中核事業に対する重要度の大きさ	③想定している災害がボトルネックに与える影響	④影響の大きさ (②×③)
従業員			
工場などの施設・店舗			
設備（製造用機材など）			
原材料等の供給			
パソコン（インターネットや電子メールを含む）			
情報管理システム			
電話			
電気			
ガス			
水道			
納品のための輸送手段			
各種書類・帳票類			
その他の障害 (以下の空欄に記入する.)			

注）ここで示した「中核事業影響度フォーム」は，想定している災害が各ボトルネックに与える影響の大きさを把握する方法の一例である．

本フォームの記入方法

①に［様式06］で整理した「重要業務に必要な資源」をまとめて記入する．

②には，①に記入した資源ごとに，以下の方針に従って，数字を入力する．
（※重要業務ごとに「代替が不可能」と「代替が可能」というように評価が分かれている場合には，「代替が不可能」と考えて，3を入力すること．）

○「人手による代替が不可能な資源」→3
○「人手による代替などで，一部は操業できる資源」→2
○ ①に例記したもののうち，「操業にはまったく支障がない資源」→1

③には，想定している災害により①の各ボトルネックが受ける影響を，以下の方針に従って，数字を入力する．

○ 想定した災害により，目標復旧時間までの復旧に間に合わない程度の量／期間において影響を受けると考えられる場合→3
○ 想定した災害により，ある程度の量／時間は影響を受けるが，目標復旧時間までの復旧には間に合うと考えられる場合→2
○ 想定した災害からはほとんど被害を受けないと考えられる場合→1

④には，②と③で記入した数字同士を掛け合わせた数値を記入する．この数値が大きいほど，想定している災害が発生した場合に当該ボトルネックが中核事業の継続を困難にする度合いが高いといえる．

以上により，想定している災害が各ボトルネックに与える影響の大きさを全体として把握することができる．

[様式08]

事業継続に係る各種資源の代替の情報

- 緊急事態発生後に中核事業を復旧させるための代替方針に関する情報を以下に整理する．

① 情報連絡の拠点となる場所			
拠点となる場所 （住所）			
建物所有者/管理者			
第一電話番号		予備電話番号	
その他連絡先 （携帯電話，PHS等）		eメール	
連絡すべき内容			
当該場所に 行くべき従業員			
備考			

○当該場所までの地図（必要と思われる場合）

② 事業復旧を実施するための場所			
事業復旧場所（住所）			
建物所有者/管理者			
第一電話番号		予備電話番号	
その他連絡先 （携帯電話，PHS等）		eメール	
事業復旧場所で 継続される中核事業			
当該場所に 行くべき従業員			
備考			

○当該場所までの地図（必要と思われる場合）

③ 応援要員

1. 事業復旧のための要員

協力依頼想定者	第一電話番号, 携帯電話番号等の連絡先	支援を依頼すべき業務内容等

備考	

③ 応援要員

2. 被災生活支援のための要員

協力依頼想定者	第一電話番号, 携帯電話番号等の連絡先	支援を依頼すべき業務内容等

備考	

④ 資金調達	
資金調達手段, 方針 等	
備考	

⑤ 通信手段・各種インフラ	
電話等の 通信手段の 代替方針	
電力	
ガス	
水道	
その他	
備考	

資料編

( )

⑥ 中核事業に必要となる情報に関する情報（バックアップに関する情報を含む）

情報名等 書類名等	関連する 社内重要業務	保管 場所	社内 責任者	※記録媒体	バックアップの有無	バックアップの記録媒体	バックアップの保管場所	バックアップの頻度	上記の情報が無効になった場合の対応方針（再作成が可能な場合はその方法など）	備考
					あり/なし					
					あり/なし					
					あり/なし					
					あり/なし					
					あり/なし					
					あり/なし					
					あり/なし					
					あり/なし					

※印刷物、パソコンのハードディスク、外付けハードディスク、CD・DVD、フロッピーディスクなどがある。

2. BCP 様式類（記入シート）

[様式 09]

事前対策のための投資計画

- 事業継続の能力を高めるための施設や設備の整備に関する投資計画として以下のものを立案する。
（一般に多額の資金が必要であるため、公的融資制度の積極的な活用が推奨される。）

チェック	対策項目※	現状の対策レベル	対策後のレベル	必要資金（百万円）	資金調達方法	実施年（予定）
☐	事業所の耐震強化（立替・補強）					
☐	事業所の不燃化					
☐	水害時の浸水防止工事					
☐	土砂災害防止工事					
☐	津波用等の避難施設の整備					
☐	機械等の転倒・落下防止					
☐	災害対策用発電機の購入					
☐	応急給水設備の整備					
☐	災害対策用通信施設の整備					
☐	防災倉庫の建築					

※記入例であるので、会社独自の対策項目を空欄に追加する。

[様式10]

避難計画シート【屋外避難用】

○_____への避難計画（避難場所の名称を記入）

会社から避難が必要となった場合にするべき事項	
集合場所	
集合場所責任者 （代理責任者）	
上記責任者の責務	
業務停止責任者 （代理責任者）	
上記責任者の責務	
避難解除責任者 （代理責任者）	
備考	

- 発災時の混乱や停滞を避けるために，隣接業者や社屋管理者などと共同で本計画を作成することが望まれる．
- 避難場所の地図をコピーして，掲示しておく．
- 非常口は明確にしておく．
- 1年間に_____回，避難訓練を実施する．

2. BCP様式類（記入シート）

[様式11]（　　／　　）

主要組織の連絡先

- 当社における中核事業の継続・復旧において重要な組織の連絡先には以下のものがある．[ここで記載する組織は，当社の中核事業に必要となる組織(例：銀行，債権者，保険会社等)，及び事業の再開を支援する組織（例：公共事業体，放送局等）を含むものである．]

業種分類：
☐ 消防署　　　☐ 警察署　　　☐ 病院
☐ 電話会社　　☐ 電力会社　　☐ ガス会社　　☐ 水道事業者
☐ 金融機関　　☐ 保険会社　　☐ 監査法人　　☐ 会計士　　　☐ 債権者
☐ 建物管理者　☐ 建物所有者　☐ 建物警備会社　☐ その他：

事業名（又はサービス名）				
提供されるサービス内容				
口座番号（必要な場合）				
住所				
ホームページアドレス				
電話番号（代表）				
第1連絡先	部署		担当者名	
	電話番号		携帯電話等	
	Fax番号		eメール	
第2連絡先	部署		担当者名	
	電話番号		携帯電話等	
	Fax番号		eメール	
備考				

[様式 12-1]（　　／　　）

従業員連絡先リスト【従業員一覧】

- 緊急時においても従業員と連絡をとることができるように，従業員（又は事業主）の情報を以下に整理する．
  （このリストが必要になった場合に安全に手に取れる場所に，最新版のコピーを保管しておくこと．）

個別リストNo. ［様式12-2］	従業員氏名	個別リストNo. ［様式12-2］	従業員氏名

[様式12-2]〔No.　　　〕

従業員連絡先リスト【従業員個別用】

［様式12-1］に記載のある各従業員の連絡先を以下に整理する．
（［様式12-1］における各従業員の番号を，本ページ上部の〔No.　〕に記入すること．）

氏名		役職	
主要な責務			
自宅の住所			
自宅電話番号		携帯電話番号等	
会社用eメール		自宅用eメール	
上記以外の緊急時連絡先		本人との続柄	
緊急時連絡先電話番号		予備電話番号	
電話による確認事項，依頼事項 等			
災害時における出社可能性	自宅から会社までの距離（徒歩による出社等の可能性判断）	約　　　　km	
	平時の通勤手段		
資格・技能等（事業復旧時に有効と考えられるもの）	□応急処置　　□CPR（心肺蘇生法）　　□アマチュア無線 □建設・輸送機械操作免許　（操作対象：　　　　　　　） □自動二輪，大型特殊車両等の運転免許（対象：　　　　　　　） □緊急時に有効なその他の資格：		
備考			

[様式12-3]（　　／　　）

従業員連絡先リスト【基本情報整理用】

- 緊急時においても従業員と連絡をとることができるように，従業員（又は事業主）の情報を以下に整理する．
  （このリストが必要になった場合に安全に手に取れる場所に，最新版のコピーを保管しておくこと．）

[　　　　　　　　]（※ 部署名，求める役割等の区分）

番号	従業員氏名	自宅電話番号 （予備電話番号）	主要な責務， 緊急時の依頼事項 等	備考 （事業復旧に 有効な技能等）

2. BCP 様式類（記入シート）

[様式13]（　　／　　）

情報通信手段の情報

● 緊急事態発生時における従業員，取引先，供給業者，及び他の主要な連絡先との連絡は，災害発生後の営業活動再開に重大な影響を与える．その連絡のために利用する通信機器を以下のとおり整理する．

利用を想定する 情報通信機器の種別	□電話（外線）　　□電話（内線）　　□ファックス □ポケットベル　　□インターネット　　□携帯電話 □その他（説明）
当該資源の現状	□　現在，使用中　　　　□リース予定／購入予定
平時利用している 機種名，台数	
緊急時に必要と 予測される台数（概数）	
緊急時の障害等により 機能する台数が上記に 満たない場合の対応	□　リース　　□　事業復旧場所向けに購入　　□　その他 （リース/購入予定業者名：　　　　　　　　　　） （リース/購入予定業者名（予備）：　　　　　　　　） 「その他」の場合：
事業継続の際の 想定設置場所	
備考	

[様式14] (　　/　　)

電話/FAX番号シート【自社用】

- 当社が所有する電話/FAX番号には以下のものがある。
（BCP発動時において、中核事業の復旧・継続のために、各電話/FAX番号が不可欠かどうかを検討しておくこと。このとき、中核事業の復旧・継続のために不可欠な番号である場合は、事前対策や代替手段の確保方法を併せて検討しておく必要がある。）

電話番号	タイプ (内線、外線、 フリーダイヤル、 FAX、携帯電話、 その他)	状態 (「現在、使用中」 又は、「復旧期間中 のみ確立」)	重要度 (中核事業の継続に関す る重要度を「高」、「低」 により評価する)	対応策 (左記項目の重要度が「高」 の場合の対応策を記入。 例：事業復旧場所への転送、 新たに番号を登録する)	関連する 社内重要業務

備考：

[様式 15]（　　／　　）

主要顧客情報

- 当社の中核事業に関連する顧客の情報を以下に整理する．

会社名					
提供する製品／材料／サービス					
平時における製品等の提供手段（輸送手段 等）					
口座番号（必要な場合）					
会社	住所				
	ホームページアドレス				
	電話番号（代表）				
第1連絡先	部署		担当者名		
	電話番号		携帯電話等		
	Fax 番号		e メール		
第2連絡先	部署		担当者名		
	電話番号		携帯電話等		
	Fax 番号		e メール		
備考					

［様式 16-1］（　　／　　）

中核事業に係るボトルネック資源
【設備／機械／車両など】

- 当社の中核事業継続においてボトルネックとなる機械や設備などについては，以下のとおりである．
（風水害など，事前の警戒情報が期待できる災害においては，安全な場所に移動が可能な設備や機械かどうかについても把握しておくこと．また，コンピュータ設備は［様式16-2］「コンピュータ設備とソフトウェア」用紙に整理すること．）

当該資源を利用する社内重要業務	
社内責任者	
当該資源の現状	□ 現在，使用中　　　□リース予定／購入予定
品名（モデル名）	
供給業者	
供給業者（予備）	
事業継続の際の想定設置場所	
交換・設置に要する時間	
備考 (当該資源と関連して必要となるもの 等)	

2. BCP 様式類（記入シート）

[様式 16-2]（　　／　　）

中核事業に係るボトルネック資源
【コンピュータ機器とソフトウェア】

- 当社の中核事業継続においてボトルネックとなるコンピュータ，周辺機器及びソフトウェアには以下のものがある．
  （風水害など，事前の警戒情報が期待できる災害においては，安全な場所に直前に移動が可能なコンピュータ機器かどうかを把握しておくこと．）

当該資源を利用する社内重要業務	
社内責任者	
当該資源の現状	□ 現在，使用中　　□リース予定／購入予定
品名（バージョン等）	
数量（機器）	
タイプ	□ コンピュータ（パソコンやサーバなど） □ 各種周辺機器 □ ソフトウェア
供給業者	
供給業者（予備）	
事業継続の際の想定設置場所	
備考 （購買/リースした日付・価格，シリアル番号 等）	

[様式 16-3]（　　／　　）

中核事業に係るボトルネック資源
【その他の器具類】

- 当社の中核事業を代替施設で復旧・継続させる際に必要となる各種の機材や道具類には以下のものがある．
  （この表の記載例以外の必要な道具類については，空欄に記入すること．）

項目	数量	供給業者	供給業者（予備）	設置場所
イス				
机				
延長コード				
キャビネット				
メール箱				
移動用エアコン				
テーブル				
ゴミ箱				
その他（説明）				

[様式17-1] (　　／　　)

中核事業に必要な供給品目情報

- 中核事業を復旧・継続するために必要な供給品目には以下のものがある．
  （機械用の特殊な液体など，設備や作業過程の維持に不可欠な品目も含む．）
- この様式に記載した供給品目の供給者に関する情報については，［様式17-2］主要供給者／業者情報に整理する．
  （ペン，紙，ホッチキス等の基本的な事務用品，及び，ファイル用棚，机，イス等のオフィス家具は［様式16-3］で整理するため，この様式には含まない．）

供給品目	注文番号	数量	供給業者	関連する社内重要業務
備考				

[様式 17-2]（　　／　　）

主要供給者／業者情報【供給品目別】

● 中核事業を復旧・継続するために必要な供給品目（［様式17-1］で整理したもの）を供給する業者／代替業者に関する情報を以下に整理する．

提供される製品／材料／サービス				
会社名				
業者との取引状況		□ 現在取引中の供給者／業者	□	予備の供給者／業者
平時における製品等の納入手段（輸送手段 等）				
口座番号（必要な場合）				
会社	住所			
	ホームページアドレス			
	電話番号（代表）			
第1連絡先	部署		担当者名	
	電話番号		携帯電話等	
	Fax 番号		e メール	
第2連絡先	部署		担当者名	
	電話番号		携帯電話等	
	Fax 番号		e メール	
備考				

[様式18] (　　／　　)

保険情報リスト【損害補償の範囲検討用】

● 保険代理店と損害補償の範囲の情報について以下に整理する．

保険代理店名			
住所			
連絡先部署		担当者名	
連絡先電話		予備連絡先電話	
Fax番号		eメールアドレス	

保険証情報

保険のタイプ	保険証番号	免責金額	補償限度額	補償範囲

洪水保険を必要とするか？　　　　　　　　　　　　（　はい　／　いいえ　）
地震保険を必要とするか？　　　　　　　　　　　　（　はい　／　いいえ　）
事業収益及び特別損失に関する保険を必要とするか？　（　はい　／　いいえ　）

その他の災害関連の保険に関する質問 等：

[様式 19]

災害対応用具チェックリスト

- 被災時において緊急支援が到着するまでに必要となる防災用具の整備状況は以下のとおりである．
  （不足している用具については是非とも購入しておくことが望ましい．また，会社が供給すべき防災用具について従業員と検討し，以下に挙げた用具以外にも必要と思われる防災用具がある場合は，併せて準備を検討すること．）

	従業員分の水（飲料用と生活用のためには，一人当たり一日 3 リットルが目安）
	従業員分の食物（非腐敗性食品を少なくとも 3 日間分）
	缶切及び紙製（又はプラスチック製）食器
	カセットコンロ及びガスボンベ
	ラジオ（乾電池型，手巻充電型）と予備乾電池
	懐中電燈と予備乾電池
	救急箱
	笛（救助を求めるためのもの）
	作業用防具類（ヘルメット，防塵マスク，アイガード，作業用手袋など）
	衛生用具類（ウェットティッシュ，トイレットペーパーなど）
	工具類（ペンチ，ハンマー，遮断レンチ，シャベル，てこ用棒など）
	文具類［鉛筆，マジックペン（数色），ノートなど］
	蓋付きポリバケツ，ゴミ袋，ほうき
	ビニールシート及びテープ（部屋を閉じるため）
	ブルーシート
	簡易トイレ製品（又は，トイレ用ビニール袋及びビニールテープ）
	カメラ，フィルム，予備乾電池（損害を記録するため．使い捨てカメラでも OK）
	毛布（可能ならば，簡易ベッドやマットなどもあるとよい）
	現金（電話用の小銭も含む），キャッシュカード，クレジットカード（停電により，ATM が利用不可な状況などに備えるため）
	連絡先リスト（従業員，警察，消防等の公益事業会社などの緊急サービスなど）
	事業継続のための活動項目リスト
	地図，ビル内フロアマップ
	拡声器

[様式 19]（　　／　　）

災害対応用具チェックリスト【用具記入用】

[様式20]

地域貢献活動

● 地域住民の安全・安心に貢献するため，当社が行う活動には以下のものがある．

1. 日常的な活動：

チェック	活動例*	補足
☐	地域の自主防災組織の活動に対して，ノウハウや人手，資金等の提供協力をする．	
☐	地域住民と共同で防災訓練を立案・実施する．	
☐		

2. 緊急時における活動：

チェック	活動例*	補足
☐	独居高齢者世帯等に対して声掛けを行う（避難勧告発令時，避難生活時等）．	
☐	周辺住家の被災状況を把握し，救出・応急救護・初期消火に協力する．	
☐	被災した住家の後片付け等を手伝う．	
☐	従業員に対し，ボランティアとして登録・活動することを推奨する．	

☐	施設を避難所として提供する(学校等の公的避難所が使用できない場合等).	
☐	在庫商品を提供する.	
☐	貯水タンクの水や備蓄用品・資機材を供出する.	
☐		
☐		
☐		
☐		

＊記入例であるので,会社独自の対策項目を空欄に追加する.

資料3　BCP 関連資料

3.1　BCP の有無による緊急時対応シナリオ例

中小企業が緊急事態に遭遇した場合のシナリオ例を示す．（実例ではない．）

(1)　製造業（地震災害）

	BCP 導入なし企業	BCP 導入済み企業
想定	●自動車用部品等のプレスメーカー（従業員30名）． ●平日早朝，大規模地震が突発発生，県内の広い範囲で震度6強を観測．	
当日	●工場では全てのプレス機が転倒． ●ほとんどの従業員の安否確認ができず． ●納品先に連絡するが電話が通じず，その後，後片付けに追われ納品先に連絡せず．	●工場ではアンカーを打っていたためプレス機の転倒は免れる． ●伝言ダイヤル171で大半の従業員の安否確認ができる，伝言のない者については近所に住む従業員に自宅まで様子を見に行かせる． ●納品先に連絡するが電話が通じないため，最寄りの営業所まで従業員1人をバイクで事情説明に行かせる．
数日間	●従業員は家族の被災や地域活動のため半数が1か月間，出社せず． ●原材料の仕入元会社の工場が全壊，代替調達のめどが立たず． ●1週間後，納品先の企業から発注を他会社に切り替えたとの連絡あり．	●従業員に対して日頃，耐震診断済みのアパートに住むよう指導していたので家族の被災を免れる． ●大半の従業員が，3日間は地域活動に専念，その後1か月間は2/3が出社するよう交代制をとる． ●中核事業である自動車用部品の生産復旧に最優先で取り組む． ●原材料の仕入元会社の工場が全壊するが，予め話をつけていた会社から当面の代替調達を行う． ●プレス機械調整のため，協定どおりメーカーから技術者受け入れ． ●3日後，納品先の企業に，もくろみどおり1か月で全面復旧可能と報告． ●この間，納品先の要請で，他会社（金型が互換できるようプレス機の種類をあらかじめ統一）での代替生産のために従業員を派遣．
数か月間	●3か月後，生産設備は復旧するも，受注は戻らず． ●プレス機械の更新のため金融機関から融資を受ける． ●会社の規模を縮小，従業員の7割を解雇．	●手持ち資金により，従業員の月給，仕入品の支払いを行う． ●同業組合から，復旧要員の応援を得る． ●1か月後，全面復旧し，受注も元に戻る． ●損壊した一部プレス機械の更新は地震保険でカバー． ●震災後，納品先の信用を得て，受注が拡大．

(2) 卸・小売業（地震災害）

	BCP 導入なし企業	BCP 導入済み企業
想定	●小規模な食料品スーパーを経営（従業員3名＋パート店員5名）． ●平日早朝，大規模地震が突発発生，県内の広い範囲で震度6強を観測．	
当日	●鉄骨造のスーパー建物は無事だが，ほとんど全ての商品が散乱． ●店主の自宅も半壊し，家族ともども避難所生活を始める． ●従業員，パート店員ともに安否確認ができず．	●鉄骨造のスーパー建物は無事．地震に備えて棚を固定していたので，商品は散乱するが小規模． ●店主の自宅は，耐震補強済みで無事． ●従業員やパート店員は，スーパーに出向き安否を伝える張り紙（避難先など）をする． ●店主がスーパーの様子を見に行き，安否の張り紙を確認．
数日間	●店内の整理は手付かず．停電が続き生鮮品は腐敗し始める． ●店主の家族は1週間，避難所生活の後，隣県の親戚の家の世話になる． ●従業員，パート店員とは，電話連絡をとるのみ．	●翌日，ボランティアの助けを借りて店内を整理．賞味可能な食料品を避難所に運び，無料提供． ●1週間は通常の物流がストップ．余震も続く．スーパーの駐車場にテントを張り，緊急物資の日用品の配給拠点に提供．この間は，ボランティアとして活動． ●1週間後，余震も収まり，通常の物流が再開し始める．電気が通じ自宅に戻った住民を相手に仮営業を開始．
数か月間	●1か月後，金融機関から融資を受けて自宅を修理．家族と自宅に戻る． ●スーパー営業再開のめどが立たず．	●手持ち資金により，従業員と臨時作業員の月給を支払う． ●金融機関から設備修理，当面の商品仕入のための資金を借りる． ●1か月後，従業員，パート店員の大半が出勤し，本格営業を開始．

(3) 建設業（地震災害）

	BCP 導入なし企業	BCP 導入済み企業
想定	●小型ビル建設の下請け工務店（従業員10名＋臨時作業員10名，市内建設業組合に加盟）． ●建設業組合は市役所と災害時協力協定を結んでいる． ●平日早朝，大規模地震が突発発生，県内の広い範囲で震度6強を観測．	
当日	●古い鉄筋コンクリート造の事務所は，柱にひびが入り，中で執務することは危険． ●社長の自宅も半壊し，家族ともども避難所生活を始める． ●ほとんどの従業員，臨時作業員の安否確認ができず．	●（同左）事務所は，柱にひびが入り，中で執務することは危険． ●社長の自宅は，耐震補強済みで無事． ●伝言ダイヤル171で大半の従業員の安否確認ができる． ●出社してきた数人の従業員と一緒に会社の近所で，けが人の救出，テント設営などに協力する．
数日間	●元請会社，孫請会社が社長に連絡を取ろうとするが，居場所がわからず，連絡が取れない． ●大半の従業員は，家族の被災や地域活動のため1か月間，出社せず． ●市役所から避難先に協力要請の連絡が入るが対応できず． ●1週間後，元請会社は，工事現場の応急対策に着手するが，他の会社に下請けを発注．	●事務所敷地内のプレハブ倉庫を臨時の事業拠点とし，自家用発電機，備蓄の水と食料，連絡掲示板などを用意する． ●従業員に対して日頃，耐震診断済みのアパートに住むよう指導していたので家族の被災を免れる． ●元請会社，孫請会社への連絡，工事現場の確認を，従業員が自転車やバイクで手分けして行う． ●大半の従業員が，3日間は地域活動に専念，その後1か月間は2/3が出社するよう交代制をとる． ●プレハブ倉庫は，建設業組合の情報拠点にもなる． ●市役所とは災害時協力協定を結んでおり，プレハブ倉庫あてに応急対策工事の協力要請が多数入る．組合加盟会社が分担して工事にあたる． ●取引していた資材の卸会社が大きな被害を受ける．組合加盟会社から他の卸会社を紹介してもらう．
数か月間	●その後も市役所等から災害復旧工事の引合いがあるが，手持現金がないため，臨時作業員を集めることができず，受注できない． ●事業再建及び資金借入れめどが立たず，当面の間，従業員を解雇し，休業することに決める．	●手持ち資金により，従業員と臨時作業員の月給，資材の支払いを行う． ●組合加盟会社間で応援要員，建設機械等の相互融通を行う． ●金融機関から融資を受け，半年後に事務所建物を新築． ●災害復旧工事等の業務を着実に受注．

(4) 製造業（水害）

	BCP 導入なし企業	BCP 導入済み企業
想定	●自動車用部品等のプレスメーカー（従業員30名）．工場は1階平屋建て． ●平日，大雨が降り続き，12時に大雨・洪水警報，15時に近くの河川の水防警報，17時に工場周辺地区を対象に避難勧告が発出される．20時に堤防が決壊し，工場が約50cm浸水する．	
当日	●大雨ではあったが，気象情報を収集することなく，通常どおり操業．避難勧告も工場には伝達されず． ●18時，従業員の大半が帰宅．自動車通勤の者が途中，道路の冠水に遭遇．電車通勤の者は駅で列車が動いていないことを知る． ●従業員5名が残業中に工場が浸水．プレス機械，電源装置が浸水． ●社長は出張中．20時過ぎのニュースを見て，会社と従業員に電話連絡を試みるが，輻輳（ふくそう）でつながらず． ●工場で浸水にあった従業員，帰宅途中に立ち往生した従業員は，その場で一夜を明かす．	●社長以下，従業員全員が，河川事務所が公表している洪水ハザードマップを見ており，工場が浸水危険地域であることを知っていた． ●社長は，出張先から工場長に対して，気象情報に注意し，従業員を早期に帰宅させるよう指示． ●工場長は，ラジオやインターネットで気象情報等を収集，駅に電話し列車の運行状況も把握．12時と15時，段階的に従業員が帰宅．全員が無事，自宅に帰ることができる． ●この間，入り口に防潮板をたてる，備品等を棚に上げるなどの浸水対策を行う． ●社長は出張中断，16時に工場に戻るが，17時に避難勧告が出たことを町内会長から知らされ，工場長とともに近くの小学校に避難する． ●20時過ぎ工場周辺も浸水．あらかじめプレス機械や電源装置は基礎を上げていたので，重要設備の多くは浸水を免れる．
数日間	●市役所等が排水ポンプを手配し，2日後に排水が完了する． ●従業員の多くは，住家が浸水し，その対応のため1週間，出社せず． ●プレス機械と電源装置は修理が必要．メーカーに連絡するが，多忙を理由に対応を後回しにされる． ●2つの協力会社も同様な被災状況． ●顧客から受注済み部品の納期問合せがあるが，めどが立たないと返答． ●1週間後，同顧客から発注を他会社に切り替えたとの連絡あり．	●市役所等が排水ポンプを手配し，2日後に排水が完了する． ●日頃，従業員には高台に住むよう指導していた．半数の住家は浸水を免れ，半数は浸水する．泥の掃き出し等，従業員同士で助け合う． ●浸水した協力会社の復旧のため従業員を派遣． ●一部，浸水した設備の修理をメーカーに要請． ●最重要の顧客に対し，受注済みの部品は1週間後に納品可能と連絡．
数か月間	●3か月後，生産設備は復旧するも，受注は戻らず． ●会社規模縮小，従業員の7割解雇．	●1か月後には，協力会社を含め，全面復旧． ●浸水した設備の更新は水害保険でカバー．

(5) 卸・小売業（水害）

	BCP 導入なし企業	BCP 導入済み企業
想定	●小規模な食料品スーパーを経営（従業員3名＋パート店員5名）． ●平日，大雨が降り続き，12時に大雨・洪水警報，15時に近くの河川の水防警報，17時にスーパー周辺地区を対象に避難勧告が発出される．20時に堤防が決壊し，スーパーが約50cm浸水する．	
当日	●大雨ではあったが，気象情報を収集することなく，通常どおり操業．避難勧告もスーパーには伝達されず． ●21時が閉店．20時過ぎにスーパー店内が浸水．お客さまも店員も店内に取り残される． ●電源装置が水に浸かり停電，店内が真っ暗になる． ●倉庫も浸水し，在庫品の大半が売り物にならなくなる． ●取り残されたお客さまと店員は，店内で一夜を明かす．	●社長以下，従業員全員が，河川事務所が公表している洪水ハザードマップを見ており，スーパーが浸水危険地域であることを知っていた． ●店主は，ラジオやインターネットで気象情報等を収集．15時過ぎに臨時閉店を決定． ●入り口に防潮板をたて，在庫品等を棚に上げるなどの浸水対策を行った後，従業員を帰宅させる． ●店主は，17時に避難勧告が出たことを町内会長から知らされ，家族と連絡を取り合って，近くの小学校に避難する． ●20時過ぎにスーパー周辺も浸水するが，あらかじめ電源装置は基礎を上げており停電せず，在庫品の多くも浸水を免れる．
数日間	●市役所等が排水ポンプを手配し，2日後に排水が完了する． ●従業員の多くは，住家が浸水し，その対応のため1週間，出勤せず． ●店内の整理は手付かず．停電が続き生鮮品は腐敗し始める．	●翌日，ボランティアの助けを借りて店内を整理．賞味可能な食料品を避難所に運び，無料提供． ●市役所等が排水ポンプを手配し，2日後に排水が完了する． ●日頃，従業員には高台に住むよう指導していた．半数の住家は浸水を免れ，半数は浸水する．泥の掃き出し等，従業員同士で助け合う． ●3日後には，物流が通常通り回復，スーパーの整理も終えることが出来たので，商品を限って仮営業を開始．1週間後には通常営業に移行． ●仮営業の間，周辺地域の後片付け，緊急物資の日用品の配給等に協力．
数か月間	●1か月後，金融機関から巨額の融資を受けてスーパーの営業を再開．	●営業中断に伴う損害は，加入していた利益保険でカバー． ●近くの中堅他店の営業再開が1か月後と遅れたこともあり，店の評判が上がり，お客さまが増える．

(6) 建設業（水害）

	BCP 導入なし企業	BCP 導入済み企業
想定	●小型ビル建設の下請け工務店（従業員10名＋臨時作業員10名，社長は市内建設業組合の会長も務める）． ●建設業組合は市役所と災害時協力協定を結んでいる． ●平日，大雨が降り続き，12時に大雨・洪水警報，15時に近くの河川の水防警報，17時に事務所（兼社長の自宅）周辺地区を対象に避難勧告が発出される．20時に堤防が決壊し，事務所兼自宅が約50cm浸水する．	
当日	●大雨ではあったが，気象情報を収集することなく，通常どおり操業．17時過ぎ，町内会長から自宅に避難勧告が伝達される． ●社長から現場の従業員に対し，直接帰宅するよう電話連絡． ●社長は家族とともに近くの小学校に避難． ●事務所兼自宅が浸水．自動車や建設機械も浸水．	●社長以下，従業員全員が，河川事務所公表の洪水ハザードマップを見ており，事務所兼自宅が浸水危険地域であることを知っていた． ●社長は，ラジオやインターネットで気象情報等を収集．12時過ぎに現場の従業員に対し事務所に戻るよう指示． ●従業員が手分けして，自動車や建設機械を高台にある知り合いの工務店の駐車場に移動．15時過ぎに従業員を帰宅させる． ●社長は，17時に避難勧告が出たことを町内会長から知らされ，家族と一緒に近くの小学校に避難する． ●20時過ぎに事務所兼自宅が浸水する．
数日間	●市役所等が排水ポンプを手配し，2日後に排水が完了する． ●大半の従業員は，家族の被災や地域活動のため1か月間，出社せず． ●元請会社及び市役所から避難先に仕事や協力の要請の連絡が入るが，従業員が集まらず，自動車や建設機械も使えないので対応できず． ●3日後，元請会社は，浸水した工事現場の応急対策に着手するが，他の会社に下請けを発注．	●翌日，知り合いの工務店の事務所の一室を借り，社長が常駐し情報拠点にする． ●市役所等が排水ポンプを手配し，2日後に排水が完了する． ●日頃，従業員には高台に住むよう指導していた．半数の住家は浸水を免れ，半数は浸水する．泥の掃き出し等，従業員同士で助け合う． ●元請会社及び市役所からの仕事や協力の要請を受け，組合加盟会社が分担して工事にあたる．
数か月間	●手持ち資金がなく，従業員と臨時作業員の月給，資材の支払いが行えない．また，1か月間は事務所兼自宅の後片付けに追われる． ●その後，復旧資金を金融機関から借りて事業再開を図るが，主力だった従業員が転職，建設機械等も十分揃わず，事業規模を大幅縮小．	●手持ち資金により，従業員と臨時作業員の月給，資材の支払いを行う． ●組合加盟会社間で応援要員，建設機械等の相互融通を行う． ●自動車や建設機械は無事．浸水した事務所兼自宅の修理は水害保険でカバー．

(7) 製造業（火災）

	BCP導入なし企業	BCP導入済み企業
想定	●自動車用部品等のプレスメーカー（従業員30名）. ●夜間，工場の通用口付近で不審火と思われる出火あり.	
当日	●周辺住民が火災発見．119番通報． ●消防隊が到着，工場建屋が半焼． ●深夜になって消防署から社長宅に連絡が入る． ●火災と消火水により，パソコンが損傷し，重要データが喪失．	●周辺住民が火災を発見．119番通報する．日頃の交流があったため，住民から社長の自宅に電話連絡が入る． ●消防隊が到着，工場建屋が半焼する． ●社長と会社幹部が現場に駆け付ける．重要顧客への連絡，周辺住民へのお詫びを手分けして行う． ●火災と消火水により，パソコン損傷，重要データが喪失．
数日間	●翌日から被災状況を調べ，後片付けを始める． ●顧客から受注済み部品の納期問合せがあるが，めどが立たないと返答． ●1週間後，同顧客から発注を他会社に切り替えたとの連絡あり． ●データのバックアップがなかったので，その再構築に2週間を要す．	●翌日，被災状況を調べ，復旧のめどを顧客に連絡． ●復旧までの間，協力会社に代替生産を要請． ●データのバックアップを取り耐火金庫に保管していたので，システムはすぐに復旧．
数か月間	●3週間後，金融機関からの融資で生産設備復旧するも，受注は戻らず． ●会社規模縮小，従業員の7割解雇．	●2週間後に全面復旧． ●建物と設備の復旧費用の大半を火災保険でカバー．

3.2 目標復旧時間に関する参考事例

目標復旧		業　種	被災状況等		事業継続（復旧）の概要	緊急事態
			従業員・設備等	顧客・市場環境		
当日	実績	建設	建築工事	従業員の死傷なし，事務所が一部損壊，建設機器等の被害はなし．	顧客の一部も被災，市役所等からの業務依頼が発生．	当日に倒壊家屋からの生き埋め者救出．その後，避難所施設の設営，市営住宅の修繕，損壊建屋の公費解体などを実施．この間，通常事業は顧客の了解を得て一時中断．	阪神・淡路大震災
3日目	設定	製造	加工機械の製造	従業員の死傷なし，工場建屋は小被害，生産機器は無事，協力会社1社に大被害	顧客は日本全国，少量受注生産．	1日目は従業員の安否確認，協力会社の被災状況把握，顧客への連絡．2日目は事業所内に散乱した資機材等の整理．3日目に事業再開．	新潟県中越地震
10日目	実績	製造	各種地場企業	さまざま	さまざま	地震発生から約10日目時点で，約半数の企業が100％復旧，8割の企業が50％復旧の状況であった（調査対象は主要地場企業271社）	新潟県中越地震
		小売	商店街	さまざま	さまざま	地震発生から約10日目時点で営業している店舗の割合は，被害が甚大な小千谷市で約4割，被害が少ない長岡市で約9割であった．	
1か月	実績	製造	各種地場企業	さまざま	さまざま	〔製造業〕地場企業は，その後約1か月の時点で，約9割の企業が100％復旧した．	新潟県中越地震
		小売	商店街	さまざま	さまざま	その後約1か月の時点で営業店舗割合は，小千谷市で約8割であった．	
1か月	実績	製造	工業会	工業会の加盟企業の約半数が浸水，生産機械が泥をかぶり使用不能．	地域内の相互分業が寸断するが全国の納品先は無事．	製造業の集積地であり，地元企業間で相互に受注・発注しネットワークを構築していたが，水害により寸断．泥をかぶった機械をメーカー派遣の技術員が修理し，約1か月後にほぼすべての企業が復旧できた．	新潟水害H16
1か月	設定	製造	ケミカルシューズ	従業員は軽傷のみ，工場建屋が損壊，生産機械は小被害，協力会社の一部が被災した．	日本全国の消費者は無事，季節ごとにデザインが変わる．	当日に被災状況と市場環境から社長が1か月後の復旧を宣言．代替工場を探し生産機械を移して，目標どおり1か月後に事業を再開．	阪神・淡路大震災

目標復旧	業　種	業　種	業　種	事業継続（復旧）の概要	緊急事態
		従業員・設備等	顧客・市場環境		
1か月 実績	製造	金属加工（自動車部品）	従業員死亡1名のみ、工場建屋は小被害、生産機械が転倒.	納品先の機器メーカーは小規模被災、最終納品先の自動車会社は無事.	在庫の納品は、顧客に当日届けるが先方被災のため受け取らず、5日後に納品完了. 転倒したプレス機械を修理し順次、事業再開. 約1か月後に復興宣言. この間、他会社工場に金型を移し生産を移管.	阪神・淡路大震災
6か月 実績	小売	市場内の鮮魚店	従業員の死傷なし、店舗が損壊.	近所の常連客の多くも被災.	被災地再建が進み住民が戻ってきた6か月後に元々あったスーパーや市場仲間とともに仮店舗で営業再開.	阪神・淡路大震災

3.3 復旧時間の制約要因

緊急時，次のような要因の状況を把握し，現実的な目標復旧時間を設定する必要がある．

要　因	復旧時間の制約内容
従業員・設備等の被災状況	・多くの従業員やキーとなる従業員が死傷した場合は，復旧が遅れる． ・建屋が損壊した場合，修理や代替施設確保に要する時間を見積もる． ・生産機械が損壊した場合，修理や代替設備確保に要する時間を見積もる．
協力会社の被災状況	・協力会社が被災した場合，当社の復旧が遅れる． ・協力会社の復旧支援を行い，全体の事業復旧を早める． ・他の協力会社への一時的な生産移管に要する時間を見積もる．
顧客の被災状況	・顧客が無事であれば早期の事業復旧が求められる． ・顧客も被災していれば，顧客の復旧にタイミングを合わせる． ・小売業の場合，周辺住民の生活がいつ平常に戻るかどうかが問題となる．
事業インフラの復旧めど	・電気，水道，都市ガス等の復旧めどを踏まえる．（阪神・淡路大震災では全面復旧までに電気7日間，水道90日間，都市ガス84日間を要した．） ・自家用発電機を導入している場合は，停電でも一部事業の継続は可能となる．（緊急時には燃料の安定調達が問題となる．） ・原材料や製品の移送のための交通途絶・混乱状況を踏まえる．（大規模地震発生時には，交通規制が実施される．発生後3日間は緊急車両の通行，約1週間は緊急支援物資の輸送に制限又は優先される．）

資料4　中小企業向け施策の概要

第1表　中小企業向け災害対策支援の体系

	(1) 事前の対策	(2) 災害時の応急・復旧対策 発生直後	(2) 災害時の応急・復旧対策 1か月以内	(3) 災害時の追加対策
非資金支援	● BCP策定・運用指針（平成18年2月公開）	● 特別相談窓口の設置	● 代替工作機械等の優先融通 ● 下請取引問題の解決斡旋	● アドバイザー派遣
資金支援	● 社会環境対応施設整備資金（平成18年度開始予定）	● 既往債務の返済条件緩和 ● 小規模企業共済災害時貸付（即日融資）	● 災害復旧貸付	● セーフティネット保証（4号：突発的災害） ● 激甚災害指定（災害復旧貸付の金利引き下げ等） ● 災害復旧高度化融資

注）中小企業庁が関係する支援制度を整理（平成17年12月現在）.

第2表　中小企業向け災害対応融資制度

時　期	種　別	商工組合中央金庫	中小企業金融公庫	国民生活金融公庫	信用保証協会	中小企業基盤整備機構
災害発生前	防災設備融資制度	○	●	●	—	—
災害発生直後	災害時事業資金貸付制度	—	—	—	—	小規模企業共済加入者 ○
災害発生後	災害復旧貸付制度	○	○	○	—	—
災害発生後	セーフティネット保証	—	—	—	○	○
災害発生後	災害復旧高度化事業	—	—	—	—	○

● = BCP策定により優遇金利が適用されるもの
注）平成17年12月現在．詳細は各機関のホームページを参照のこと．

資料5　財務診断モデルに関する資料

本書3.2節及び4.2節において，直接原価計算による損益計算のデータを使って事業中断の損失と事業中断によるキャッシュフロー悪化額の算定を行うと記述した．

本資料は，一般に使われている「全部原価計算による損益計算書」から「直接原価計算による損益計算書」を作成・計算する手順を示したものである．製造業における最も簡単な損益計算書の例である．卸売・小売業，建設業も同じ考え方で計算する．

変動費と固定費の分類については，厳密にはいろいろな問題があるが，本書では事業中断期間にキャッシュフローがどのくらい悪化するのかを算定するのが目的であるから，およその分類で十分である．

○　直接原価計算方式による損益計算書の作成・計算手順

第1表-1　全部原価計算による損益計算書

（製造業のケース）　　　　　　　　　（単位：千円）

科　目		金　額
Ⅰ　売上高		5923
Ⅱ　売上原価（①+②-③）		4882
売上原価内訳	①期首製品棚卸高	560
	②当期製品製造原価	4945
	③期末製品棚卸高	623
売上総利益		1041
Ⅲ　一般管理費・販売費		835
営業利益		**206**
営業外収支	営業外収益	30
	営業外費用	79
経常利益		157
特別損益	特別利益	10
	特別損失	19
税引前当期純損益		148
法人税及び事業税		59
当期純損益		89

（理解の便宜のため仮に数字を入れている．）

第1表-2　直接原価計算による損益計算書

（製造業のケース）　　　　　　　　　（単位：千円）

科　目		金　額
売上高		5923
変動費　①+②		4467
内訳	①売上原価中の変動費	4367
	②一般管理販売費中の変動費	100
限界利益		1456
固定費　③+④		1250
内訳	③売上原価中の固定費	515
	④一般管理販売費中の固定費	735
営業利益		**206**

（理解の便宜のため仮に数字を入れている．）

5. 財務診断モデルに関する資料　　　271

　第1表-2の直接原価計算による損益計算書が，全部原価計算によるものと比較して，営業利益に至るまでの原価・費用の分け方が異なっている点に注目してもらいたい．

第2表　製造原価報告書の内訳の分類

◎印は固定費　　　　　　　　　　　　　　　　　　　　　　　（単位：千円）

科　目	金額 内訳	金額 合計
I．材料費 期首材料棚卸高 (1) 当期材料仕入高 (2) 期末材料棚卸高 (3) 当期材料費 (1 + 2 − 3)		
II．労務費 ◎ 1. 基本給 ◎ 2. 諸手当・福利厚生費 当期労務費 (1 + 2)		
III．経費　(1 + 2 + … 13) 　1. 電力費 　2. ガス・水道料 　3. 運賃 ◎ 4. 減価償却費　（五） ◎ 5. 修繕費 ◎ 6. 租税・公課 ◎ 7. 不動産賃借料 ◎ 8. 保険料 ◎ 9. 旅費・交通費 ◎ 10. 通信費 　11. 外注加工費 ◎ 12. 雑費 　13. その他（固定費・変動費かを判断） 当期経費		
1. 当期製造総費用　(I + II + III) 　2. 期首仕掛品棚卸高 　3. 期末仕掛品棚卸高		
当期製品製造原価　(1 + 2 − 3)		

第3表 製造原価報告書の作り換え

(単位：千円)

科　　目		金　　額	備　　考
変動費	当期材料費		(一)×(当期製造原価／当期製品製造総費用)＝第4表の①
	電力費		
	ガス・水道料		
	運賃		
	外注加工費		
	その他変動費		
変 動 費 計		(一)	
固定費	労務費		(二)×(当期製造原価／当期製品製造総費用)＝第4表の②
	減価償却費	(五)	
	修繕費		
	租税・公課		
	不動産賃借料		(五)×(当期製造原価／当期製品製造総費用)＝第4表の⑤
	保険料		
	旅費・交通費		
	通信費		
	雑費		
	その他固定費		
固 定 費 計		(二)	
当期製造総費用			

製造総費用の金額に（当期製造原価／当期製造総費用）の割合を乗じて金額を修正する．棚卸資産の関係による製造総費用と製造原価の金額（含む費用の内訳金額）の金額の差異を一致させる．

第4表　当期製造原価の金額に修正した製造総費用内訳

(単位：千円)

科　　目		金　　額
変動費	当期材料費 電力費 ガス・水道料 運賃 外注加工費 その他変動費	
変動費　計①		
固定費	労務費 減価償却費⑤ 修繕費 租税・公課 不動産賃借料 保険料 旅費交通費 通信費 その他固定費	
固定費　計②		
当期製造原価の金額に修正した製造総費用内訳		

第5表　一般管理費及び販売費の内訳の分類

(単位：千円)

科　　目	金　　額	
	内　訳	合　計
一般管理費及び販売費 ◎ 1.　販売員給与手当 ◎ 2.　販売員旅費 ◎ 3.　広告宣伝費 　　 4.　発送費，配達費 ◎ 5.　役員給与手当 ◎ 6.　事務員給与手当 ◎ 7.　減価償却費　⑥ ◎ 8.　地代・家賃 ◎ 9.　修繕費 ◎ 10.　事務用消耗品費 ◎ 11.　通信費・交通費 ◎ 12.　その他固定費 　　 13.　その他変動費		
一般管理費・販売費　計		

◎印は固定費

第6表　一般管理費・販売費の内訳の作り換え

(単位：千円)

科　目		金　額
変動費	発送費・配達費	
	その他変動費	
変動費　計 (3)		
固定費	販売員給与・手当	
	販売員旅費	
	広告宣伝費	
	役員給与・手当	
	事務員給与・手当	
	減価償却費 (6)	
	地代・家賃	
	修繕費	
	事務用消耗品費	
	保険料	
	通信費・交通費	
	その他固定費	
固定費　計 (4)		
一般管理費・販売費計		

第7表　第3表の金額の作り換え

(単位：千円)

科　目		金　額	備　考
変動費	当期材料費		①×(当期売上原価／当期製品製造原価) = <u>8表の(1)</u>
	電力費		
	ガス・水道費		
	運賃		
	外注加工費		
	その他変動費		
変　動　費　計		①	
固定費	労務費		②×(当期売上原価／当期製品製造原価) = <u>第8表の(2)</u> ⑤×(当期売上原価／当期製品製造原価) = <u>第8表の(5)</u>
	減価償却費	⑤	
	修繕費		
	租税・公課		
	不動産賃借料		
	保険料		
	旅費・交通費		
	通信費		
	雑費		
	その他固定費		
固　定　費　計		②	
当期製品製造原価金額			

当期製品製造原価の金額に（当期売上原価／当期製品製造原価）の割合を乗じて金額を修正する．棚卸資産の関係による売上原価と製品製造原価の金額（含む費用の内訳金額）の金額の差異を一致させる．

第8表　損益計算書の内訳の作り換え

（単位：千円）

科　目	金額 内訳	金額 合計
売上高		
売上原価　(1)+(2) (1) 変動費 (2) 固定費 ［内減価償却費　(5)］	（　）	
売上総利益		
一般管理費・販売費(3)+(4) (3) 変動費 (4) 固定費 ［内減価償却費　(6)］	（　）	
営業利益		

第9表　直接原価計算による損益計算書

（単位：千円）

科　目		金額
売上高		
経費	変動費 (1+3) ※	
	固定費 (2+4) ※	
	［内減価償却費 (5+6))］※	（　）
	（現金ベース固定費[1]）	（　）
営業利益		

※ (1)(2)(3)(4)(5)(6) は第8表の数字
注[1]　現金ベース固定費は（固定費計−減価償却費）

○製造総費用の内訳を，直接に売上原価の内訳に反映させる計算法．

第10表　製造原価報告書の作り換え

(単位：千円)

科　　目		金　　額	備　　考
変動費	当期材料費		(一)×(当期売上原価／当期製造総費用)＝第8表の(1)
	電力費		
	ガス・水道費		
	運賃		
	外注加工費		
	その他変動費		
変　動　費　計		(一)	
固定費	労務費	(五)	(二)×(当期売上原価／当期製造総費用)＝第8表の(2) (五)×(当期売上原価／当期製造総費用)＝第8表の(5)
	減価償却費		
	修繕費		
	租税・公課		
	不動産賃借料		
	保険料		
	旅費・交通費		
	通信費		
	雑費		
	その他固定費		
固　定　費　計		(二)	
当期製造総費用			

　製造総費用の金額に（当期製造原価／当期製造総費用）の割合を乗じて金額を修正し，さらに当期製品製造原価の金額に（当期売上原価／当期製品製造原価）の割合を乗じて金額を修正して棚卸資産の関係による売上原価と当期製造総費用の金額（含む費用の内訳金額）の金額の差異を一致させている．

　したがって，当期製造総費用×（当期製造原価／当期製造総費用）×（当期売上原価／当期製品製造原価）＝当期製造総費用×（当期売上原価／当期製造総費用）とすれば1回で計算できる．

5. 財務診断モデルに関する資料

○固定費と変動費の分解については，中小企業庁編平成 15 年度調査 「中小企業の原価指標」（同友館刊）P.11-14 を参照して行うと便利である．固定費か変動費かが不明な費用は固定費に算入しておけば固めの計算ができる．

　なお，「中小企業の原価指標」「中小企業の経営指標」は平成 17 年からは「中小企業の財務指標」となった．データソースを CRD（中小企業信用リスク情報データベース）に変更し，中小企業約 80 万社の決算データが使用されている．

参考文献

[1] 米国 DHS: Ready Business
   http://www.ready.gov/business/index.html
[2] 米国 IBHS: Open for Business
   http://www.ibhs.org/business_protection/
[3] 米国フロリダ州：Florida's Online, Business Continuity Planning, Starter Kit
   http://www.floridadisaster.org/BusinessSurvey/
[4] 英国 London Resilience: London Prepared
   http://www.londonprepared.gov.uk/businesscontinuity/index.jsp
[5] 経済産業省：事業継続計画策定ガイドライン（企業における情報セキュリティガバナンスのあり方に関する研究会報告書），2005 年
   http://www.meti.go.jp/policy/netsecurity/downloadfiles/BCPguide.pdf
[6] 内閣府：事業継続ガイドライン（第一版）―わが国企業の減災と災害対応の向上のために―，2005 年
   http://www.bousai.go.jp/MinkanToShijyou/guideline01.pdf
[7] （財）金融情報システムセンター（FISC）：金融機関等におけるコンティンジェンシープラン策定のための手引書（第 3 版），2006 年
   http://www.fisc.or.jp/publication/disp_target_detail.php?pid=177&PHPSESSID=d072061032badc96b2a9b542efba
[8] BSI: PAS 56 (Guide to Business Continuity Management)，2003 年
[9] NFPA: NFPA 1600: Standard on Disaster/Emergency Management and Business Continuity Programs, 2004 Edition
[10] ASI/NZSI: HB 221-2004: Business Continuity Management，2004 年
[11] SEMI 日本地区 BCM 研究会：事業継続マネジメント入門―自然災害や事故に備える，製造業のためのリスクマネジメント，2005 年
[12] 中小企業庁：中小企業 BCP 策定運用指針，2006 年
[13] 日本政策投資銀行：防災マネジメントによる企業価値向上に向けて―防災 SRI（社会的責任投融資）の可能性―，調査第 80 号，2005 年
[14] 中小企業庁：中小企業の経営指標平成 15 年版，2003 年
[15] 経済産業省：リスクファイナンス研究会報告書，2006 年
[16] 静岡県：事業継続計画（簡略編）作成手引き，2006 年
   http://www.pref.shizuoka.jp/syoukou/syo-150/bcpindex.html
[17] 木村尚三郎：「耕す文化」の時代　セカンド・ルネサンスの道，ダイヤモンド社，1989 年
[18] 中小企業庁：中小企業施策利用ガイドブック，2006 年
[19] BCI: Business Continuity Management Good Practice Guidelines, 2005 年
[20] ニッキン：福井日銀総裁に聞く，2006 年 1 月 13 日号
[21] （財）日本情報処理開発協会（JIPDEC）：セキュリティ技術国際動向調査研究報告書，2006 年
[22] 内閣官房情報セキュリティセンター：第 1 次情報セキュリティ基本計画
   http://www.nisc.go.jp/active/kihon/ts/bpc01_a.html
[23] 三井住友海上火災保険株式会社プレスリリース
   http://www.ms-ins.com/news/h18/0216_3.html

索　引

A–Z

ANSI　178, 180, 200
ARMA　178
AS/NZS 4360　205
BC　**18-21**, 25, 28, 36, 128, 131, 180, 193-196, 197, 207, 211
　── /DRサービス　181
BCI　**25**, 27, 177, 181, 187-191, 196, 202, 204
BCM　**15-18**, 26-29, 135-138, 167, 176-179, 190, 193, 210-212
　──文化　17, 18, 203
　──マニュアル　206
　──ワークブック　206
BCP　29, 33, 36, 38, 40-47
　──基本方針　38, 41, 62
　──教育　102, 103
　──サイクル　15, 29, 83, 132
　──サイクル運用方針の作成　15, 29
　──サイクルの維持・更新，監査　15, 29
　──策定・運用サイクル　84, 143
　──の訓練　29
　──の構築　15, 29
　──の発動　**29**, 42, 46, 66, 98, 100, 132, 135, 143
　──発動基準　98
　──文化　15, **18**, 83, 100, 104, 105, 131
　──文化の定着　15, 29, 100
　──有識者会議　34
BIA　30, 190, 195
　──ワークシート　139
BNet　171
BS 25999　25, 181, 202-204
Business Continuity　18, 19, 197
　── Plan　29, 197

Civil Contingency Act　181
CSR　28, 186, 213
DHHD　20
Disaster Recovery　18
DR　18-21, 23, 25, 28, 196, 203, 207
DRII　26, 177, 187, 189, 190, 191, 196
DRP　19, 21, 25, 176, 191, 197, 198
EP　197
FFIEC　19, 21
FISC　26, 184
FSA　185
GLBA　22
HB 221　132, 205
HIPAA　20
ICT　182, 184, 198, 212
IDA　207
INTERCEP　179, 180
ISO化　180, 208, 210
JCAHO　20
MD　139
Mission Critical Activity　31
MTO　139
NASD　22
NFPA 1600　20, 177, 180, 200-202
OCC　19
OECD　130-132
PAS 56　25, 202
READY.GOV　35
Recovery Plan　205
Recovery Time Objective　32, 134, 190
RPO　134, 190
RTO　32, 132-134, 190
SCM　203, 210, 212
SEC　22
SOX法　22
SPRING　206
SS 507　207

SWOT 分析　　137
TR 19　　206
Y2K　　198

あ

安定運用・外部共有期　　212
安否確認　　106, 107

う

ウォームサイト　　18, 19
運転資金　　31, 54, 58, 78, 80, 150

え

営業継続費用保険　　77, 78
影響度　　30, 89, 90, 133, 134, 194
英国金融サービス機構　　185
英国決済業協会　　184
エスカレーション　　17, 29, 145

お

応援要員　　95
応急救護講習　　102
応急・復旧対策　　145, 148
オーストラリア・ニュージーランド規格　　132
オクラホマ州連邦政府ビル爆破事件　　167

か

火災　　29, 31, 49-54, 61, 76, 77, 88, 115, 153, **157**, 158
―― 保険　　50, 53, 54, 71, 75, 76, 117
河川氾濫　　155
借入　　52-55, 71, 79-81, 92, 93, 117-119, **121-124**
観点多様性原則　　132

き

基幹事業　　27, 32
企業の価値　　38, 40
企業の社会的責任　　170, 186, 213
机上訓練　　103

基本コース　　35-37, 42, 46, **61**, 64, 68, 81, 113, 117, 162
キャッシュフロー　　**29-31**, 48-58, 115, 116, 120-123, 161-165
―― 悪化　　48, 52, 115, 164
教育・訓練計画　　64
拠点間業務相互バックアップ　　169
緊急時企業存続計画　　29
緊急事態　　31
緊急時対応行動　　65
緊急時対応準備　　197
緊急事態管理　　16, 20, 203
緊急時融資制度　　40
緊急対策　　145, 147-149
緊急連絡網　　62
金融情報システムセンター　　26, 184, 200

く

クライシスコミュニケーション　　191
グラム・リーチ・ブライリー法　　22
グランドゼロ　　172
グローバル事業継続ポリシー　　183

け

警戒宣言　　153
啓発プログラム　　193
計量化　　112, 115
結果管理　　16, 17, 26
原因管理　　16, 17
現金・預金　　78, 118, 121

こ

公的支援制度　　31, 40, 44, 125
コールドサイト　　18, 19
顧客の信用　　38, 61
国土安全保障省　　20, 35, 37, 179
コミュニケーション　　87, 105, 135, 180, 184, 191, 195, 203, 206
コンティンジェンシープラン　　23, 26, 184, 198, 200
コンピュータ西暦2000年問題　　19, 23-

281

25, 198
　——対応指針　25

さ

サーベンス・オクスリー法　22
災害復旧　18, 28, 56, 57, 122, 151, 192, 194, 203, 207
　——貸付　31, 33, 54, 57, 80, 92, 119, 120
　——計画　19, 176, 197
　——高度化融資　33
最大許容中断期間　139
最大中断時間　139
再調達価額　75, 76, 117, 161
財務状況　44, 56, 87, 88, 91, 92
財務診断　35, 48, 59, 92, 93, 112, 132
　——モデル　46, 58, 68, 112, 115, 161
サプライチェーン　**30**, 33, 39, 57, 58, 107, 124, 127-130, 167, 173, 176, 183, 193, 198, 210, 212, 213
　——マネジメント　30, 203, 206, 212
参集　98, 106, 145
サンフランシスコ地震　167

し

時価額　75
事業影響度評価　31
事業継続　18-21, 93, 147, 148, 192
　——管理　15, 25, 29, 130, 198, 210
　——協会　25, 27
　——計画（簡略編）作成手引き　61-67
事業の理解　15, 29
資金繰り　44, 79
資金調達　95, 96, 99, 118, 123, 124, 127
事故処理費用　49, 51, 52, 120
自己診断　37, 41, 42, 44, 107, 200
　——チェックリスト　41, 43, 107
事故前提社会システム　23
自己認証　203
地震災害　56, 61, 88, 89, 91, 153

地震対策強化地域　153
地震保険　50, 53, 105
地震利益保険　53
システム監査基準　23
ジャストインタイム方式　127
集団感染　61, 153, 159
重要業務　**31**, 32, 84-86, 89, 96, 131, 135, 137-139, 187
上級コース　35-37, 42, 46, 127, 132, 161, 165, 206
証券取引委員会　22
情報セキュリティ・ガイドライン　130
情報セキュリティ総合戦略　23-26
情報連絡訓練　104
初期消火　157, 158
初動対応　100, 143, 145-147, 151, 153-160
シラバス　204
シンガポール規格協会　206
シンガポール情報通信開発庁　207

す

ステークホルダー　58, 191

せ

ぜい弱性分析　135, 137
製造部品表　129
整備計画　63
製品の事故　48, 49, 51, 52
セーフティネット保証　33, 54, 80
セカンドサプライヤー　129
セキュリティマネジメントサイクル　132
積極開示期　212
設備の事故　49, 51-53
全米証券業協会　22
全米防火協会　20, 26
専門資格　193

そ

ソフトウェア対策　97
損益計算書　29, 49, 70, 75, 115, 162-

164
損害保険　49-51, 53-56, 70-73, 75, 77-79, 92, 96, 117, 161
―― 金　75, 79, 161

た

代行　62, 98
第三者認証　204
代替サイト　18, 19
代替資源　30, 31
代替施設　94, 106
―― への移動訓練　104
代替場所　94
高潮　155
段階的拡大　17
担保　80, 119, 120, 123

ち

地域経済の活力　38
地域貢献活動　65, 144, 145, 150
中核事業　31, 61, 62, 84-91, 162, 165
中級コース　83
中小企業育成センター　170
中小企業庁　33, 42, 200
中小企業BCP策定運用指針　33, 200, 210
中小企業向け融資制度　125
帳票類　86, 100
直接原価計算　76, 115, 164

つ

通信手段　96
津波　153

て

ディザスター宣言　183
手元資金　78, 80, 118

と

統合原則　132
同時多発テロ事件　16, 19, 171, 183, 191, 192
導入初期　210
特別相談窓口　33, 40, 54, 80, 119, 120, 150
土砂災害　153, 155, 157
鳥インフルエンザ　88
取引調整　32, 150
取引復元　32, 148

な

内閣府中央防災会議　26
内部定着期　211

に

日本銀行　26, 184, 185
ニューヨーク証券取引所規則446　22

ね

ネガティブインパクト　55, 58

の

ノースリッジ地震　167

は

バーゼル委員会　186
ハードウェア対策　97, 98
バックアップ　18-21, **30**, 96, 104, 106, 134, 155, 169, 174, 183-185
―― 情報の回復訓練　104
班構成　99
阪神・淡路大震災　23, 54, 71, 79, 115, 173
半導体産業　128

ひ

被害管理　16
被害想定　88, 89, 91, 139
ビジネスインパクト分析　**30**, 130-135, 138, 190, 203
避難　153, 157, 158

ふ

ファシリティマネジメント　203
風水害　31, 49, 61, 88, 89, 150, 153, 155
風評　51
復旧計画　20, 21, 23, 205, 209
復旧資金　53-55, 57, 58, 80, 92, 117
復旧費用　**68-70**, 78, 80, 81, 113-115, 117-124, 162, 164, 165
復興対策　144, 145, 151
プロフェッショナル資格　187
プロフェッショナル人材　187, 191-193, 195, 211
文書化　19, 98, 100, 143

へ

米国医療機関評価認定機構　20
米国規格協会　178, 180, 200
米国記録マネジメント協会　178
米国証券業協会　184
米国防火協会　200
返済原資　81, 118, 122, 123

ほ

防災訓練　103, 104
ホットサイト　18, 19
ボトルネック　30, 91, 93, 97, 133, 134
　——資源　86, 89-91, 93, 94, 96-98
　——の特定　132, 133

み

身の丈に合ったBCP　94
民主主義原則　131

も

目標復旧時間　32, 61, 62, 84, 86-90, 122, 132-134
目標復旧ポイント　134, 190

ゆ

優先順位　25, 30, 34, 85, 97, 131-133, 137, 199

よ

与信リスク　56, 57

り

リーダーシップ　40, 145, 147
利益保険　50, 54, 70, 71, 74-78, 117
リスク　30, 131-135, 137
　——評価原則　131
　——ファイナンス　55, 56, 58, 59
　——ファイナンス研究会報告書　55, 58
　——分析　130-132, 134, 135, 137, 192
　——マネジメント　**30**, 56, 58, 192, 194, 203, 205

れ

レジリエンシー成熟度モデル　182
連邦金融機関検査委員会　19
連邦通貨監査官事務所　19
連邦保険社会福祉省　20

著者紹介

監修・執筆
小林 誠（こばやし　まこと）

　立命館大学院客員教授，（株）インターリスク総研 総合リスクマネジメント部長兼 BCM 室長

　1976 年東京大学工学部卒．同年住友海上火災保険（株）入社．リスクコンサルティング部門を経て，1993 年 1 月より現職．専門は，自然災害等防災全般，リスク評価．主な業績は『リスクベースの LCC 研究の課題―損害保険の役割―（建築学会，2002 年）』『海外の学校防犯対策に関する調査研究（社会安全研究財団，2002 年）』『JIS Q 2001 の適用例―中小企業への適用―（日本規格協会，2001 年）』『企業の地震対策と危機管理（倉庫協会，2000 年）』ほか多数．著書には『企業の地震対策と危機管理（シュプリンガー社，2005 年）』『構造工学ハンドブック（共著，丸善，2004 年）』『この一冊ですべてがわかるリスクマネジメントシステム（共著，日刊工業新聞社，2002 年）』『実践リスクマネジメント（共著，経済法令研究会，2002 年）』ほか．中小企業庁 BCP 有識者会議委員，危機管理システム学会理事．

執筆
渡辺研司（わたなべ　けんじ）

　長岡技術科学大学 大学院技術経営研究科 助教授

　1986 年京都大学農学部（砂防工学）卒．富士銀行入行．1997 年 PwC コンサルティングに移籍後，金融ビジネスに関するコンサルティング業務を経て 2003 年より現職．内閣官房情報セキュリティ政策会議重要インフラ専門委員会委員，経済産業省産業技術環境局 ISO セキュリティ統括委員会委員（事業継続計画 WG 主査），内閣府企業等の事業継続・防災評価検討委員会委員，中小企業庁 BCP 有識者会議委員，NPO 法人事業継続推進機構（BCAO）副理事長などを兼務．英国 BCI 会員．工学博士．MBA．

眞崎 達二朗（まさき　たつじろう）

　眞崎リスクマネジメント研究所 代表

　京都大学法学部卒，1957 年住友銀行入行，同行本店支配人，山之内製薬(株)取締役，住友銀行系保険代理店銀泉(株)常務取締役等を経て現在に至る．中小企業庁 BCP 有識者会議委員，日本ナレッジ・マネジメント学会理事，リスクマネジメント研究部会部会長．

木根原 良樹（きねはら　よしき）

　(株)三菱総合研究所 安全政策研究本部主席研究員

　東京大学大学院工学系研究科修了，1985 年日産自動車(株)入社．1989 年(株)三菱総合研究所入社．専門は，安全工学，リスクマネジメント．著書は，『リスクマネジメントガイド（共著，日本規格協会，2000 年）』，『リスクマネジメントシステム構築ガイド（協力，日本規格協会，2003 年）』．中小企業庁 BCP 有識者会議事務局，NPO 法人事業継続推進機構（BCAO）理事．

執筆協力

田山　裕信（たやま　ひろのぶ）

(株)三菱総合研究所　安全政策研究本部主任研究員
東京大学大学院理学系研究科修了，1992年(株)三菱総合研究所入社．中小企業庁BCP有識者会議事務局．

辻　禎之（つじ　よしゆき）

(株)三菱総合研究所　安全政策研究本部研究員
慶応義塾大学大学院理学系研究科修了，1996年(株)三菱総合研究所入社．中小企業庁BCP有識者会議事務局．

瀧　陽一郎（たき　よういちろう）

(株)三菱総合研究所　安全政策研究本部研究員
早稲田大学大学院理工学研究科修了，2002年(株)三菱総合研究所入社．中小企業庁BCP有識者会議事務局．

危機管理対策必携
事業継続マネジメント(BCM)構築の実際
定価：本体 2,800 円（税別）

2006 年 11 月 9 日　第 1 版第 1 刷発行
2012 年 4 月 24 日　　　　第 6 刷発行

監　　修　小林　誠
発 行 者　田中　正躬
発 行 所　一般財団法人　日本規格協会
　　　　〒 107-8440　東京都港区赤坂 4 丁目 1-24
　　　　　　　　　　http://www.jsa.or.jp/
　　　　　　　　振替　00160-2-195146

印 刷 所　株式会社　平文社
製　　作　有限会社　カイ編集舎

© Makoto Kobayashi et al., 2006　　　　　Printed in Japan
ISBN978-4-542-70155-7

　　当会発行図書，海外規格のお求めは，下記をご利用ください．
　　　営業サービスユニット：(03)3583-8002
　　　書店販売：(03)3583-8041　注文 FAX：(03)3583-0462
　　　JSA Web Store：http://www.webstore.jsa.or.jp/
　　編集に関するお問合せは，下記をご利用ください．
　　　編集制作ユニット：(03)3583-8007　FAX：(03)3582-3372